凝聚隧道及地下工程领域的
先进理论方法、突破性科研成果、前沿关键技术，
记录中国隧道及地下工程修建技术的创新、进步和发展。

中国隧道及地下工程修建关键技术研究书系

复杂地质条件下 EPB/TBM 双模盾构施工关键技术

牛 刚 李春芳 林 晓 于海涛 等 编著

KEY TECHNOLOGY OF
EPB/TBM DOUBLE MODE SHIELD
CONSTRUCTION UNDER COMPLEX GEOLOGICAL CONDITIONS

人民交通出版社股份有限公司
北京

内 容 提 要

本书依托福州地铁4号线工程实践与科研创新成果,针对工程面临的地质条件复杂、极软极硬地层分界明显、长距离下穿密集建(构)筑物及盾构始发地质条件差等挑战,开展了EPB/TBM双模盾构机选型与研制、盾构始发掘进与到达及模式转换等方面的技术研究,形成了EPB/TBM双模盾构机设计选型与施工关键技术体系。本书共分为10章,内容涵盖了EPB/TBM双模盾构机选型与研制、双模盾构始发与到达技术、双模盾构掘进控制技术、盾构模式转换控制技术、TBM模式刀具管理技术、辅助工法及特殊措施、施工测量与监控量测、双模盾构绿色与自动化施工技术等。

本书可供从事地铁施工的工程技术人员参考,也可供高等院校相关专业师生学习使用。

图书在版编目(CIP)数据

复杂地质条件下EPB/TBM双模盾构施工关键技术/牛刚等编著.—北京:人民交通出版社股份有限公司,2023.8
ISBN 978-7-114-18734-6

Ⅰ.①复… Ⅱ.①牛… Ⅲ.①地铁隧道—隧道施工—盾构法 Ⅳ.①U231.3

中国国家版本馆CIP数据核字(2023)第066813号

中国隧道及地下工程修建关键技术研究书系
Fuza Dizhi Tiaojian xia EPB/TBM Shuangmo Dungou Shigong Guanjian Jishu

书 名:	复杂地质条件下EPB/TBM双模盾构施工关键技术
著 作 者:	牛 刚 李春芳 林 晓 于海涛 等
责任编辑:	李 梦
责任校对:	赵媛媛 宋佳时 龙 雪
责任印制:	张 凯
出版发行:	人民交通出版社股份有限公司
地 址:	(100011)北京市朝阳区安定门外外馆斜街3号
网 址:	http://www.ccpcl.com.cn
销售电话:	(010)59757973
总 经 销:	人民交通出版社股份有限公司发行部
经 销:	各地新华书店
印 刷:	北京印匠彩色印刷有限公司
开 本:	787×1092 1/16
印 张:	17.5
字 数:	348千
版 次:	2023年8月 第1版
印 次:	2023年8月 第1次印刷
书 号:	ISBN 978-7-114-18734-6
定 价:	138.00元

(有印刷、装订质量问题的图书,由本公司负责调换)

编审委员会

主 任 委 员：牛　刚

副主任委员：李春芳　林　晓　于海涛

委　　　员：龚文棋　谢茂累　黄春来　张闻举　林益剑

　　　　　　邓魏彬　王　亮　靳兆阳　王建忠　许建伟

　　　　　　罗永杰　陈可威　李章秋　王利伟　卢世寅

审 稿 专 家：杨会军

编 写 单 位：中国交建轨道交通分公司

　　　　　　中交海峡建设投资发展有限公司

　　　　　　中交三航局第六工程（厦门）有限公司

前言

随着我国经济的快速发展，我国基础设施工程建设水平不断提高，创新驱动能力显著增强，以盾构机和岩石隧道掘进机（TBM）为代表的一批高度集成化工程装备，已广泛应用于地铁、铁路、公路、市政、水电隧道等基础设施工程建设中。通常，盾构机类型与应用的地质环境是一一对应的，近年来，地铁建设中出现越来越多的长距离、地层条件和周边环境复杂的工程，特别是地质条件由单一地层向复合地层发展，单一掘进模式的盾构机逐渐难以满足一些复合地层隧道的建设。因此，盾构机多模式化是解决上述问题的有效途径之一，业内已开始研制土压平衡（EPB）/泥水平衡（SPB）、EPB/TBM、SPB/TBM 及至 EPB/SPB/TBM 等双模或三模盾构机，以提升盾构机的地质适用性。

本书依托福州地铁 4 号线工程实践与科研创新成果，针对工程面临的地质条件复杂、极软极硬地层分界明显、长距离下穿密集建（构）筑物、盾构始发地质条件差及盾构掘进轴线姿态难以控制等挑战，开展了 EPB/TBM 双模盾构机选型与研制、盾构始发掘进与到达、盾构模式转换及刀具管理等方面的技术研究，形成了 EPB/TBM 双模盾构机设计选型与施工关键技术体系。

本书共分为 10 章。第 1 章介绍了盾构模式分类和双模盾构机分类，并介绍了福州地铁 4 号线双模盾构隧道工程概况。第 2 章介绍了 EPB/TBM 双模盾构机的选型与研制。第 3 章介绍了双模盾构机组装与调试技术、端头加固技术、双模盾构始发与到达技术等。第 4 章介绍了双模盾构掘进控制技术，包括 HSP 超前地质预报技术、穿越密集居民区沉降控制技术等。第 5 章介绍了盾构模式转换控制技术，包括转换位置选择、转换工艺流程、模式转换条件、模式转换过程安全控制措施、模式转换下的施工进度管理等。第 6 章介绍了 TBM 模式刀具管理技术，包括滚刀损坏的形式与原因分析，滚刀的磨损规律分析，刀具检查、更换与维修技术等。第 7 章介绍了辅助工法与特殊措施，包括渣土改良与管理、注浆控制技术、TBM 模式管片壁后填充技术、软土地层双模掘进姿态控制技术等。第 8 章介绍了施工测量与监控量测。第 9、10 章介绍了双模盾构绿色和自动化施工技术。

本书由牛刚、李春芳、林晓、于海涛等编著，杨会军参加审稿。本书具体编写分工如下：第 1 章由林益剑、靳兆阳编写，第 2 章由牛刚、王建忠、陈可威编写，第 3 章由龚文棋、罗永杰编写，第 4 章由李春芳、王利伟编写，第 5、6 章由林晓、谢茂累、李章秋编写，第 7 章由黄春来、王亮、邓魏彬编写，第 8~10 章由于海涛、张闻举、许建伟、卢世寅编写。本书在编写过程中，得到了中国交建轨道交通分公司、中交三航局第六工程（厦门）有限公司、人民交通出版社股份有限公司等单位的大力支持和帮助。在此向所有编审人员的辛勤付出表示衷心感谢！

由于作者水平有限，书中难免存在疏漏和不足之处，敬请各位专家和读者不吝赐教，多提批评指导意见，以利修正。

作　者

2023 年 2 月

目录

第 1 章　绪论 ·· 001
 1.1　盾构模式分类 ··003
 1.2　双模盾构机概述 ··005
 1.3　福州地铁 4 号线双模盾构隧道工程概况 ··009

第 2 章　EPB/TBM 双模盾构机选型与研制 ·· 017
 2.1　EPB/TBM 双模盾构机概述 ··019
 2.2　双模盾构机选型 ··021
 2.3　双模盾构机研制 ··028

第 3 章　双模盾构始发与到达技术 ··· 053
 3.1　工程概述 ··055
 3.2　双模盾构机组装与调试技术 ··057
 3.3　端头加固技术 ··065
 3.4　盾构始发控制技术 ··080
 3.5　盾构到达控制技术 ··090
 3.6　中间风井接收技术 ··101
 3.7　盾构空推通过中间风井施工技术 ··104

第 4 章　双模盾构掘进控制技术 ··· 109
 4.1　EPB 模式掘进控制技术 ··111
 4.2　TBM 模式掘进控制技术 ··117
 4.3　HSP 超前地质预报技术 ··128
 4.4　EPB 模式穿越密集居民区沉降控制技术 ··138

  4.5 TBM 模式穿越密集居民区沉降控制技术……………… 148

第 5 章 盾构模式转换控制技术 …………………………… 159
  5.1 模式转换位置选择 ………………………………… 161
  5.2 模式转换工艺流程 ………………………………… 165
  5.3 模式转换条件 ……………………………………… 168
  5.4 模式转换关键技术 ………………………………… 170
  5.5 模式转换过程安全控制措施 ……………………… 182
  5.6 模式转换下的施工进度管理 ……………………… 184

第 6 章 TBM 模式刀具管理技术 ……………………………… 193
  6.1 刀具管理的原则 …………………………………… 195
  6.2 滚刀损坏的形式与主要原因 ……………………… 195
  6.3 滚刀的磨损规律分析 ……………………………… 198
  6.4 刀具检查 …………………………………………… 200
  6.5 刀具更换 …………………………………………… 201
  6.6 刀具维修 …………………………………………… 205

第 7 章 辅助工法与特殊措施 …………………………………… 207
  7.1 渣土改良与管理 …………………………………… 209
  7.2 注浆控制技术 ……………………………………… 212
  7.3 TBM 模式管片壁后填充技术 …………………… 214
  7.4 软土地层盾构掘进姿态控制技术 ………………… 225

第 8 章　施工测量与监控量测 ⋯⋯ 235
8.1　TBM 模式施工精确测量 ⋯⋯ 237
8.2　施工监控量测内容及测点布置 ⋯⋯ 241
8.3　监测数据分析与反馈 ⋯⋯ 246

第 9 章　双模盾构绿色施工技术 ⋯⋯ 251
9.1　环保型渣土处理与资源化利用技术 ⋯⋯ 253
9.2　污水处理流程和措施 ⋯⋯ 257
9.3　扬尘控制措施 ⋯⋯ 258

第 10 章　双模盾构自动化施工技术 ⋯⋯ 259
10.1　双模盾构掘进参数自动采集与反馈技术 ⋯⋯ 261
10.2　双模盾构掘进安全风险自动预警技术 ⋯⋯ 263
10.3　双模盾构掘进参数自识别及自控制技术 ⋯⋯ 264

参考文献 ⋯⋯ 265

第1章

绪 论

1.1 盾构模式分类

盾构机是一种隧道掘进的专用工程机械，集机、电、液、光、传感、信息技术于一体，具有开挖切削土体、输送渣土、拼装隧道衬砌、测量导向纠偏等功能，涉及地质、土木、机械、力学、液压、电气、控制、测量等多门学科技术，同时，实际应用时还要根据不同的地质、水文、环境条件进行"量体裁衣"式的设计制造。

根据适用工程地质、水文条件的差异，以及工作时开挖面土体的平衡作业原理，盾构模式常分为土压平衡模式（EPB 模式）、泥水平衡模式（SPB 模式）及硬岩掘进模式（TBM 模式）三大类。

1.1.1 土压平衡模式（EPB 模式）

土压平衡盾构机属于封闭式盾构机（作业环境与地质环境隔离），其掘进模式即为土压平衡模式。当其工作时，前端盾构刀盘旋转掘削地层土体，切削下来的土体进入土仓，渣土在土仓密闭环境下被挤密、压实，在土仓内产生的被动土压力与刀盘掘削面上的水土压力基本相等，实现掘削面处水土压力平衡（即稳定），维持切削面的稳定状态。

土压平衡盾构机掘进时，通过安装于土仓底部的螺旋输送机将渣土（即掘削弃土）排出，由螺旋输送机排土口处的滑动闸门开闭动作实现排土量精确控制，当刀盘切削量与螺旋输送机排土量相等时，土仓内的渣土总量处于动态平衡状态，以维持切削面处压力的动态平衡和土体的稳定。

土压平衡盾构机工作原理如图 1.1-1 所示。

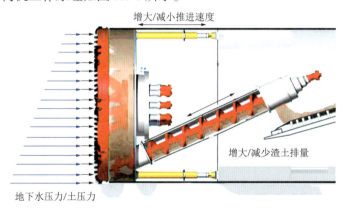

图 1.1-1　土压平衡盾构机工作原理示意图

自 1974 年日本成功研制出符合现代施工要求的土压平衡盾构机之后，土压平衡盾构技术得到飞速发展，并成功应用于各种地铁隧道、公路隧道、市政管道等工程中；同时，伴随着控制技术、液压驱动技术、测控技术、高压密封技术、耐磨材料制备技术等的发展，土压平衡盾构机的制造与应用技术得到不断提升，广泛适用于地层渗透系数相对较小的黏性土、砂土、软岩、软硬不均地层等地质条件，已成为全球地质适应能力较强的盾构机类型之一。

1.1.2 泥水平衡模式（SPB 模式）

泥水平衡盾构机也属于封闭式盾构机，其掘进模式即为泥水平衡模式。该模式的盾构机是利用水、黏土及其添加剂混合制成的泥水，通过输送管道压入盾构机隔板与刀盘间的泥水仓，通过泥水的加压作用形成泥水压力室，维持开挖工作面的稳定。盾构掘进时，旋转刀盘切削下来的渣土经搅拌装置搅拌后与压入的泥水混合形成高浓度泥水，用流体输送方式排出，通过控制输入泥水、开挖渣土量与输出泥水量来保持泥水仓处于压力动态平衡状态，这就是泥水平衡盾构机的主要特征。

泥水平衡盾构机通过管道排出的泥渣混合物被输送到地面泥水分离系统，经分离处理后的渣土将被弃置，指标合格的泥水将被重新输送至泥水仓循环利用。

泥水平衡盾构机工作原理如图 1.1-2 所示。

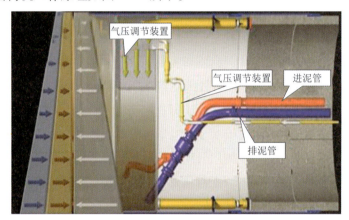

图 1.1-2　泥水平衡盾构机工作原理示意图

泥水平衡盾构机根据是否设置气压调节仓分为直排式、气垫式两类。气垫式泥水平衡盾构机与直排式泥水平衡盾构机相比，控制系统更为简化，对开挖面土层支护更为稳定，对地表沉降的控制更有利。

泥水平衡盾构机具有以下优点：①泥水仓压力控制精度高；②泥水循环处于密闭状态，安全性高；③泥渣分离有利于减小环境污染；④有利于沉降和风险控制，其广泛适用于地层渗透系数较大的富水砂层、砂砾层、软硬不均地层，以及跨江、跨河、跨海等高水压、高风险工作环境，目前已在各种地铁隧道、公路隧道、市政管道工程、铁路工程等领域成功应用。

1.1.3 硬岩掘进模式（TBM 模式）

盾构机的 TBM 模式是指按照岩石隧道掘进机（TBM）的功能对盾构机进行研发改造，使其适用于硬岩地层掘进，故下面对 TBM 的工作原理等内容进行介绍。

TBM 的工作原理是：TBM 主机前部装有若干把盘形滚刀的刀盘，由刀盘驱动系统驱动刀盘旋转，并由 TBM 推进系统给刀盘提供推进力，在推进力的作用下滚刀切入掌子面岩石，不同部位的滚刀在掌子面上留下不同半径的同心圆切槽轨迹，在滚刀的挤压下，相邻切槽的岩石在剪切力作用下从岩体上剥落下来形成石渣，石渣则随着刀盘的旋转由刀盘上的铲渣斗自动拾起，经刀盘内的溜渣槽输送到主机上的带式输送机上，再运到后配套系统处，经过后配套系统上的转渣带式输送机，传递给隧道出渣运输系统运出洞外。TBM 工作原理如图 1.1-3 所示。

TBM 由主机和后配套系统组成，按照结构形式可分为敞开式 TBM 和护盾式 TBM 两种类型。敞开式 TBM 主要适用于以硬岩为主的长大隧道掘进，分为凯式 TBM 和单支撑主大梁式 TBM；护盾式 TBM 主要适用于以软弱围岩为主的长大隧道掘进，分为单护盾 TBM 和双护盾 TBM，如图 1.1-4～图 1.1-6 所示。

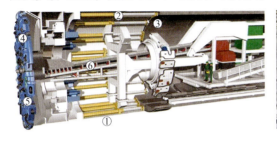

图 1.1-3 TBM 工作原理图　　　　　　　图 1.1-4 敞开式 TBM

①-护盾；②-推进液压缸；③-管片；④-刀盘；⑤-装渣斗；
⑥-带式输送机

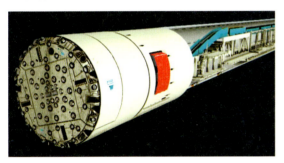 

图 1.1-5 双护盾 TBM　　　　　　　　　图 1.1-6 单护盾 TBM

1.2 双模盾构机概述

1.2.1 盾构掘进双模式发展概述

随着城市地铁的发展，19 世纪末至 20 世纪前期，盾构技术得到飞速发展，盾构机的种类越来越多，能够适应更加复杂的地质环境。20 世纪 70 年代，土压平衡盾构机和泥水平衡盾构机分别在日本和英国问世，标志着盾构技术实现了一次技术革新；21 世纪初，通过对刀盘、驱动等系统的优化设计，以及渣土改良材料技术的飞速发展，土压平衡和泥水平衡盾构机的地层适用范围得到大幅度拓展。

一般来说盾构机选型与地质条件是相对应的，单一模式的盾构机适用地层条件有限。随着隧道建设的快速发展，越来越多的隧道呈现出长距离、地质条件多样化、建设环境复杂化的特点，特别是地质条件由单一地层向复合地层发展，采用单一掘进模式的盾构机容易出现刀盘结泥饼、渣土滞排、刀具磨损快、掘进效率低、地表沉降大等诸多问题。因此，采用多模式盾构掘进设备是解决上述问题的一个有效途径。

2007年，我国香港首次应用了海瑞克EPB/单护盾TBM双模盾构机进行地铁隧道修建。

2013年，南京地铁机场线采用了日本奥村公司生产的2台EPB/单护盾TBM双模盾构机，在抗压强度30～82MPa的中、微风化安山岩地层掘进，根据两种盾构掘进模式的切换经验总结，从经济性角度提出了双模盾构机适用于长度大于120m的岩层掘进。

2014年，广东地铁9号线花都汽车城—广州北站区间首次运用EPB/SPB双模盾构机，区间全长1.68km，见洞率高达43.97%。该双模盾构机可根据地层变化，不需要拆装部件，只要通过控制系统即可快捷实现两种不同掘进模式的切换。该双模盾构机实现了多项重大技术创新，填补了国内土压/泥水双模盾构机的空白。

2014年，德国斯图加特-21高铁工程中的菲尔德斯塔特隧道，采用直径10.82m的海瑞克EPB/TBM双模盾构机掘进，隧道掘进主要地层为泥灰岩、含黏土的砂岩、全断面砂岩。

2015年，中铁工程装备集团有限公司(简称"中铁装备")自主研发了EPB/单护盾TBM双模盾构机，应用于重庆地铁环线南桥寺—体育公园—冉家坝区间施工，但该区间主要为抗压强度20～30MPa的软岩地层，实际施工仅采用TBM模式掘进，未进行EPB模式切换。

2016年，中铁装备制造了2台EPB/单护盾TBM双模盾构机，应用于青岛地铁8号线隧道施工，掘进地层为抗压强度40～70MPa的微风化安山岩、凝灰岩，采用TBM模式掘进。

2019年，上海隧道工程股份有限公司制造了1台以集土环为核心的EPB/TBM双模盾构机，应用于印度孟买地铁3号线以全断面岩石为主兼具岩层断裂带并富水的复杂地层，主要地层为中～微风化角砾岩、强～微风化玄武岩。

2019年，法国大巴黎快线工程应用了9台海瑞克EPB/TBM双模盾构机（包括7台EPB/双护盾TBM双模盾构机、2台EPB/单护盾TBM双模盾构机），盾构机直径均在8.9m以上，目前正在施工中。

1.2.2 双模盾构机分类

双模盾构机有三种类型，分别为：EPB/SPB双模盾构机、EPB/单护盾TBM双模盾构机、SPB/TBM双模盾构机。相比较而言，除EPB/SPB双模盾构机外，EPB/单护盾TBM双模盾构机、SPB/TBM双模盾构机受使用的特殊地质（前者适用于同一区间线路纵向地层分布上存在较长距离的软弱地层和高强度岩层，后者适用于同一区间线路纵向地层分布上存在较长距离的富水砂砾类层和高强度岩层，类似工程少）及经济性制约，工程应用案例寥寥无几，相关设备制造及应用技术仍在完善过程中。

由于双模盾构需考虑集成统一性，敞开式TBM与护盾式TBM结构差异较大，本书双模盾构机仅讨论护盾式 TBM。

1）EPB/SPB 双模盾构机

EPB/SPB 双模盾构机集成了土压平衡盾构机、泥水平衡盾构机的功能，具有土压平衡和泥水平衡两种模式，如图 1.2-1 所示。根据出渣方式不同，EPB/SPB 双模盾构机又可分为并联式双模盾构机和串联式双模盾构机。

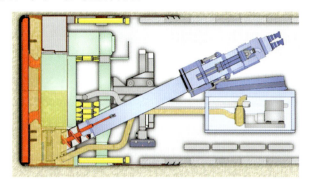

图 1.2-1　EPB/SPB 双模盾构机示意图

EPB/SPB 双模盾构机的构造包括土压和泥水平衡盾构机的各部件，并配置泥浆输送管路和地面泥浆分离系统。

2）EPB/TBM 双模盾构机

EPB/TBM 双模盾构机指既具备盾构的掌子面土压平衡功能，又具备带式输送机出渣的敞开式硬岩刀盘，可适应软岩、硬岩、复合地层的隧道掘进设备，如图 1.2-2 所示。

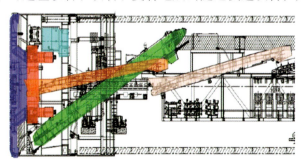

图 1.2-2　EPB/TBM 双模盾构机示意图

根据 EPB 模式螺旋输送机与 TBM 模式中心带式输送机是否同时配置，可将 EPB/TBM 双模盾构机分为换装式与共存式两种。

（1）换装式是指螺旋输送机与中心带式输送机不能同时安装在盾构机上，模式转换时需要在洞内换装，耗时相对较长，此类盾构机直径一般小于 9m；当前业内发展出了 TBM 模式下采用中心螺旋输送机出渣，提高了 TBM 模式在断层、破碎带等特殊工况下的通过能力。

（2）共存式是指螺旋输送机与中心带式输送机可以同时安装在盾构机上，当模式转换时只需要少量拆装，耗时相对较少，此类盾构机直径一般大于或等于 9m。

3）SPB/TBM 双模盾构机

SPB/TBM 双模盾构机集成了泥水平衡盾构和单护盾 TBM 的功能和特点，如图 1.2-3 所示。

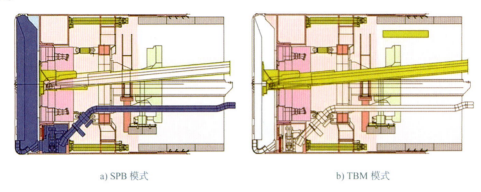

a) SPB 模式　　　　　　　　　　　　b) TBM 模式

图 1.2-3　SPB/TBM 双模盾构机示意图

1.2.3　双模盾构机的特点

1）EPB/SPB 双模盾构机的特点

施工中，对自稳性好、水量少的地层，采用 EPB 模式可以提高掘进工效，减少施工成本；对于地层自稳性差、水压高的地层，采用 SPB 模式可以较好地控制地表沉降。

模式转换无须任何拆装工作，只需要在主控室按照操作规程进行转换即可，当地层变化时，可及时进行模式的切换。采用泥水平衡模式掘进，可利用土压平衡模式的螺旋输送机排出大粒径石块；采用土压平衡模式掘进，可通过泥水环流系统稳定压力、制造泥膜，进行气压开仓作业。

2）EPB/TBM 双模盾构机的特点

EPB 盾构机在软岩以及软土地层中施工优势明显，设备造价低廉，但其在中、硬岩地层中施工磨损较大、效率较低，劣势比较明显。而 TBM 在单一的硬岩地层中掘进效率高，但 TBM 在遇到不良地质或软硬交替、极软岩地层时，施工难度及风险急剧增大。EPB/TBM 双模盾构机在软弱地层掘进或开挖面不能自稳时，采用 EPB 模式，盾构机在带压模式下掘进，采用底部螺旋输送机出渣；当开挖面为能够自稳的岩层时，采用 TBM 模式，盾构机在不带压模式下掘进，出渣采用中心带式输送机或者中心螺旋输送机出渣。EPB/TBM 双模盾构机结合了 EPB 盾构机与单护盾 TBM 的优点，能较好地适应软、硬地层纵向分布等复杂地质工况。

3）SPB/TBM 双模盾构机

SPB 盾构机适合在有较高水压的软土地层使用，它可以较好地平衡开挖面水土压力，有利于控制地表沉降，常用于城市和过江隧道。单护盾 TBM 适用于岩石隧道，隧道开挖面没有水压，围岩有一定的自稳性，一般在山岭隧道中使用。SPB/TBM 双模盾构机集成了 SPB 盾构和单护盾 TBM 的功能和特点，在泥水平衡模式下，盾构机采用泥浆管道出渣，用于高水压裂隙地层；在单护盾 TBM 模式下，盾构机采用带式输送机出渣，用于无水或少水岩石地层。

1.3 福州地铁 4 号线双模盾构隧道工程概况

1.3.1 工程基本情况

福州地铁 4 号线林浦站—城门站区间左线里程范围为 ZDK43+002.672~ZDK45+174.016，设一个长链 12.094m，全长 2183.438m；右线里程范围为 YDK43+001.465~YDK45+174.624，设一个长链 0.822m，全长 2173.981m。在区间中间（三环快速路南侧）设置一个明挖中间风井，其余均为单线单洞盾构区间。林浦站—中间风井段北起地铁 4 号线林浦站大里程端头，下穿连坂村民房、黄山汽车考训场、福建省农业科学院水稻研究所、三环快速路，进入中间风井；中间风井—城门站段北起中间风井大里程端头，侧穿残疾人康复中心，下穿城门山、城门村民房，进入城门站。

本区间采用 2 台 EPB/TBM 双模盾构机从地铁 4 号线林浦站大里程端头始发，通过中间风井继续掘进至城门站小里程端头接收吊出。隧道埋深为 17.2~42.8m，共设 4 个联络通道，中间竖井在运营阶段兼作 3 号联络通道。林浦站—城门站区间平面示意如图 1.3-1 所示。

图 1.3-1 林浦站—城门站区间平面示意图

1）线路平面

林浦站—城门站区间共有 6 段平面曲线，其中林浦站—中间风井段共有 3 段平面曲线，曲线半径分别为 450m/450m、450m/450m、900m/450m，线间距为 13~28.94m；中间风井—城门站段共有 3 段平面曲线，曲线半径分别为 900m/450m、1200m/1200m、450m/450m，线间距为 12.8~20.1m。

2）线路纵断面

林浦站—中间风井段纵断面为"V"字形坡。区间左线先以 240m/26‰、240m/4‰ 下坡至最低点，后以 862.094m/5.57‰ 上坡至中间风井；区间右线先以 220m/26‰、240m/4‰ 下坡至最低点，后以 860.822m/5.578‰ 上坡至中间风井。中间风井—城门站段纵断面为"V"字形坡。区间左线先以 550m/4.235‰ 下坡至最低点，后以 270m/20.7‰ 上坡至城门站；区间右线先以 550m/4‰ 下坡至最低点，后以 260m/21‰ 上坡至城门站。

3）区间盾构隧道

区间盾构隧道采用钢筋混凝土管片衬砌，管片宽度为 1200mm，管片外径为 6200mm，厚度为 350mm。每环管片沿环向分为 6 块，即 3 块标准块、2 块邻接块和 1 块封顶块。混凝土设计强度等级为 C50，抗渗等级≥P10。管片采用通用楔形环，楔形量 37.2mm（双面楔）。衬砌圆环构造如图 1.3-2 所示。

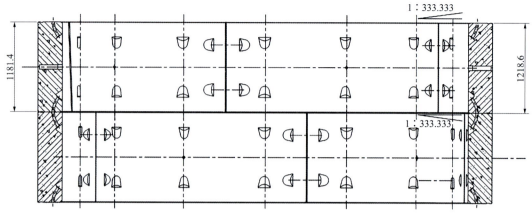

图 1.3-2　衬砌圆环构造图（尺寸单位：mm）

管片安装采用错缝拼装方式，管片环、纵向均以弯螺栓连接，环向采用 12 颗螺栓，纵向采用 16 颗螺栓。

4）盾构始发与到达端头土体加固方法

林浦站—城门站区间隧道始发洞门范围内围护结构为现浇钢筋混凝土地下连续墙，受端头地表光缆无法迁改影响，采用垂直冻结法加固＋钢套筒始发方法。接收采用三重管高压旋喷桩（加固长度 10m）＋短钢套筒接收方法。

1.3.2　工程地质与水文地质条件

1）区域构造

场地在区域构造单元方面位于闽东火山断坳带内的次一级构造单元福鼎—云霄断陷带和闽东南滨海断隆带上。福鼎—云霄断陷带是福建省最主要的火山喷发带，主要由晚侏罗世—早白垩世中酸性火山岩组成，发育火山构造，后期的岩浆侵入活动极为强烈，断裂构造亦十分发育。闽东南滨海断隆带是福建省地质构造较为复杂的地区之一，它的主体由长乐—诏安断裂带和滨海断裂带组成。

近场区处于区域的北北东—北东向长乐—诏安断裂带、北西向闽江断裂带和北东东向断裂带的交汇地区。在北西西—南东东向的挤压应力作用下，新构造以北北西—北西向断裂为主导，在北北西向和北东东向两组断裂交切的地段，第四纪以来由于断块差异活动，形成了形态上颇为规则的福州盆地和长乐古槐海湾平原。

在第三纪表现为整体隆升、遭受剥蚀、夷平的状态之后，第四纪早期的构造运动出现重新活跃的态势，断块差异隆升作用有所加强，形成侵蚀低山、丘陵、残丘、堆积平原与盆地的地貌景观；该时期在北东东向断裂伴随着剪切拉张，而北北西—北西向断裂则以拉张活动为主的应力作用下，由北北西、北西向、北东向和北东东向等断裂控制下的断块差异活动所形成的福州盆地，在第四纪中更新世末便开始下降活动，故中更新世形成的红色风化壳被埋藏在晚更新世和全新世的冲—海积物之下。

至晚更新世，断裂活动逐渐减弱，以北北东—北东向、北东东向断裂活动明显减弱，但一些北西向、北北西向断裂仍具有一定活动。其中，福州盆地迅速下降，其下降幅度最大达 69m，盆地边缘的断块山如东侧鼓山和南侧的五虎山及西侧的旗山不断抬升，在其与盆地接壤的山前形成陡峭的断层崖和冲—洪积扇，与福州盆地形成两种不同的地貌景观。

全新世以来，近场区地壳构造运动趋于稳定，断块或断裂活动表现不明显，地质构造情况如图 1.3-3 所示。

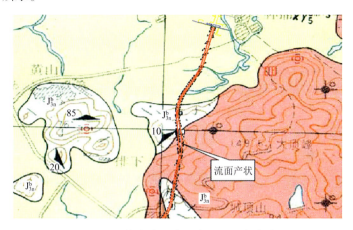

图 1.3-3 林浦站—城门站区间区域地质图

根据区域地质资料及钻孔揭露，本区间（里程 YCK44＋330～YCK44＋330）基岩存在走向北东、倾向北西、倾角约 10°的流面产状，后期受花岗岩脉动侵入构造作用影响形成连通流面大角度张性节理，形成地下水透水通道。

2）地层与岩性

拟建工程场地地表普遍覆盖第四系、燕山期侵入岩、侏罗系地层。

（1）第四系：第四系包括全新统、上更新统及坡残积土层；第四系地层包括人工填土；主要分布于冲海积-海陆交互相地貌单元的全新统长乐组冲海积砂层、土层；上更新统龙海组冲洪积土层、砂土、碎石土层。

（2）燕山期侵入岩：福州地区侵入岩分布广泛，按侵入活动时间顺序分为早、晚两期，其中以燕山晚期第三、四次活动最强烈、规模最大。

（3）侏罗系：侏罗系主要分布于剥蚀残丘地貌的晚侏罗统南园组，主要为深灰色熔结凝灰岩、凝灰岩、流纹质凝灰熔岩等。

林浦站—城门站区间基岩为燕山期侵入岩和侏罗系的熔结凝灰岩。

3）工程地质条件

本区间盾构隧道地层主要为淤泥〈2-4-1〉、中细砂（含泥）〈2-4-6〉、粉质黏土〈2-6〉、粉质黏土〈3-1〉、粉细砂〈3-2〉、淤泥质土〈3-4〉、角砾（含泥）〈3-6〉、坡积粉质黏土〈5-1〉、残积砂质黏性土（硬塑）〈5-3〉、熔结凝灰岩残积黏性土（可塑）〈5-4〉、全风化花岗岩〈6-1〉、全风化熔结凝灰岩〈6-2〉、强风化熔结凝灰岩（砂土状）〈7-3〉、强风化熔结凝灰岩（碎块状）

〈7-4〉、中风化熔结凝灰岩〈8-2〉、微风化熔结凝灰岩〈9-2〉；其中微风化熔结凝灰岩〈9-2〉岩层较完整，岩层质量指标RQD＝60～90，单轴抗压强度为126.1～193.1MPa（平均值143MPa）。

工程地质断面如图1.3-4所示，地层物理力学性质指标见表1.3-1。

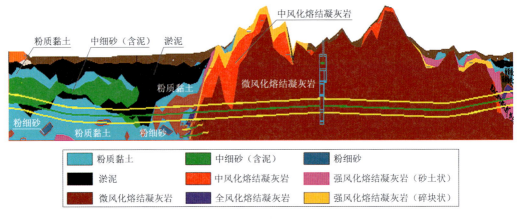

图1.3-4 区间地质纵断面图

各地层物理力学性质指标表　　　　　表1.3-1

地层编号	岩土名称	天然重度（kN/m³）	天然含水率（%）	孔隙比	直接剪切试验参数		渗透系数K（m/d）	地基承载力特征值q_u（kPa）
					黏聚力c（kPa）	内摩擦角φ（°）		
〈2-4-1〉	淤泥	16.1	61.1	1.740	7.5	3.8	0.005	50
〈2-4-6〉	中细砂(含泥)	18.5			4.0	24.0	25.000	160
〈2-6〉	粉质黏土	18.9	26.7	0.816	23.4	8.5	0.030	180
〈3-1〉	粉质黏土	18.7	29.5	0.820	31.4	11.4	0.030	200
〈3-2〉	粉细砂	18.5			0.0	20.0	20.000	120
〈3-4〉	淤泥质土	17.0	47.1	1.219	12.3	5.6	0.005	75
〈5-1〉	坡积粉质黏土	20.1	17.5	0.480	28.8	15.4	0.800	200
〈5-3〉	残积砂质黏性土（硬塑）	18.6	25.1	0.800	18.8	11.1	0.800	200
〈5-4〉	熔结凝灰岩残积黏性土(可塑)	19.3	23.9	0.738	18.0	10.0	0.800	200
〈6-1〉	全风化花岗岩	19.0	27.0	0.825	34.8	17.2	0.700	350
〈6-2〉	全风化熔结凝灰岩	19.0	26.0	0.800	35.0	17.2	0.700	350
〈7-1〉	强风化花岗岩（砂土状）	19.0			30.0	28.0	0.600	500
〈7-2〉	强风化花岗岩（碎块状）	20.0			30.0	30.0	0.600	650
〈7-3〉	强风化熔结凝灰岩（砂土状）	19.0			30.0	28.0	0.600	500
〈7-4〉	强风化熔结凝灰岩（碎块状）	20.0			30.0	28.0	0.600	650
〈8-2〉	中风化熔结凝灰岩	25.0					0.100	1500
〈9-2〉	微风化熔结凝灰岩	26.0					0.100	4500

4）水文地质条件

（1）冲海积—海陆交互相地貌（里程 YCK43＋013.062～YCK43＋870）

本段地下水按赋存方式分为第四系松散层孔隙水、孔隙-裂隙水和基岩裂隙水。

①第四系松散层孔隙水。

松散层孔隙水主要位于第四系松散沉积物的孔隙中。本场地的主要相对隔水层包括〈2-1〉黏土、〈2-4-1〉淤泥、〈2-4-6〉中细砂（含泥）、〈3-1〉粉质黏土、〈3-4〉淤泥质土，其富水性差，微透水～弱透水。根据含水层和隔水层的空间分布不同，可将松散层孔隙水分为上层滞水和松散层孔隙承压水两种。

a. 上层滞水。

b. 松散层孔隙承压水。

根据场地钻孔资料，松散层孔隙承压水主要赋存于〈2-4-6〉中细砂（含泥）、〈3-2〉粉细砂、〈3-6〉角砾（含泥）层中，其含水性能与砂的形状、大小、颗粒级配及黏粒含量等有密切关系，以上各地层均属中等～强透水层。承压含水层上部和下部普遍覆盖有一定厚度相对隔水的〈2-1〉黏土、〈2-4-1〉淤泥、〈2-6〉粉质黏土、〈3-1〉粉质黏土、〈3-4〉淤泥质土。稳定水位埋深为 1.93～7.34m，高程为 1.36～5.53m。

②孔隙-裂隙水（潜水或承压水）。

③基岩裂隙水（潜水或承压水）。

（2）剥蚀残山、丘陵地貌（里程 YCK43＋870～YCK45＋030）

本段地下水按赋存方式分为第四系松散层孔隙水和层状基岩裂隙水。

①第四系松散层孔隙水。

第四系松散层孔隙水主要为上层滞水。

其补给主要靠大气降水，地下水排泄主要表现为大气蒸发和通过植物排泄，地下水水位受季节影响明显。初见水位埋深为 0.32～6.01m，高程为 5.83～25.81m。

②基岩裂隙水（潜水或承压水）。

稳定水位埋深为 0.00～11.76m，高程为 1.32～16.62m。

（3）冲海积-海陆交互相地貌（里程 YCK45＋030～YCDK45＋186.163）

本场地内地下水按赋存方式分为第四系松散层孔隙水、孔隙-裂隙水和基岩裂隙水。

①第四系松散层孔隙水。

第四系松散层孔隙水主要为上层滞水。

初见水位埋深为 0.73～1.57m，高程为 5.73～6.41m。

②孔隙-裂隙水（潜水或承压水）。

稳定水位埋深为 3.67～5.76m，高程为 0.74～1.84m。

③基岩裂隙水（潜水或承压水）。

稳定水位埋深为 4.12～6.03m，高程为 0.47～1.38m。

1.3.3 工程重难点分析

（1）地质条件复杂，极软极硬地层分界明显，施工难度大。

本工程存在长距离粉质黏土、淤泥质土、中细砂（含泥）等极软地层，也存在长距离高强度微风化熔结凝灰岩类极硬岩地层，纵向分界明显。工程地质情况纵向分布为：左线依次为软弱地层（中细砂、粉质黏土、淤泥质土）824.5m＋熔结凝灰岩（微风化、中风化，抗压强度113～193.8MPa）1287.8m＋软岩（碎块状、砂土状强风化熔结凝灰岩，全风化熔结凝灰岩）73m；右线依次为软弱地层（中细砂、粉质黏土、淤泥质土）824.5m＋熔结凝灰岩（微风化、中风化，抗压强度113～193.8MPa）1281.7m＋软岩（碎块状、砂土状强风化熔结凝灰岩，全风化熔结凝灰岩）73m。因此，本工程既有透水性小的黏性土地层，又有富含承压水的高透水性中细砂层，还有全断面岩层，地质条件复杂，如图1.3-5所示。

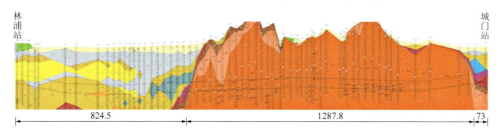

图1.3-5　林浦站—城门站区间地质分布示意图（尺寸单位：m）

在粉质黏土、淤泥质土等黏粒含量高的地层中掘进时易发生刀盘结"泥饼"或滞排等现象；在中细砂、上软下硬地层掘进时，若采用土压平衡盾构机还易出现螺旋输送机"喷涌"现象；在长距离高强度硬岩掘进时，易出现刀盘磨损变形、刀具损坏等问题，施工难度大。

（2）长距离下穿密集建（构）筑物，保护难度大。

盾构隧道自林浦站出站后线路主要穿越的建（构）筑物有福泉快速路、连坂村居民房、φ1600mm顶管沉井、三环快速路、残疾人康复中心、城门村等，最终到达城门站；特别是连坂村、城门村多为居民自建房，多为砖混、砖木结构，无基础或为条形基础，对地表沉降控制要求极高，盾构下穿时如何保证地面建筑物及管线的安全，是施工的重点和难点。

盾构区间沿线建（构）筑物调查情况见表1.3-2，盾构下穿建（构）筑物情况如图1.3-6～图1.3-9所示。

盾构区间沿线建（构）筑物调查情况表　　　　表1.3-2

序号	建（构）筑物	里程范围	建（构）筑物概况	与盾构区间的相对位置
1	连坂村民房	YDK43＋078～YDK43＋532	大部分民房为条形基础，基础底埋深1.5～2.0m。个别采用预制桩，桩长最长13m	盾构区间下穿、侧穿民房，桩基底距隧顶最小净距约10.4m
2	10号污水接收井	YDK43＋656	接收井直径6.0m，埋深12.53m，基础底高程-8.04m	位于盾构区间上方，井底距隧道顶净距约8.4m
3	DN2200、DN1600污水管	YDK43＋576～YDK43＋670	DN2200、DN1600污水管高程分别约-5.2m、-1.4m	位于盾构区间上方，管底距隧道顶净距11.3～15.4m

续上表

序号	建（构）筑物	里程范围	建（构）筑物概况	与盾构区间的相对位置
4	福建省农业科学院水稻研究所	YDK43+900～YDK44+005	研究所建筑采用条形基础，基础底埋深1.5~2.0m	位于盾构区间上方，基底距隧道顶净距约20.0m
5	三环快速路福厦高架	YDK44+273～YDK44+331	采用φ1800mm、φ1200mm钻孔灌注桩，桩长分别为21.3~26.1m、21.3~28m	盾构区间隧道侧穿灌注桩，灌注桩距隧道最小水平净距约1.30m
6	城门镇城门村民房	YDK44+384～YDK44+650、YDK44+700～YDK45+149	大部分民房为条形基础，基础底埋深1.5~2.0m。个别民房基础采用桩基，桩长最长6m	盾构区间下穿、侧穿民房，桩基基底距隧顶最小净距约7.7m
7	残疾人康复中心	ZDK44+600～ZDK44+654	一层地下室，多层框架，基础为独立基础	侧穿地下室，地下室距隧道最小水平净距约4.82m

a)　　　　　　　　　　b)

图1.3-6　盾构区间下穿连坂村民房

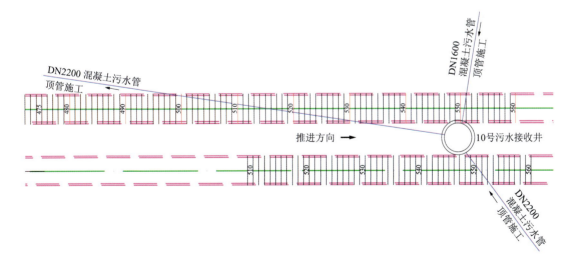

图1.3-7　盾构区间下穿污水管（井）示意图

（3）盾构始发地质条件差，施工风险高，施工工序复杂。

林浦站始发端邻近浦下河，隧道所处地层大部分为〈2-4-6〉中细砂（含泥），富含承压水，渗透性强，地下水补给丰富，盾构始发易发生渗漏，受端头地表光缆无法迁改影响，纵向加固长度仅有3m，无法满足始发安全需求，施工风险高；林浦站为换乘站，与已建6

号线林浦站呈"T"字形交叉，区间盾构需在 4 号线林浦站井口吊装下井后纵向移动 21m 穿越 6 号线车站底板到达始发洞门，始发施工工序复杂。

图 1.3-8　盾构区间下穿三环快速路段　　图 1.3-9　盾构区间下穿城门村民房群

（4）淤泥质地层承载力低，砂层易液化，盾构掘进轴线姿态难以控制。

盾构区间存在淤泥、中细砂（含泥）等地层。淤泥质土层呈流塑~软塑状，并具有含水率高、透水性差、压缩性高、高灵敏性、抗剪强度低、承载力低等特征，极易产生不均匀沉降；砂层透水性强，富水性较好，强度低，位于地下水位以下，饱和松砂受到振动时有变得更紧密的趋势，在周期性的振动荷载作用下，土体完全失去抗剪强度而显示出近于液体的特性，较可能导致承载力下降。盾构机在上述地层掘进时，易出现栽头、下沉等现象，掘进姿态难以控制。

第 2 章
EPB/TBM 双模盾构机选型与研制

2.1 EPB/TBM 双模盾构机概述

2.1.1 工作原理

EPB/TBM 双模盾构机具有 EPB 和 TBM 两种掘进模式，可在软弱地层或围岩较差地层中采用 EPB 模式掘进，在硬岩地层采用 TBM 模式掘进。

采用 EPB 模式掘进时，土仓内充满渣土，通过在土仓隔板中心部位的回转接头内安装渣土改良剂通道，可改善渣土的流动性，便于掌子面水土压力传递；由安装于土仓底部的螺旋输送机排土，通过精确控制排土量，实现土仓压力的动态平衡。EPB/TBM 双模盾构机 EPB 模式主机构造如图 2.1-1 所示。

采用 TBM 模式掘进时，由于掌子面岩层自稳性较好，土仓可在空仓、无压状态下作业，土仓隔板可处于敞开状态；开挖岩渣多为坚硬颗粒，内摩擦角大，流动性差，易堆积，若采用底部螺旋输送机出渣，设备安装倾角大，出渣效率低、设备磨损大。因此，TBM 模式通常采用中心（螺旋输送机或带式输送机）出渣方式，石渣通过安装于刀盘背面的铲渣斗收集，旋转至土仓顶部时掉落经溜渣槽输送至中心带式输送机或螺旋输送机上，再运到后配套系统处。EPB/TBM 双模盾构机 TBM 模式主机构造如图 2.1-2 所示。

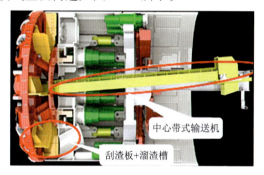

图 2.1-1 EPB/TBM 双模盾构机的 EPB 模式主机构造示意图

图 2.1-2 EPB/TBM 双模盾构机的 TBM 模式主机构造示意图

EPB/TBM 双模盾构机两种模式的主机结构存在差异，故其在两种模式切换时，需进行设备结构的改造。

对于并存式 EPB/TBM 双模盾构机，改造工作量较小。当 EPB 模式转换为 TBM 模式时，需清空土仓渣土，回缩螺旋输送机轴体并关闭前闸门，安装刀盘背面铲渣斗（或刮渣板）、土仓内溜渣槽结构，伸出中心带式输送机进入土仓即可完成模式切换；当 TBM 模式转换为 EPB 模式时，需拆除 TBM 相关构造，缩回中心带式输送机，伸出螺旋输送机并重新建立土仓压力。

对于换装式 EPB/TBM 双模盾构机，由于设备尺寸小、空间有限，改造工作量相对较大。当 EPB 模式转换为 TBM 模式时，需清空土仓渣土，拆除螺旋输送机并关闭前闸门，安装刀盘背面铲渣斗、土仓内溜渣槽结构，拆除中心回转结构及相应管路，伸出中心带式输送机进入土仓，完成模式切换；当 TBM 模式转换为 EPB 模式时，需拆除 TBM 相关构造、缩回中心带式输送机，重新安装中心回转结构及管路，重新安装螺旋输送机并重新建立土仓压力。

2.1.2 特点

EPB/TBM 双模盾构机的主要特点如下：

（1）兼容 EPB、TBM 两种工作模式。

①结构形式

EPB/TBM 双模盾构机在 EPB 工作模式时，盾体与密封隔板组成了封闭式结构，刀盘、前盾体与密封隔板组成了土仓，通过螺旋输送机出渣量及出渣速度控制，使土仓内泥土保持一定的压力以支撑开挖面，避免开挖面坍塌，保证开挖空间的安全；在 TBM 模式工作时，土仓可处于空仓、无压状态，盾体与土仓形成敞开式结构，有利于刀盘高速转动，提高在硬岩掘进时的掘进效率。

②刀具

盾构机刀盘为复合式结构，具有一定的开口率、较高的整体刚度和稳定性。在 EPB 模式下，刀盘开口应能确保渣土能流畅、顺利进入土仓，不在刀盘面板上黏结；在 TBM 模式下，刀盘结构应能承受高强度岩石的频繁冲击、挤压，不发生明显变形。刀盘应能配备多种刀具，软土刀具与硬岩刀具可以方便互换。

③刀盘驱动系统

在 EPB 模式下，刀盘驱动系统能适应低转速、高扭矩工况；在 TBM 模式下，刀盘驱动系统能够适应高转速、低扭矩工况，系统可便捷地切换两种工作模式。

④出渣系统

在 EPB 模式下，采用螺旋输送机出渣，确保施工安全；在 TBM 模式下，采用中心带式输送机或中心螺旋输送机出渣，可减少磨损并提高工效。

（2）EPB、TBM 两种模式切换程序可逆，切换速度快。

EPB 和 TBM 模式通过拆卸、安装螺旋输送机、中心出渣结构、中心回转结构、刀盘铲渣及溜渣结构等部件，即可实现模式相互切换，EPB→TBM、TBM→EPB 模式转换时主要拆装作业程序可逆，整个模式切换时间为 15～20d/次，切换速度快。

（3）不同作业模式适用于不同地层，掘进影响小，地表沉降影响小。

EPB 模式主要适用于软弱地层和软岩地层，可充分利用设备的土压平衡工作原理，确保作业面稳定，减少对地面环境的影响；TBM 模式主要适用于硬岩掘进，开挖面自稳性好。

2.1.3 适用范围

综合考虑双模盾构机工作原理、工程地质及水文地质条件、设备造价等因素，EPB/TBM 双模盾构机主要适用范围为：

（1）纵断面在掘进方向前后存在明显分界的软土、岩层，其中，Ⅳ级土体及Ⅴ、Ⅵ级围岩长度不小于100m，Ⅳ级岩体长度不小于200m。

（2）软土地层地下水渗透性弱、岩层地下水少。软土地层地下水一般渗透系数需小于1×10^{-4}cm/s；岩层地下水少，开挖面渗水量应小于设备的抽排水能力。

2.2 双模盾构机选型

盾构法与常规的矿山法隧道施工原理不同。盾构法是盾构机在掘进的同时铺设管片，其基本工作原理就是一个圆柱体的钢构件沿隧洞轴线边向前推进边对土壤进行挖掘。该圆柱体组件的壳体即护盾，对挖掘出的还未衬砌的隧洞段起着临时支撑的作用，承受周围土层的压力，有时还承受地下水压以及将地下水挡在外面。挖掘、排渣、衬砌等作业在护盾的掩护下进行。

盾构机是根据工程地质、水文地质、地貌、地面建筑物及地下管线和构筑物等具体特征来"量身定做"的一种非标准设备。盾构机不同于常规设备，其核心技术不仅仅是设备本身的机电工业设计，还在于通过不同的设计满足具体施工要求，盾构机的选型正确与否决定着盾构施工的成败。双模盾构机采用两种不同的模式施工，设备需适应地质或环境差异较大的施工条件，故其选型考虑的因素较单一模式盾构机更为复杂。

2.2.1 盾构机选型考虑因素

1）盾构机选型影响因素

影响盾构机选型的主要因素有工程地质条件、水文地质条件、周边环境、隧道埋深、隧道断面、衬砌类型、设计线路、坡度、工期、成本等。

盾构机的选型是根据各类盾构机的结构特征和性能，同时参照大量既有盾构隧道的施工经验，紧密结合和分析工程的具体情况（如工程地质和水文地质条件、隧道设计参数和工程特点等）进行的。根据国内外盾构施工经验与实例，盾构机的选型需满足如下要求：

（1）能确保开挖空间的安全和稳定支护。

（2）保证软土和岩层地层开挖顺利，并对可能出现的上软下硬、孤石、基岩破碎带等特殊地层，通过采取预处理或辅助施工方法，以确保施工安全。

（3）保证永久隧道衬砌的安装质量。

（4）保证隧道开挖渣土的清除。

（5）确保盾构机的作业可靠性和作业效率。

（6）保证地面沉降在要求范围内。

（7）满足施工场地及环保要求。

2）不同类型盾构机的特点及其选型分析

（1）适用性

适用性评价主要从工程地质条件、水文地质条件、周边环境等方面评估盾构机能否适应工程需要。

①工程地质条件

对于岩质地层，根据经验，完整性较好、抗压强度在20MPa以上的软岩、硬岩地层，地层自稳性好，适宜采用TBM模式掘进。其中，当为极硬岩特长隧道时，采用双护盾TBM能极大地提高施工效率；当为极破碎岩层时，较适宜采用护盾式TBM或土压平衡盾构机掘进。

对于软土地层，根据欧美和日本的施工经验，当地层的渗透系数大于$1×10^{-4}$cm/s时，宜选用泥水平衡盾构机；当地层的渗透系数小于$1×10^{-7}$cm/s时，宜选用土压平衡盾构机；当地层的渗透系数在$1×(10^{-7}\sim10^{-4})$cm/s时，既可以选用土压平衡盾构机，也可以选用泥水平衡盾构机。

对于土压平衡盾构机来说，最适应的土层就是含有足够细颗粒的地层。理想颗粒尺寸的地层包括黏土、淤泥、砂以及砾石等，并且含有25%~30%的水分。细颗粒含量多的渣土容易形成不透水的塑流体渣土，能够充满土仓以建立压力并传递到切削面支撑土体。由细颗粒组成的不透水流塑体渣土剪切强度低，渣土充满土仓而又不发生堵仓，可以实现良好的土压平衡机理。

②水文地质条件

当地层水压力大于0.3MPa时，适宜采用泥水平衡盾构机。如果采用土压平衡盾构机，螺旋输送机难以形成有效的土塞效应，排土时螺旋输送机闸门处易发生渣土喷涌现象，引起土压力下降，导致开挖面坍塌。当水压力大于0.3MPa时，若因工程地质原因需采用土压平衡盾构机，则需增大螺旋输送机的长度，或采用二级螺旋输送机，或采用保压泵。

对于穿越江河湖海等区域的隧道工程，为降低施工安全风险，一般采用泥水平衡盾构机。

③周边环境

周边环境对盾构机选型的主要影响包括：a.场地条件是否能够满足盾构机使用需求；b.盾构施工能否满足地上及地下建（构）筑物和管线的变形控制要求。

在场地需求方面，为便于施工运输组织，盾构施工需要承载力较好的开阔平坦场地；其中，采用泥水平衡盾构机施工需要考虑地面泥浆处理，采用TBM和土压平衡盾构机施工需考虑弃渣的堆放场地。

在建（构）筑物变形控制方面，考虑盾构掘进沉降控制的有效性，要求盾构机能够维持开挖面或围岩稳定，并配备注浆、支护辅助系统；其中，泥水平衡盾构机对泥水压力控制的精确度更高，对沉降的控制效果更好。

（2）技术先进性

从技术成熟度方面，单一模式的盾构机使用时间长，应用案例多，设备设计、制造、使用技术均较为成熟。双模盾构机作为两种不同模式的集成体，集合了不同模式的优点，同时能作为单一模式盾构机使用,故其适用范围更广、技术更先进。

(3)经济合理性

在设备造价方面,同一尺寸规格的隧道掘进设备,TBM造价最高,泥水平衡盾构机次之,土压平衡盾构机最低,但盾构机选型的经济合理性也需根据具体案例具体分析。

2.2.2 双模盾构机选型标准

结合上述内容,形成EPB/TBM双模盾构机选型标准,见表2.2-1。

EPB/TBM双模盾构机选型标准　　表2.2-1

主要选型因素		选型标准
地质因素	工程地质条件	(1)软土、硬岩地层在掘进方向分界面相对明显。 (2)软土:中细砂砾层、黏土层、全~强风化岩层。 (3)岩层:完整性较好、抗压强度20MPa以上的软岩、硬岩地层
	水文地质条件	(1)最大地下水压力<0.3MPa。 (2)软土地层渗透系数小于1×10^{-4}cm/s。 (3)岩层:无地下暗河、溶洞等
经济因素	岩层长度	每段岩层掘进时间>k_t(模式切换时间+土压盾构掘进时间)(k_t为时间调节系数,建议取值范围1.2~1.5,岩石强度越高,其取值越小)

2.2.3 本工程双模盾构机选型

1)本工程特殊要求

根据工程条件和管理目标要求,福州地铁4号线林浦站—城门站区间盾构机选型需考虑如下12个方面的特殊要求。

(1)周边环境要求:本工程区间中间竖井位置属于坡地,场地高差大,不具备盾构始发场地;城门站属其他单位施工且工期紧张,无法提供始发条件,盾构机仅能从林浦站进行始发;林浦站周边软土段和硬岩段对应地表均分布有大量城中村浅基础民房,建(构)筑物沉降控制要求高。

(2)工期要求:本工程区间软土及软岩地层段长约0.9km,硬岩段长约1.28km,总工期20个月。根据施工经验,扣除软土软岩段工期,硬岩段掘进工期不得超过14个月,即硬岩段掘进速度约100m/月。

(3)经济性要求:工程为概算下浮合同,总价固定,盾构机选型需实现经济效益最大化。

2)初步选型

本工程区间地层在线路纵向分布上前后两端为黏性土、砂性土及全~强风化等软岩,中间为完整性较好的中~微风化熔结凝灰岩地层,地层软、硬分界明显。长距离软弱土层、软岩适宜采用土压平衡盾构机施工,长距离的全断面硬岩适宜选用护盾式TBM施工。但受工程周边环境影响,本工程每个单洞隧道只能采用一台设备掘进,单一的土压平衡盾构机由于刀盘开口率、驱动系统低转速设计,在长距离硬岩段掘进时刀盘整体刚度、稳定性不足,且施工效率低,难以满足工期要求;单一的TBM由于采用密闭式刀盘结构、敞开式掘进和出渣,难以适用于长距离软土掘进,而泥水平衡盾构机不适用本工程长距离黏性土地质，因此仅凭单一模式盾构机难以满足施工要求，需采用多模式结合的盾构设备。

综合本工程特点，结合重庆、青岛地铁双模盾构设备制造经验，初步选取 EPB/TBM（单护盾）双模盾构机作为本工程施工设备。在两端软土、软岩施工时采用 EPB 模式掘进，在中间硬岩施工时采用 TBM 模式掘进，同时考虑本工程可能遭遇裂隙发育带或地下水等不明风险，故选择单护盾 TBM。

3）盾构机选型分析

（1）地质适应性分析

在工程地质方面，本工程软弱地层和硬岩地层沿隧道纵向分布区分界线明显，结合不同类型盾构机的工作原理，淤泥质土、粉质黏土等软弱地层适宜采用 EPB 模式掘进，以微风化熔结凝灰岩为代表的硬岩地层适宜采用 TBM 模式掘进，对于短距离的软、硬过渡带，可采用 EPB 模式以保证施工安全。

在水文地质方面，软土地层最大水压力约 0.2MPa，采用 EPB 模式能够满足要求；硬岩地层揭示岩石完整性相对较好，地下裂隙水影响相对较小。

因此，采用 EPB/TBM 双模盾构机能够适应本工程地质方面的需求。

（2）技术先进性分析

EPB/TBM 双模盾构机作为两种掘进模式的集成体，拟通过以下设计来保证设备的技术先进性。

①盾体具备密闭式、敞开式两种结构形式。在 EPB 模式时，盾体与密封隔板组成了封闭式结构，刀盘、前盾体与密封隔板组成了渣土仓，渣土仓内泥土保持一定压力以支撑开挖面，避免开挖面坍塌，保证了开挖空间的安全；在 TBM 模式时，盾体与土仓形成敞开式结构，有利于刀盘高速转动，提高在硬岩地层的掘进效率。

②刀盘驱动系统具备 EPB、TBM 两种模式不同需求。常规 EPB 设备由于工作时土仓内渣土处于充盈状态，驱动要求"低转速、高扭矩"，与 TBM 设备掘进土仓呈空仓状态时的驱动要求"高转速、低扭矩"差异巨大，作为集成体的核心，需同时兼顾两方面需求，即相对（EPB 模式）高转速、相对（TBM 模式）高扭矩，结合土压平衡盾构机和 TBM 设备制造经验，可通过驱动设计和掘进模式系统转换予以实现。

③刀盘结构设计、刀具配置满足 EPB、TBM 两种模式掘进需求。

a. 刀盘设计方面：该双模盾构机在 EPB 模式下渣土流动及压力平衡需求刀盘大开口，和 TBM 模式刀盘整体刚度要求高存在冲突，从结构安全的最不利角度考虑，设备集成体需牺牲常规 EPB 模式盾构的开口率以提高刀盘的整体刚度，可通过增强刀盘土仓区域渣土改良措施来弥补开口率降低引起的渣土流动性问题；该双模盾构机较常规 TBM 设备开口率大，可通过加强刀盘中心区的整体刚度和调整刀盘支承方式予以弥补；两种模式下土仓内渣土流动方式差异较大，EPB 模式一般是靠土压力作用和螺旋输送机主动排土来实现排渣，TBM 模式需采取铲渣斗来收集石渣从土仓中心部位排渣，通过模式转换时拆装螺旋输送机或铲渣斗、溜渣槽结构可以实现不同模式下的排渣。

b. 刀具配置方面：考虑软、硬地质特点，需配备多种刀具，且软土刀具与硬岩刀具可以方便互换。

　　④出渣系统具备螺旋输送机、带式输送机两种出渣方式。EPB 模式下，采用螺旋输送机出渣，确保施工安全；TBM 模式下，采用中心带式输送机出渣，可减少磨损和提高工效。

　　⑤该双模盾构机具备土压平衡盾构机和护盾式 TBM 同类功能系统，如推进系统、导向系统、油脂润滑密封系统、注浆和壁后填充系统、可编程逻辑控制器（PLC）控制及数据采集系统、通风系统、动力供电系统等。

　　⑥该双模盾构机具备土压平衡盾构机和 TBM 必需的辅助系统，包括土压平衡盾构机的管片拼装系统、铰接系统、盾尾密封系统、渣土改良系统、同步注浆系统、人舱系统、有害气体监测系统，TBM 掘进的防除尘系统、防扭抗振系统、豆砾石喷填系统等。

　　综上所述，EPB/TBM 双模盾构机不同模式对刀盘、驱动设计、出渣系统等功能方面的需求存在较大的差异，但通过设备各子系统可靠性的互补设计能够满足技术可靠性要求。

　　（3）经济合理性分析

　　本工程软土段采用土压平衡盾构机掘进是较为经济的方案，效益方面差异主要集中在硬岩段，硬岩段可采取的其他方案主要有矿山法爆破开挖、矿山法导洞＋单护盾 TBM 掘进两种，下面就软土段采用土压平衡盾构机、硬岩段采用两种不同方法以及采用 EPB/TBM 双模盾构机进行比选。

　　①工期进度指标的确定

　　为更好确定林浦站—城门站区间施工工法，对国内在建的具有类似地质条件的地铁项目进行了实地考察，考察情况见表 2.2-2。

同类施工案例考察表　　　　表 2.2-2

序号	考察项目	地层条件	施工工法	掘进工效（m/月）	备注
1	珠海城际铁路金融岛站—横琴站区间工程	抗压强度 80～150 MPa 弱风化花岗岩	采用 ϕ8780mm 复合式土压平衡盾构机掘进	33	
2	厦门地铁 2 号线翁角路站—马青路站区间工程	抗压强度 60～120 MPa 中微风化花岗岩	采用 ϕ6450mm 复合式土压平衡盾构机掘进	55	裂隙水丰富
3	深圳地铁 6 号线二期工程民乐停车场出入线工程	抗压强度 80～150 MPa 中微风化花岗岩	采用 ϕ6500mm 双护盾 TBM 掘进	174	由于区间曲率半径仅 260m，边滚刀磨损严重，影响掘进进度
4	深圳地铁 10 号线梅林东站—创新园站区间工程	抗压强度 80～130 MPa 中微风化花岗岩	采用 ϕ6500mm 双护盾 TBM 掘进	270	
5	福州地铁 6 号线樟岚出入场线工程	Ⅲ～Ⅳ级围岩	矿山法	40～50	炸药领用受限，每天一排炮，开挖进尺 2.5m 左右

　　EPB/TBM 双模盾构无直接案例，考虑其软土层影响掘进的主要为渣土改良，通过技术性措施可以得到较好解决，软土地层掘进指标参照土压平衡盾构机，取 200m/月；硬岩

地层掘进时受限于刀盘开口且刀盘转速较常规 TBM 相对低,取单护盾 TBM 与土压平衡盾构机的中间值,同时考虑需求指标和岩层强度较高,取 100m/月进行效益对比,见表 2.2-3。

比选方案进度指标表　　　　　　　　　　　　　　　　　　　表 2.2-3

序号	工法或选用的盾构机类型	地层条件	掘进工效指标（m/月）	备注
1	复合式土压平衡盾构机	软土	200	
2	复合式土压平衡盾构机	抗压强度 140~190MPa 全断面硬岩	40	
3	矿山法	抗压强度 140~190MPa 全断面硬岩	45	炸药领用受限
4	TBM	抗压强度 140~190MPa 全断面硬岩	250	
5	EPB/TBM 双模盾构机	软土	200	
5	EPB/TBM 双模盾构机	抗压强度 140~190MPa 全断面硬岩	100	

②设计方案

a. 方案一:采用 2 台 EPB/TBM 双模盾构机施工,从林浦站大里程端始发,空推过中间风井至城门站后解体吊出。方案一平面示意如图 2.2-1 所示。

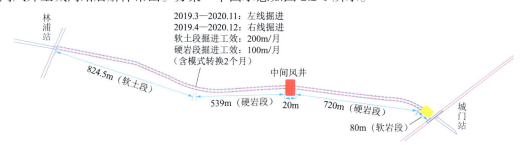

图 2.2-1　方案一平面示意图

b. 方案二:采用 2 台土压平衡盾构机 + 矿山法 + 1 台 TBM 施工。区间起始软土段采用 2 台土压平衡盾构从林浦站始发掘进,硬岩段以中间风井为工作井采用矿山法,最后土压平衡盾构机空推至中间风井解体吊出;中间风井—城门站区间的硬岩段 120m 作为盾构始发导洞采用矿山法施工,其余部分采用 1 台 TBM 从中间风井左线始发掘进至城门站解体吊出,再返回中间风井二次始发掘进左线,软岩段以城门站为工作井采用矿山法施工。方案二平面示意如图 2.2-2 所示。

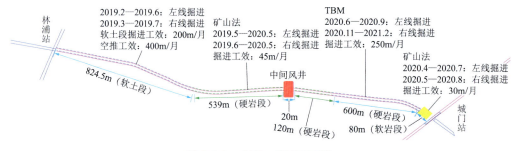

图 2.2-2　方案二平面示意图

c. 方案三：采用 2 台土压平衡盾构机 + 矿山法施工。林浦站—中间风井区间的软土段 + 240m 硬岩段采用 2 台土压平衡盾构机从林浦站始发掘进，剩余硬岩段以中间风井为工作井采用矿山法；中间风井—城门站区间硬岩段采用矿山法施工，2 台土压平衡盾构机空推通过硬岩段继续掘进软岩段，至城门站解体吊出。方案三平面示意如图 2.2-3 所示。

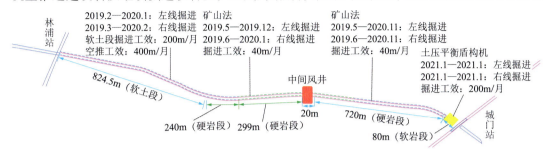

图 2.2-3　方案三平面示意图

③方案比选

将上述三个拟施工方案进行优缺点比选，具体比选结果见表 2.2-4。

拟施工方案对比表　　　　　表 2.2-4

方案序号	施工方法	预计工程造价	优点	缺点
方案一	采用 2 台 EPB/TBM 双模盾构机掘进施工	3.28 亿元	（1）工法组成简单，不存在交叉作业； （2）靠近城门站 80m 软岩段不受工作井时间影响； （3）相对于 TBM，双模盾构对上方房屋影响较小； （4）工期满足要求	目前国内没有掘进强度为 140～190MPa 硬岩的施工案例，存在工期指标不能达预期目标风险
方案二	采用 2 台土压平衡盾构机 + 矿山法 + 1 台 TBM 往返掘进施工	3.16 亿元	TBM 掘进硬岩速度快	（1）城门站是否能提供接收条件存在不确定因素，可能需要增加 1 台 TBM； （2）工法组合复杂，存在不同工法交叉作业影响； （3）需增加风井结构尺寸和施工场地作为盾构始发井（矿山法施工井、土压平衡盾构接收井）； （4）工期比招标洞通节点滞后 2 个月
方案三	采用 2 台土压平衡盾构机 + 矿山法施工	3.12 亿元	（1）工法组成简单，矿山法对硬岩段适应性良好； （2）靠近城门站 80m 软岩段不受其提供工作井时间影响	（1）爆破施工对民房不利，需临时搬迁 268 栋民房（建筑面积约 50000m²），协调难度大； （2）炸药领用受限，安全风险高； （3）工期比招标洞通节点滞后 1 个月

从表 2.2-4 可以看出，方案三采用 2 台土压平衡盾构机 + 矿山法方案，工程造价低，工法组合简单，但矿山法爆破开挖炸药领用管控严格，可能对工期履约产生较大影响，同时需对地面大面积房屋临迁，若考虑临迁费用，造价将大幅升高；方案二工法组合复杂，且受接收端林浦站影响较大，若增加 1 台 TBM 设备，则始发竖井场地、设备费用将同步大幅增加，工期或成本后续风险大；方案一工期能满足要求且组织相对简单，造价相对方案二、方案三增加幅度较小。

4）选型结论

综上分析，拟选用方案一进行本工程隧道掘进施工。结合区间地质特点，采用EPB/TBM双模盾构机能够满足本工程特殊地质及工期的要求。在软弱土地层进行采用EPB模式掘进，在全断面岩层采用TBM模式掘进，在软、硬分界处选取适宜位置进行模式切换，一台设备既能适用于两大类地质，又能在同一类地质中采用对应适宜的掘进模式、获得较高的施工效率，以满足工期要求；采取针对性设计兼顾两种模式，使其能够较好适应于本工程地质，能相对有效地节省工期和成本，创造相对良好的经济效益。

经综合比选，最终选用方案一，即采用EPB/TBM双模盾构机进行本工程隧道掘进施工。

2.3 双模盾构机研制

2.3.1 主机设计

主机设计为梭形结构，采用主动铰接。设计刀盘开挖直径6470mm，盾体前、中、尾盾外径分别为6440mm、6430mm、6420mm。整机最大工作压力为5bar❶。

通过出渣机构转换可以实现EPB模式和TBM模式转换，如图2.3-1所示。

图2.3-1 EPB/TBM双模盾构机主机设计示意图

2.3.2 刀盘刀具设计

1）刀盘整体结构设计

土压平衡盾构机在软土地层掘进速度相对较快，为便于切削渣土通过刀盘面进入土仓，一般采取辐条式或辐条+小面板结构，刀盘开口率一般在35%以上，开口越大，刀盘开口进渣相对更顺畅，刀盘结泥饼风险越小，但开口率增大会降低刀盘的整体刚度和稳定性。为了能够抵抗施工中频繁的高强度冲击和振动，TBM刀盘（图2.3-2）需要具有较高的整体刚度和强度，一般采用面板式刀盘结构；且由于主要是切削石渣，不存在刀盘结泥饼问题，刀盘面开口能匹配排渣和破岩效率即可，一般仅在盘面周围设置小面积的铲斗或出渣槽，开口率不超过15%。

---

❶ 根据行业习惯，部分压力单位用bar，1bar = 0.1MPa。

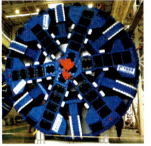

a) TBM 刀盘　　　　　　b) EPB 刀盘

图 2.3-2　TBM 和 EPB 盾构机刀盘

EPB/TBM 双模盾构机刀盘结构设计需兼顾两种模式的掘进要求，综合考虑，刀盘采取准面板结构设计，由 6 根主刀梁、6 个牛腿、6 根牛腿支撑梁以及外圈梁等组成。刀盘整体开口率为 28%，中心开口率为 30%。开口在整个盘面均匀分布。刀盘结构如图 2.3-3 所示。

2）刀盘耐磨设计

为提高岩层掘进耐磨能力，刀盘正面板采用复合耐磨板覆盖（图 2.3-4），局部区域焊接耐磨网格，网格高 5mm，耐磨性能良好。刀盘外圈梁采用两整圈 70mm 宽合金耐磨块（图 2.3-5）设计。

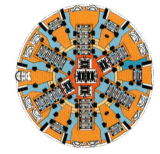

图 2.3-3　刀盘面板结构图

图 2.3-4　刀盘正面耐磨板　　　图 2.3-5　刀盘外圈梁合金耐磨块

3）刀具设计

（1）破岩刀具设计

破岩刀具选用 18in（1in = 25.4mm）滚刀，刀高 165mm，韧性和刚度较强；磨损体积增大，较 17in 滚刀更耐磨；滚刀组装采用德国 wirth 工艺（图 2.3-6），可保证滚刀内部装配的稳定性和可靠性。

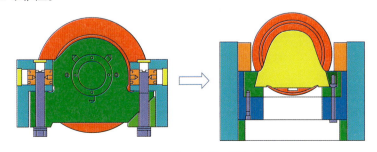

图 2.3-6　滚刀安装工艺优化

破岩刀具小刀间距设计（图 2.3-7）：中心双联滚刀为 6 把，单刃滚刀 35 把，共 47 个刃，中心滚刀刀间距 90mm、正滚刀间距 75mm。

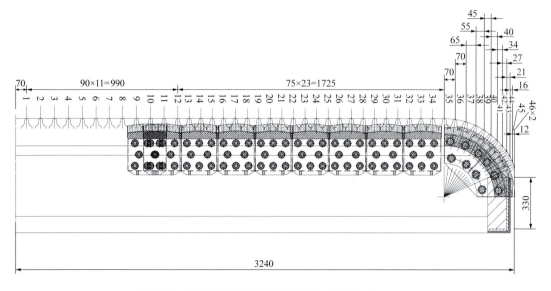

图 2.3-7　滚刀刀具轨迹布置示意图（尺寸单位：mm）

（2）切削刀具设计

边刮刀为弧形结构，数量 12 把，高度 135mm；正面刮刀采用 250mm 宽加强型刮刀，数量 44 把，高度 115mm，刀头采用 E5 类材料，具备良好的耐磨和抗冲击性能。

边刮刀为分体式，可分别实现安装和拆卸，较整体式有重量轻、更换便捷及经济性好的优点。正面刮刀设计三排合金，由 8 颗螺栓固定，增强了刮刀的抗冲击性；刮刀背部设计有刮刀保护块（图 2.3-8），保护块与刀座进行焊接，可增强抗冲击性。刀盘设置多处油压式磨损检测装置，防止漂石破坏刀盘盘体。

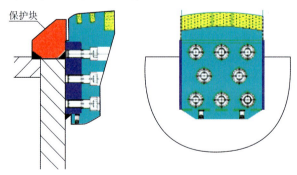

图 2.3-8　刮刀保护及加强固定示意图

4）刀盘结构强度、刚度校核

初步设计完成后，对设计刀盘结构进行有限元分析，在最大负荷下（TBM 模式），刀盘结构最大应力为 105MPa（图 2.3-9），最大位移为 1.81mm（图 2.3-10），结构强度和刚度能够满足要求。

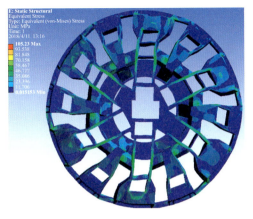
图 2.3-9 刀盘结构强度校核云图

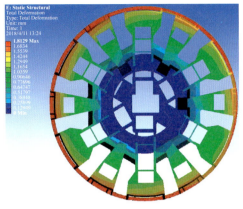
图 2.3-10 刀盘结构刚度校核云图

2.3.3 驱动系统设计

TBM 模式下需在主驱动中心安装中心带式输送机进行出渣，为了确保主轴承中心有较大的空间，同时也为了确保能够承受较大的抗冲击荷载能力，采用了较大直径的主轴承，轴承直径 3400mm，共有三排重型滚柱，可承受较大的偏载，有效使用寿命≥10000h，如图 2.3-11 所示。

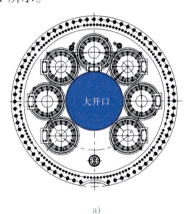
a)

b)

图 2.3-11 主轴承示意图

系统采用 7 组驱动电机驱动刀盘转动，实现刀盘的速度控制、扭矩控制和方向控制。驱动功率 1400kW，额定扭矩 5920kN·m，脱困 7100kN·m 可以满足在上软下硬、砂层及可能的预裂处理等地层大扭矩的施工需求。驱动转速 0~2.26~5.4r/min，TBM 模式下最高转速可达 5.4r/min（单纯 TBM 设备约 10r/min），可满足在全断面风化岩地层高转速施工要求，驱动扭矩与转速关系如图 2.3-12 所示。

2.3.4 双模盾构机不同模式的针对性设计

1）渣土流动性改良系统强化设计

针对 EPB/TBM 双模盾构机刀盘在 EPB 模式下开口率相对偏小的问题，为提高渣土流动性，采取针对性设计如下。

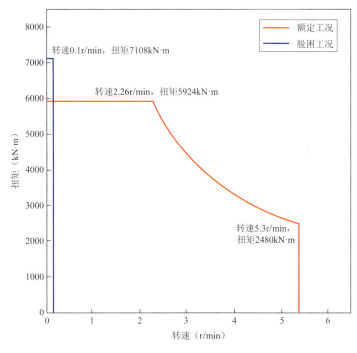

图 2.3-12 驱动扭矩与转速关系图

（1）刀盘环向牛腿支撑梁在刀盘轴向的高度低于主刀梁（图 2.3-13），刀盘中心区域开口与周边区域开口贯通，便于中心区域的渣土往周边流动，提高刀盘径向渣土的流动性。

（2）土仓渣土搅拌系统。

刀盘背部设计 4 根主动搅拌棒（TBM 模式下可拆除），前盾隔板上设计有 3 根被动搅拌棒（TBM 模式下可拆除），掘进时利用刀盘和承压隔板的相对运动进行搅拌，可对土仓内的渣土进行充分的搅拌，提高土仓内渣土的流动性，防止土仓内渣土堆积，形成"泥饼"。

刀盘管路连接结构采用 L 形梁形式（图 2.3-14），L 形梁中心有高压冲水口，配合土仓中心固定隔板上的高压水冲刷口被动搅拌棒，以及土仓中心固定隔板高压水冲刷口，对中心土仓内的渣土进行搅拌和冲刷，能够有效防止土仓中心"泥饼"产生。

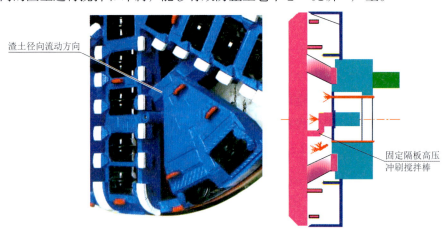

图 2.3-13　刀盘结构示意图　　图 2.3-14　L 形梁示意图

（3）渣土改良通道设计。

通过回转接头，渣土改良用的泡沫、膨润土或水被送到刀盘前面的喷口。

刀盘前面板均匀的设计 8 个泡沫注入口（常规土压平衡盾构机 6 路），为单管单泵配置，其中 2 路与膨润土共用，具有较强的渣土改良能力，对切削下来的渣土能够进行较强的改良，提高渣土流动性，防止产生刀盘"泥饼"。

2）刀盘结构强化设计

考虑硬岩掘进设备负荷，为增加刀盘的整体刚度、稳定性，双模盾构机强化了刀盘结构。

（1）增加大圆环厚度：增强各主梁间外围结构连接性，见图 2.3-15。

（2）主梁结构调整：相对较常规 6m 级复合土压平衡盾构机，主梁钢板厚度由 80mm 增厚至 90mm，主梁钢板高度由 450mm 增大至 550mm，提高刀盘的整体结构强度，见图 2.3-16。

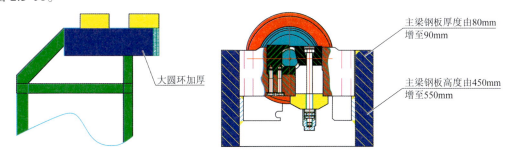

图 2.3-15　大圆环加厚　　　　　图 2.3-16　刀盘主梁加厚加高

（3）中心区域采用厚板整体加工后与主梁侧板焊接：提高中心区域结构稳定性，减小刀盘中心区域变形概率。厚板锻造如图 2.3-17 所示。

3）硬岩保径刀具设计

刀盘的最外轨迹布置 2 把滚刀，共有 3 把滚刀超出前盾，能够更好地保证开挖直径，延长边刀的使用寿命，减少边滚刀更换的次数。保径刀采用硬岩超挖滚刀（图 2.3-18），最大可超挖 40mm。

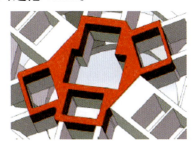 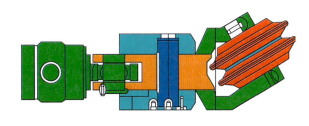

图 2.3-17　刀盘中心区域整体锻造　　　　　图 2.3-18　保径刀结构示意图

4）滚刀降温保护设计

在硬岩段掘进时，刀具与岩层接触面产生的大量摩擦热会增大刀具的磨损消耗，降低刀具寿命，故刀盘盘面设计 4 处喷水口（图 2.3-19），可喷水降温保护破岩刀具。

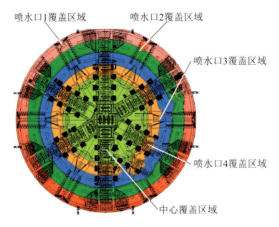

图 2.3-19　刀盘盘面喷水降温设计

5）模式切换针对性设计

（1）选用较大直径主轴承，将原 ϕ6480mm 盾构机直径 3061mm 主轴承更新设计为直径 3400mm 主轴承，增大了主轴承中心空间，确保了后续 TBM 模式下中心带式输送机的安装空间；同时主轴承直径的增大有利于提高轴承的承载能力。

（2）优化管片拼装机、后配套斜皮带空间布置，便于 TBM 模式中心带式输送机与后配套带式输送机的衔接。

（3）中心带式输送机设置液压伸缩系统，便于皮带更换以及模式切换。

6）TBM 模式铲渣、溜渣结构设计

TBM 模式下，土仓内通过溜渣结构将石渣运输至中心带式输送机上。伴随刀盘旋转和推进，滚刀贯入岩石，岩石破裂，形成的裂纹扩展连通，使得石渣从岩体剥落下来。由于刀盘平面与掌子面存在间隙，剥落的石渣集中在刀盘的前下部。石渣进入到刀盘的内部，然后跟随溜渣板被带至高处，在重力作用下，石块滑入溜渣槽，经溜渣槽转运到主机带式输送机上，再经连续转运到后配套带式输送机上，最终通过矿车运出洞外。溜槽结构采用双向溜渣槽，焊接固定与刀盘面板背部，可随刀盘正反向旋转溜渣，溜渣槽结构如图 2.3-20 所示。

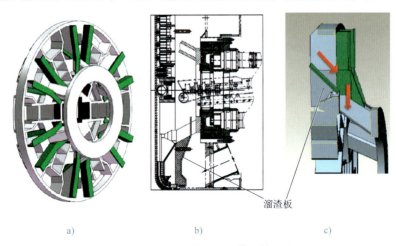

图 2.3-20　TBM 模式溜渣槽结构设计

7）TBM模式防扭抗振系统设计

（1）防扭转稳定器设计

区间为全断面岩层时，需要较高转速，会加大主机震动和滚转的趋势。前盾上部左右分别设置各一个液压缸伸靴方式的稳定器（图2.3-21），掘进时伸出支撑在径向开挖面上随盾体向前移动。稳定器与盾体底部与开挖面的接触点一起形成三角形支撑结构，伸靴的液压缸可以吸收主机传来的振动，对刀盘振动形成半刚性约束，可有效减少刀盘的振动。同时由于增加了约束点，增大了盾体与开挖面的摩擦力以获得较大的反扭矩，减小盾体由于刀盘扭矩引起的滚转速率。

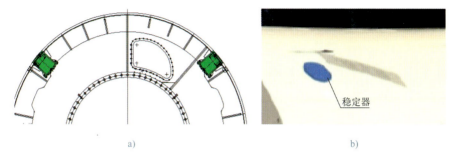

图 2.3-21　主机稳定器设计

（2）中盾撑靴设计

盾体中盾设计有 2 个刀盘后退撑靴（图 2.3-22），在铰接液压缸缩回前伸出，提供一定的反力，可实现两个功能：①将止铰接段后部前移；②将铰接段前部拉回。

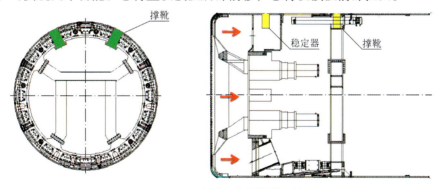

图 2.3-22　中盾可伸缩撑靴设计

8）TBM模式豆砾石填充系统设计

TBM 模式下双模盾构采用敞开模式掘进，土仓内渣土较少，盾体外壳、管片外与岩壁间存在间隙，为避免盾尾注浆浆液通过间隙流入盾体周边乃至土仓内，盾尾管片壁后填充不能采用 EPB 模式下的同步注浆设计，但仍需在脱出盾尾的管片背后进行填充以避免管片脱出后因缺少周边支承出现较大变形、错台等问题。

参照类似单护盾 TBM 管片后颗粒均匀碎石填充设计，采用颗粒外观相对光滑的豆砾石进行填充，在保证填充密实度的情况下，可减少喷射管道的磨损。

豆砾石填充系统由豆砾石转运系统和豆砾石注入系统组成，豆砾石转运系统包括：豆砾石罐（图 2.3-23）、豆砾石罐平移装置、豆砾石波纹挡边带式输送机（图 2.3-24）、豆砾石分料螺机，豆砾石注入系统包括喷枪、耐磨胶管、配套管卡、遥控器和喷射机（图 2.3-25）。

图 2.3-23　豆砾石罐

图 2.3-24　豆砾石波纹挡边带式输送机

图 2.3-25　豆砾石喷射机

豆砾石罐由编组列车运入洞内，通过豆砾石罐平移装置放置在拖车左侧的安装座上。当需要注入豆砾石时，打开豆砾石罐气动阀门，豆砾石由波纹挡边带式输送机输送至分料螺旋输送机，可将豆砾石分送至两个豆砾石泵，通过豆砾石泵将豆砾石喷射到管片背后，以填充管片与洞壁的间隙。

9）防除尘系统设计

防除尘系统主要针对TBM模式下土仓呈敞开状态的工况进行设计，采用三级防除尘系统。

一级除尘采用在土仓隔板设置喷雾装置（图 2.3-26），在土仓内喷射雾状水气和粉尘凝结，达到降低粉尘的目的。

二级防尘采用在土仓与作业区域连通开口处（即中心带式输送机处）进行防尘，在开口部位设置喷水装置和防尘帘幕进行防尘，如图 2.3-27 所示。

三级除尘系统主要由除尘器（图 2.3-28）、风管、除尘风机（图 2.3-29）等设备组成。除尘风管布置于带式输送机正上方，将粉尘第一时间收集于高效能的干式除尘器，进行过滤，经除尘器除尘后的过滤风经管道和除尘风机排向后配套尾部，再经隧道以一定风速流出洞外，达到防止土仓内的粉尘通

图 2.3-26　土仓喷雾除尘设计

过带式输送机向外扩散，保持工作环境清洁的目的。

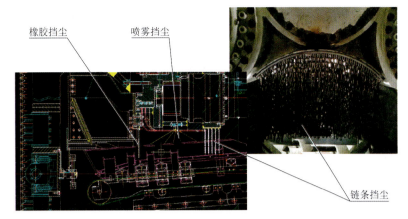

图 2.3-27　土仓隔板开口处喷雾除尘设计

图 2.3-28　除尘器

图 2.3-29　除尘风机

2.3.5　其他通用系统设计

1）推进及铰接系统设计

考虑掘进调向的可操作性，将 22 根推进液压缸分成四组，通过调整每组液压缸的不同推进速度来对盾构进行纠偏和调向。每组液压缸均安装了各一个内置行程传感器。

采用主动铰接方式，铰接液压缸为 12 根分四组进行控制，通过控制铰接液压缸的行程变化适应盾构转弯要求。在四个不同位置的铰接液压缸上配置了内置位移传感器，用来监测圆周方向不同的位置变化情况。

2）油脂润滑密封系统设计

（1）齿轮油润滑系统

主轴承润滑系统是对轴承滚道、滚子、驱动小齿轮轴承、驱动小齿轮、驱动大齿圈等部件进行润滑和冷却。采用油浴润滑加循环喷淋系统，并设置过滤及冷却装置。

（2）HBW 及 EP2 密封系统

刀盘驱动密封共分内外密封系统，其中 HBW 油脂采用气动泵直接注入，EP2 油脂采用电动多点泵注入、气动泵补油的方式。密封形式及油道分别描述如下：

①外密封均为一道迷宫密封加四道唇形密封。刀盘驱动第一道迷宫密封使用的是 HBW 密封油脂，第一道和第二道之间密封腔注入 EP2 油脂，主驱动第二道与第三道密封之间为

齿轮油加压腔，主驱动第三道与第四道密封之间做泄漏检测腔。

②内密封均为一道迷宫密封加三道唇形密封。刀盘驱动第一道迷宫密封使用的是HBW密封油脂，第一道和第二道之间密封腔注入EP2油脂，主驱动第二道与第三道密封之间设置泄漏检测腔，如图2.3-30所示。

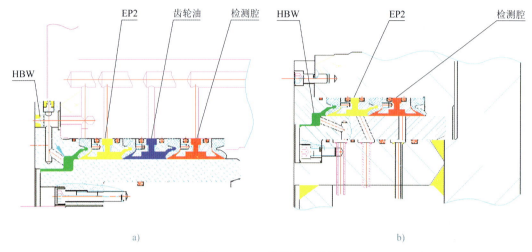

图2.3-30 刀盘驱动密封图

（3）盾尾油脂回路、性能参数及控制

气动盾尾密封润滑油脂泵安装在后配套系统上，将油脂桶里的油脂打到密封腔里。如果润滑油脂桶无油脂，油脂泵会自动停止动作并发送报警信号到主控制室。在盾尾区域，每一个油脂腔都有油脂注入管。此盾构配置有12路油脂管路，每腔设6个注入点。系统由主司机在主控制室操作，有自动和人工两种控制方式。

自动控制时油脂分配阀可以通过时间和压力控制循环动作，时间可以在控制面板上通过PLC预先设置，各注入口在控制室内均有压力显示，一旦达到预先设定的压力值，即转向下一个阀运作，压力控制优先于时间控制。

3）水系统设计

冷却系统包括开式循环系统和闭式循环系统。闭式冷却系统中的冷却介质为加防冻液的软水，主要作用是防止主要部件产生水垢。在拖车上安装有一个冷却介质罐，并装有液位检测开关，通过一台离心水泵对闭式循环系统进行加压循环。开式循环系统采用洞外的工业水通过冷却器对液压系统进行冷却，通过中间热交换器对闭式循环系统中的软水进行冷却，闭式循环系统的软水再对两台空压机、齿轮油、主驱动减速机壳体进行冷却。在8台减速机壳体上分别装有温控开关，当减速机的壳体温度超过80℃时，通过PLC和盾构机操作系统的联锁，停止掘进作业，保护设备安全。

4）注浆系统设计

（1）同步注浆

同步注浆系统配置两个注浆泵，每个泵有两个出口，注浆系统使用4根注浆管。为了实现自动注浆的功能，在管路的注入端安装了压力传感器，用于监测注浆压力。

同步注浆系统控制：同步注浆系统操作可分为手动与自动两种方式。

在管路上配置有专用水、气清洗装置，安装在设备桥下，当需要冲洗时，可分别向前和向后冲洗注浆管路。

（2）二次注浆

在拖车上安装二次注浆泵，可供管片背部二次注浆及超前注浆使用。

5）渣土改良系统设计

（1）泡沫系统

泡沫系统相比较土压平衡盾构机 6 路泡沫管路增加了 2 路，双模盾构机采用 8 路布置。与膨润土可同时注入刀盘前部，也可与膨润土管路共用。每路泡沫采用单管单泵设计，当由于刀盘喷口阻力不同时，每路泡沫仍能够等量喷出，以避免在淤泥质黏土中掘进时的泥饼问题。

（2）膨润土系统

膨润土系统采用一台软管泵作为注入泵，用于渣土改良。通过软管泵从刀盘前部、土仓及螺旋输送机注入膨润土，增加地层细颗粒，使其形成良好级配帮助顺利出渣，减少设备磨损。

（3）盾壳膨润土系统

盾壳膨润土系统采用一台软管泵作为注入泵，用于改善盾体摩擦力。

6）激光导向系统设计

设备导向系统采用力信导向系统，设备导向系统在主控室内为用户提供了盾构相对于隧道设计轴线的详细偏差信息，便于主司机及时纠正盾构机的姿态。

7）人舱系统设计

采用双舱并联的人舱系统及德国 SAMSON 公司生产的一套全气动式气体保压系统，以保证在必须带压进舱作业时的设备性能和人员安全。

人舱（图 2.3-31）设计工作压力为 3bar，由主舱和副舱组成，双舱并联，主舱可容纳 3 人，副舱可容纳 2 人。

8）PLC 控制系统及数据采集系统设计

（1）PLC 控制系统

控制系统的核心部分为西门子 S7 PLC 系统，对主要功能进行控制。它安装在带有远程接口的操作台上。该 PLC 系统与操作室的工业计算机相连接，工业计算机实时显示当前掘进机的状态（电流、电压、油脂压力、液压缸压力等）。

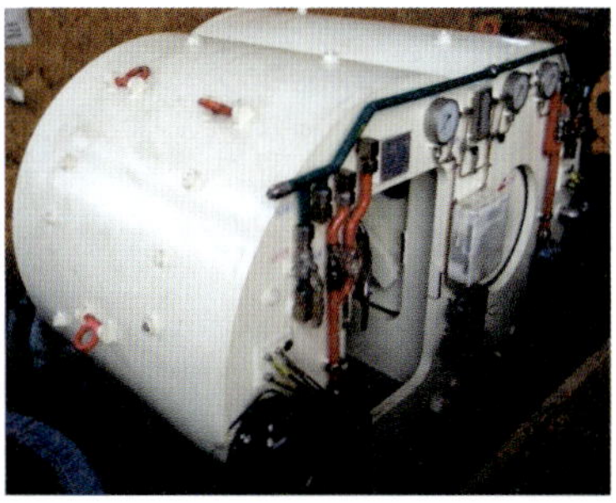

图 2.3-31　人舱示意图

所有的系统均设有安全保护，包括短路保护、互锁保护，用于防止设备的错误操作。

紧急的安全电路独立于 PLC 系统。

（2）数据采集系统

盾构机配有数据采集、处理以及传输系统，在掘进期间提供有效的参考。

9）通风系统设计

隧道的通风采用洞外压入式通风，将拖车上的通风管直接与主风管连接，将洞外新鲜空气送入主机区域。

在后配套上配有软管储存器及其吊装机构。因此隧道的通风方式为压入式通风，主风机在洞口外几十米处，通过风管将新鲜空气一直送到盾构后配套后部。综合考虑稀释有害气体、供氧、散热和漏风率等诸多因素后最终确定通风量的大小。

10）有害气体监测系统设计

盾构机上自带有害气体监测传感器，其中 1 个便携式传感器监测 CO_2、CO、O_2、H_2S、CH_4 气体，3 个固定传感器监测 H_2S、CH_4、O_2 气体。监测的数据可实时反馈至上位机，若有害气体浓度超标，上位机会及时报警；若超标严重会及时停机。

11）动力供电系统设计

（1）动力供电系统回路

动力供电系统包含高压电缆、高压开关柜、变压器等高压部分，还包括主配电柜等在内的低压部分。

（2）变压器

变压器放置在后配套拖车，为箱式变压器（干变）。

变压器的高压保护借助于变压器配置的温度传感器、瓦斯继电器、液位传感器及高压开关柜的断路器来实现。

（3）高压开关柜

高压开关选用施耐德 RM6 环网柜，具有短路、超温保护、零序保护、速断保护或报警等自动保护功能及通、断电显示功能。高压开关柜采用成熟产品。

高压开关柜与变压器进行了相应的连锁，当变压器过流、温度超过设定温度时，高压开关的脱扣线圈将动作，保护变压器。

（4）主配电柜

配电柜位于后配套拖车上，按照配电标准进行设计，其防护等级为 IP55。配电柜按系统分成若干独立部分。配电柜配有散热器。配电柜下部的进线口处设置有密封防水头。

（5）无功功率补偿

机器上安装了集中补偿的无功功率补偿设备，由功率因数控制器自动控制电容器组的投切，避免过补偿，使功率因数≥0.90，功率因数在柜门面板上显示。

（6）电动机

功率 30kW（含）以上的电动机采用星三角启动方式，防护等级为 IP55；30kW 以下的电动机采用直接启动方式，防护等级为 IP55。

（7）接地

掘进机的主要接地系统与所有拖车连接，所有拖车上都有合适的接地极，这样，掘进机就形成一个等电势区域。在此区域内，所有暴露的导电零件及外部金属件都保持在相同电位。

2.3.6 主要性能参数

本工程 EPB/TBM 双模盾构机主要性能参数见表 2.3-1。

本工程 EPB/TBM 双模盾构机技术参数表　　　　表 2.3-1

项目	参数	单位	备注
整机参数			
开挖直径	6470	mm	
刀盘转速	0～2.26（TBM 模式下最高 5.4）	r/min	
最大推进速度	80	mm/min	
最大推力	40880	kN	
整机总长	120	m	
主机总长	1060	mm	
总质量（主机 + 后配套）	500	t	
适用管片规格（外径/内径-宽度/分度）	6200/5500-1500/22.5°	mm	
最大设计压力	5	bar	
装机功率	2513.85	kW	
水平转弯半径	250	m	
纵向爬坡能力	±50	‰	
刀盘			
刀盘直径	6470	mm	
旋转方向	正/反		
开口率	28	%	
结构总质量	75	t	
主要结构件材质	Q345B		
泡沫口数量	8	个	
膨润土口数量	2	个	与泡沫共用

续上表

项目	参数	单位	备注
刀具			
中心刀数量	6	把	
中心刀高度	165	mm	
切刀数量	44 + 12	把	
切刀高度	115 + 135	mm	
边刮刀数量	12	把	
边刮刀高度	135	mm	
仿形超挖刀形式	硬岩超挖刀		
仿形超挖刀数量	1	把	
超挖量	40	mm	
喷口保护及大圆环保护			
喷口保护块数量	8	块	
大圆环保护	2 圈合金耐磨块		
主驱动			
驱动形式	电驱		
驱动总功率	1400	kW	
转速范围	0～5.4	r/min	
额定扭矩	5920	kN·m	
脱困扭矩	7100	kN·m	
主轴承直径	3400	mm	
主轴承设计寿命	>10000	h	
密封形式	唇形密封		
内唇形密封数量	3	道	
外唇形密封数量	4	道	
密封最大承压能力	5	bar	
扭矩限制器	7	个	
盾体			
形式（主/被动铰接）	主动铰接式		

续上表

项目	参数	单位	备注
盾体			
前盾规格（直径×长度）	6440×2510（含耐磨层）	mm	
前盾结构质量	53	t	
前盾壳体润滑孔数量	6	个	
被动搅拌臂数量	2	个	
土仓压力传感器数量	5+1	个	
水平超前注浆管数量	6+1	根	
中盾规格（直径×长度）	6430×2600	mm	
中盾结构质量	45	t	
超前注浆管数量	8	个	
中盾壳体润滑孔数量	6	个	
尾盾规格（直径×长度）	6420×3910	mm	
尾盾结构质量	32	t	
尾盾壳体润滑孔数量	6	个	
尾盾密封刷排数	3	排	
尾盾止浆板	1	道	
紧急气囊密封数量	1	道	
盾尾管片安装间隙	30	mm	
单液注浆管数量	4×2+2	路	4用6备
注脂管数量	16	路	
铰接密封形式	两道聚氨酯密封+一道气囊密封		
盾体主要结构件材质	Q345B		
人舱			
形式	双舱并联		
主舱容纳人数	3	人	
副舱容纳人数	2	人	
主舱规格	1600×1700	mm	
副舱规格	1600×1300	mm	

续上表

项目	参数	单位	备注
人舱			
设计压力	5	bar	
工作压力	3	bar	
刀具运输导轨	1	道	
螺旋输送机			
螺旋轴形式	轴式		
规格（直径×长度）	800×12937	mm	
最大通过粒径	290	mm	
最大出渣能力	335	m³/h	75%充满率
驱动形式	尾部中心驱动		
驱动组数量	1	组	
驱动功率	315	kW	
最大扭矩	210	kN·m	
转速范围	0~25	r/min	
旋转方向	正/反		
后闸门数量	2	道	
渣土改良注入口	9	个	
压力传感器数量	2	个	
保压泵接口	1	个	
伸缩机构	1	个	
伸缩长度	800	mm	
总质量	约25	t	
管片安装机			
形式	中心回转式		
抓举头形式	机械式		
驱动马达数量	2	台	
驱动功率	55	kW	
转速范围	0~1.5	r/min	

续上表

项目	参数	单位	备注
管片安装机			
纵向移动行程	2000	mm	
自由度数量	6	个	
旋转角度	±200	°	
提升力	120	kN	
扭矩	270	kN·m	
总质量	约20	t	
控制方式	无线（具备有线控制接口）		
管片运输小车			
外形尺寸（长×宽×高）	5220×1660×545	mm	
承载管片数量	3	片	
负载管片能力	15	t	
纵向滑动行程	1760	mm	
控制方式	无线＋本地		
管片起重机			
形式	双梁式		
驱动形式	链轮/链条驱动		
起吊质量	4×2	t	
起吊速度	4	m/min	
起吊高度	3000	mm	
水平行走速度	10	m/min	
卷筒布置形式	中置/前后拉伸		
控制方式	有线＋无线		
后配套带式输送机			
倾斜段角度	10	°	
驱动功率	37	kW	变频驱动
带速	0～3	m/s	
输送能力	555	m³/h	

续上表

项目	参数	单位	备注
后配套带式输送机			
带宽	800	mm	
带长	约143	m	
打滑检测装置	1	套	
跑偏检测装置	4	套	
清理装置	1套聚氨酯刮板＋2套合金刮板＋1套空段清扫器	套	
清洗装置	1套水清扫器	套	
设备桥			
尺寸（长×宽×高）	12741×4875×3340	mm	
总质量	约9	t	
后配套拖车			
安全通道布置形式	外置式		
净空尺寸	1820×3000	mm	
拖车轨距	2180	mm	
编组列车轨距	900	mm	
拖车数量	9	节	
拖车及附件结构总质量	约107	t	
推进系统			
液压缸规格（缸径/杆径）	260/220	mm	
推进行程	2100	mm	
最大推进速度	80	mm/min	
液压缸数量	22	根	
其中带行程传感器液压缸数量	4	根	
分组形式（上＋下＋左＋右）	4＋6＋6＋6		
最大工作压力	35	MPa	
最大推力	40860	kN	
铰接系统			
液压缸规格（缸径/杆径-行程）	320/220-190	mm	

续上表

项目	参数	单位	备注
铰接系统			
液压缸数量	12	根	
其中带行程传感器液压缸数量	4	根	
总拉力	33760	kN	
拖车拖动液压缸			
液压缸规格（缸径×杆径-行程）	150×80-250	mm	
液压缸数量	2	根	
单液同步注浆系统			
注浆泵形式	双活塞注浆泵		
注浆泵数量	2	个	
注浆泵功率	55	kW	
注浆能力	2×12	m^3/h	
注浆泵出口最大压力	60	bar	
注浆口数量	4用6备	个	
砂浆罐容量	7	m^3	
搅拌器功率	5.5	kW	
二次注浆系统			
双液注浆泵形式	柱塞泵		
流量	50	L/min	
压力	100	bar	
双液注浆泵功率	11	kW	
B液罐容积	0.5	m^3	
A液搅拌罐	0.5	m^3	
A液搅拌电动机	3	kW	
回填灌浆系统			
注浆泵形式	柱塞泵		
流量	12	m^3/h	
压力	60	bar	

续上表

项目	参数	单位	备注
豆砾石注入系统			
豆砾石泵规格	气动泵		
额定压力	6	bar	
豆砾石泵数量	2	台	1用1备
最大能力	2×15	m³/h	
豆砾石储存罐容量	2×8	m³	
膨润土注入系统			
改良膨润土泵形式	挤压泵		
改良膨润土泵功率	18.5	kW	
注入能力	16	m³/h	
最大工作压力	16	bar	
盾壳膨润土系统			
改良膨润土泵形式	挤压泵		
改良膨润土泵功率	7.5	kW	
注入能力	8	m³/h	
搅拌形式	机械+气吹搅拌		
膨润土罐容量	6	m³	
搅拌功率	3×4	kW	
泡沫注入系统			
泡沫原液泵功率	0.75	kW	
泡沫原液泵流量	5～300	L/h	
混合液泵功率	8×1.5	kW	
混合液泵流量	8×(5～25)	L/min	
泡沫发生器数量	8	个	
泡沫箱容积	1.5	m³	
混合液箱容积	2	m³	
泡沫混合箱搅拌	2×0.75	kW	
工业压缩空气系统			
空压机形式	螺杆式空压机		

续上表

项目	参数	单位	备注
工业压缩空气系统			
空压机数量	3	个	
空压机功率	75	kW	
空压机出口压力	10	bar	
空压机能力	3×11	m³/min	
空气罐容量	2	m³	
过滤器	A、B 两级过滤		
工业供水及冷却系统			
设备要求工业水供应量	120	m³/h	
设备要求供水压力	4～8	bar	
额定进水温度	28	℃	
管路直径	DN100	mm	
水管卷筒数量	1	个	双联
卷筒电机功率	3	kW	
卷筒水管长度	30	m	
冷却系统形式	内、外循环		
内循环冷却水泵形式	离心泵		
内循环冷却水泵功率	11	kW	
内循环冷却水泵流量	40	m³/h	
增压水泵功率	11	kW	
齿轮油系统			
油泵形式	液驱齿轮油泵		
油泵压力	6～30	bar	
系统注油量	400	L	
盾尾油脂系统			
盾尾油脂泵形式	气动柱塞泵		
盾尾油脂泵能力	7.5	L/min	
盾尾油脂泵压力	336	bar	

续上表

项目	参数	单位	备注
盾尾油脂系统			
油脂桶规格	200	L	
HBW 密封系统			
HBW 油脂泵形式	气动柱塞泵		
HBW 油脂泵能力	3.7	L/min	
HBW 油脂泵压力	350	bar	
油脂桶规格	200	L	
主驱动密封系统			
油脂系统形式	多线式		
主驱动油脂泵形式	气动柱塞泵		
主驱动油脂泵能力	3.7	L/min	
主驱动油脂泵压力	350	bar	
油脂桶规格	200	L	
排污系统			
主机污水泵形式	气动隔膜泵		
主机污水泵流量	50 + 50	m³/h	
污水箱容积	5	m³	
污水泵形式	离心泵		
污水泵功率	30	kW	
污水泵流量	50	m³/h	
保压及呼吸系统			
保压系统形式	PI 控制		
呼吸过滤系统形式	活性炭过滤器		
二次供风系统			
风管储存筒数量	2	个	
风管储存长度	100	m	
风管储存筒吊机功率	4	kW	
二次通风管直径	700	mm	

续上表

项目	参数	单位	备注
二次供风系统			
二次风机形式	射流风机		
二次通风机功率	2×22	kW	
通风流量	15	m³/s	
隧道主风管直径	1100	mm	
除尘系统			
除尘器数量	1	套	
除尘系统功率	3×22	kW	
风管直径	500	mm	
过滤装置总效率	99.99	%	
能力	400	m³/min	
供电系统			
初级电压	10000	V	
次级电压	400/690	V	
驱动电压	400/690	V	
照明电压	36	V	
阀控制电压	24	V	
补偿装置	≮0.9		
变压器形式	干式变压器		
变压器容量	1000kVA 干式变压器 + 1800kVA 整流干式变压器	kVA	
频率	50	Hz	
电缆箱数量	1	个	
电缆箱可容纳电缆长度	800	m	
高压电缆截面	3×95 + 3×50/3	mm²	
导向系统			
精度	2	s	
主控室监视系统	1	套	
地面监控系统（备选）	1	套	

续上表

项目	参数	单位	备注
通信系统			
电话系统	1	套	
照明灯规格	2×9W 发光二极管（LED）		
应急照明灯规格	2×9W LED（带应急装置）		
消防系统			
手提式干粉灭火器数量	4	台	
手提式二氧化碳灭火器数量	4	台	
有害气体监测系统			
监测传感器形式	便携式		
监测气体类型	CO_2、CO、O_2、H_2S、CH_4		
监测传感器形式	固定式		
监测气体类型	H_2S、CH_4、O_2		

第 3 章
双模盾构始发与到达技术

3.1 工程概述

福州地铁 4 号线林浦站—城门站区间从林浦站始发，林浦站为福州地铁 4 号线与地铁 6 号线换乘站，呈 T 形交叉（图 3.1-1）。始发端地层由上至下依次主要为填块石〈1-5〉、粉质黏土〈2-1〉、淤泥〈2-4-1〉、粉质黏土〈2-6〉、中细砂（含泥）〈2-4-6〉、粉质黏土〈4-1〉，其中隧道所处地层为中细砂（含泥）〈2-4-6〉、粉质黏土〈4-1〉，隧道顶部埋深 18.765m，如图 3.1-2 所示。

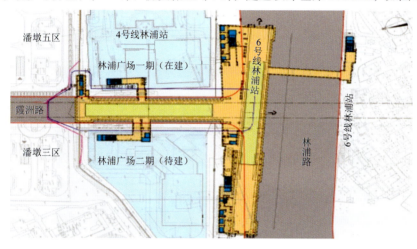

图 3.1-1 林浦站 T 形换乘平面示意图

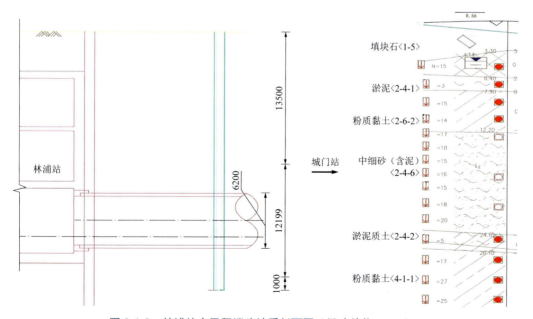

图 3.1-2 林浦站大里程端头地质剖面图（尺寸单位：mm）

始发端头隧道所处地层大部分为富水砂层，受始发端头区域电缆管线（最近离车站端墙约 4.3m）无法迁改影响，地面纵向加固长度不足以包裹盾构主机，为确保始发安全，采用地面垂直冻结加固与钢套筒始发方案。

同时，林城区间盾构机从 4 号线林浦站下井后需平移下穿 6 号线林浦站（共计平移 23m），到达始发洞门再进行始发，隧道中心线与洞门平面呈 4°夹角。由于始发施工采用钢套筒始发工艺，且始发结构层净空高度仅有 8.2m，钢套筒外直径 7.15m，空间较为狭小，为便于施工作业，选择在 4 号线林浦站内将钢套筒与盾构机主机组装成整体后、通过纵向平移穿过 6 号线车站。

区间接收端为城门站小里程端头井（图 3.1-3），接收井紧邻福峡路，周边为城门村自建房，基础形式为条形基础或无基础；涉及的管线主要有通信、电力、雨水等。盾构接收端洞身范围地质内主要为粉质黏土、残积黏性土、全风化熔结凝灰岩、强风化熔结凝灰岩（砂土状），如图 3.1-4 所示。

图 3.1-3　城门站接收井地面环境平面图

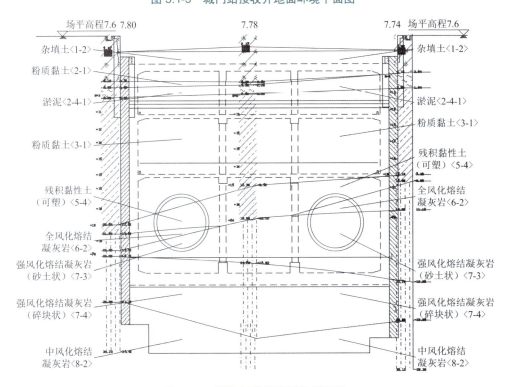

图 3.1-4　盾构接收端地质横断面图

根据区间右线补勘显示地层除硬岩外均为黏性非透水地层，地层含水量少；接收端车站 A 基坑开挖施工揭示地层含水量少，土层黏性大、塑性好，见图 3.1-5。

a)　　　　　　　　　　　　　　b)

图 3.1-5　城门站 A 基坑开挖施工

由于 EPB/TBM 双模盾构机主机长度为 10.6m，大于端头加固体设计长度 10m，为防止盾构机刀盘出加固体时，同步浆液未能及时有效封闭建筑空隙，导致盾尾处的原状土串至刀盘出现渗漏造成周边环境风险，故盾构接收采取地面旋喷桩加固工艺。

3.2　双模盾构机组装与调试技术

3.2.1　双模盾构机组装流程

双模盾构机组装施工工艺流程如图 3.2-1 所示。

（1）台车下井吊装

不超长台车使用 4 根 ϕ42mm、长 10m 的钢丝绳吊索，用 4 个 17t 卸扣挂在 4 个吊点上；超长台车前端使用 2 根 ϕ42mm、长 10m 的钢丝绳，后端使用 1 台 32t 电动葫芦（配钢丝绳）同时挂在履带式起重机主钩上，用 4 个 17t 卸扣挂在台车的 4 个吊点上。试吊装后通过变幅、回转动作将台车慢速移动到井口指定位置。确认无误后起重机慢速落钩下井（使用牵引绳调整控制姿态），当台车落于轨道上后用电瓶车将其迁移到指定位置，用防滑楔块固定后，依次按照上述办法吊装及移动 9 号至 1 号台车，并按照说明书要求把各台车用连接杆进行组装连接，下井吊装如图 3.2-2、图 3.2-3 所示。

（2）连接桥下井组装连接

连接桥长为 12.7m，下井吊装时前端使用 2 根 ϕ42mm、长 10m 的钢丝绳，后端使用 1 台 32t 电动葫芦（配钢丝绳）同时挂在履带式起重机主钩上，用 4 个 17t 卸扣挂在连接桥的 4 个吊点上，试吊装后通过变幅、回转动作将连接桥慢速移动到井口指定位置，使用电动葫芦进行调整连接桥的垂直角度至 50°角。确认无误后起重机慢速落钩下井（使用牵引绳调整控制姿态），保持前后两端距车站结构有 20cm 以上的安全距离，当连接桥落至轨道上后前端使用平板车支撑，再用电瓶车将其迁移到指定位置，并按照说明书要求把连接桥与台车用连接杆进行组装连接。下井吊装如图 3.2-4、图 3.2-5 所示。

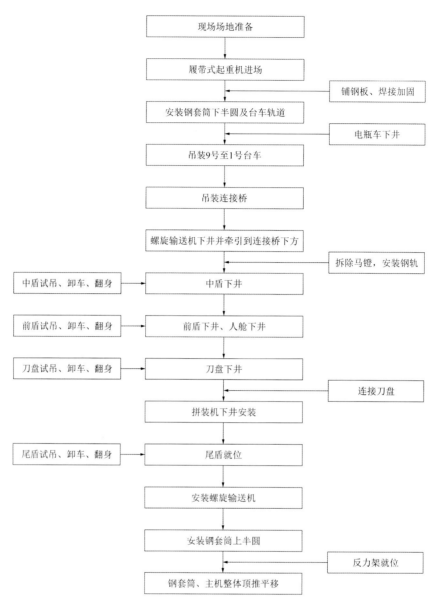

图 3.2-1 双模盾构机组装施工工艺流程图

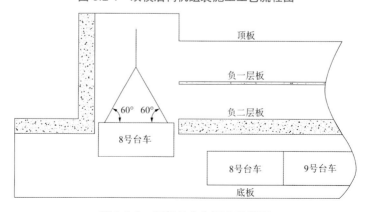

图 3.2-2 不超长台车下井示意图

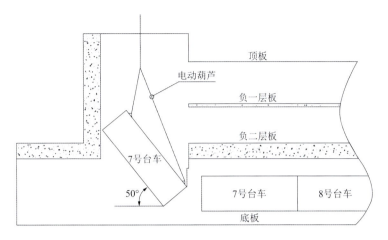

图 3.2-3　超长台车下井示意图

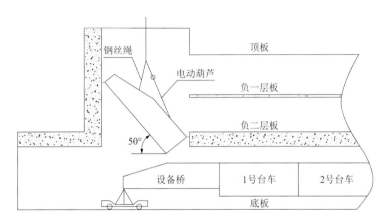

图 3.2-4　连接桥下井示意图

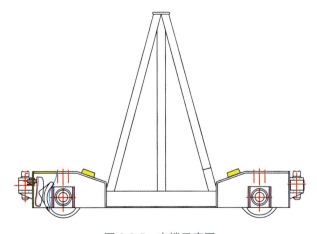

图 3.2-5　支撑示意图

（3）螺旋输送机下井

使用 1 根 ϕ42mm、长 10m 的钢丝绳吊索和 1 台 32t 电动葫芦（配钢丝绳）同时挂在履带吊主钩上，用 2 个 17t 卸扣挂在螺旋输送机的两个吊点上，试吊装后通过变幅、回转动作将螺旋输送机慢速移动到井口指定位置，使用电动葫芦进行调整螺旋机的垂直角度至45°角。确认无误后起重机慢速落钩下井（使用牵引绳调整控制姿态），保持前后两端距车站结构有20cm以上的安全距离，到达底板时，使用电动葫芦将螺旋机调整至水平状态并放在管片平板车上，然后用手拉葫芦拽拉至井内指定位置。下井吊装如图3.2-6、图3.2-7所示。

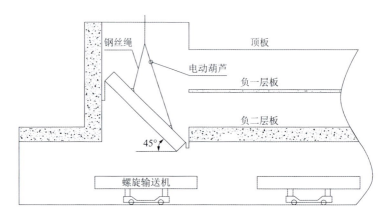

图 3.2-6　螺旋输送机下井示意图

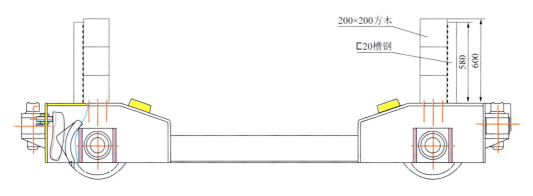

图 3.2-7　螺旋输送机支撑示意图（尺寸单位：mm）

（4）盾体及刀盘下井

首先将中盾吊装井下，然后吊装前盾，通过起重机起落调整前盾和中盾的螺栓孔位，当前盾和中盾的螺栓孔位完全对准后穿入拉伸预紧螺栓，按照说明书要求对拉伸预紧螺栓进行预紧；之后吊装刀盘，按照要求使刀盘回转接头穿过前盾主轴承，用2台5t的手拉葫芦（一头挂在土仓里面预先焊接好的2个耳环、一头挂在刀盘上）拉移刀盘，当前盾和刀盘的螺栓孔位及定位销完全对准后穿入拉伸预紧螺栓，按照说明书要求对拉伸预紧螺栓进行预紧；然后吊装拼装机，当拼装机与中盾的连接螺栓孔位完全对准后穿入连接螺栓，按照说明书要求对连接螺栓进行预紧；最后吊装盾尾，盾尾与中盾保持2m的间距，以便螺旋输送机的安装，螺旋输送机安装完毕后将盾尾再次进行吊装，当盾尾与中盾的连接螺栓孔位完全对准后穿入连接螺栓，按照说明书要求对连接螺栓进行预紧，确认无误后摘除钢丝绳吊索。下井吊装如图 3.2-8 所示。

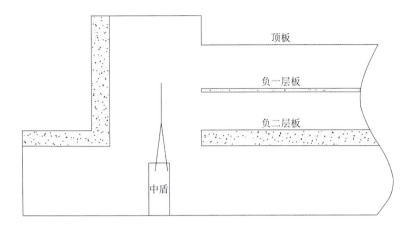

a) 第 1 步

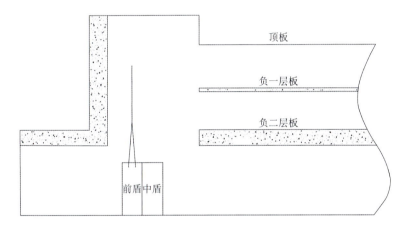

b) 第 2 步

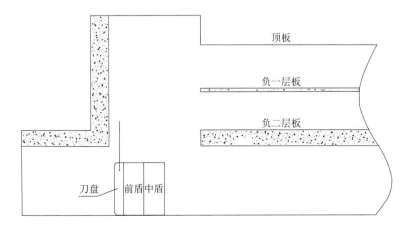

c) 第 3 步

图 3.2-8

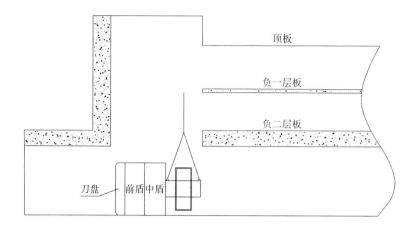

d) 第 4 步

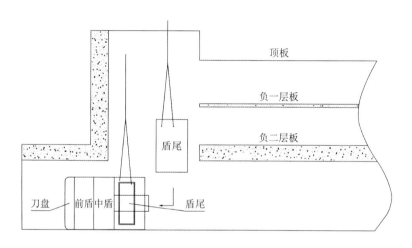

e) 第 5 步

图 3.2-8 盾体及刀盘下井示意图

（5）螺旋输送机的安装

把螺旋输送机移动到起吊位置，螺旋输送机与前盾连接的一端吊点使用 1 根 ϕ42mm、长 10m 的钢丝绳吊索、1 台 17t 手拉葫芦、1 个 17t 卸扣，另一端吊点使用电动葫芦（配钢丝绳）、1 个 17t 卸扣，试吊装后通过回转和变幅动作将螺旋输送机慢速地从拼装机的内圆斜插入；按照安装要求移到一定的吊装位置后，用 2 台 10t 手拉葫芦挂在螺旋输送机与前盾连接的一端吊点位置拉紧受力后摘除螺旋输送机与前盾连接的一端吊索，慢速拉动手拉葫芦到前盾法兰连接位置；当螺旋输送机法兰和前盾法兰螺栓孔位及定位销完全对准后穿入拉伸预紧螺栓，按照说明书要求对拉伸预紧螺栓进行预紧（在此过程中用手拉葫芦逐渐调整角度，以保护螺旋输送机端头的电机，同时保证顺利安装完成），确认无误后摘除另一端钢丝绳吊索。下井吊装如图 3.2-9 所示。

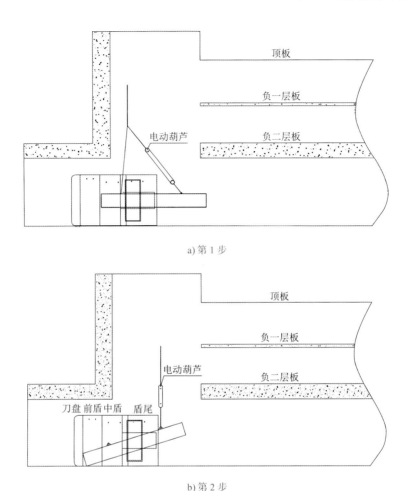

图 3.2-9 螺旋输送机安装示意图

（6）后配套与主机连接

主机与钢套筒整体顶推平移到位后，根据盾构机说明书要求将后配套与主机进行有效连接。

3.2.2 双模盾构机调试工艺及要点

双模盾构机组装和连接完毕后，即可进行空载调试，空载调试的主要目的是检查设备是否能正常运转。主要调试内容包括：液压系统、润滑系统、冷却系统、配电系统、注浆系统、泡沫系统、膨润土系统，以及各种仪表的校正。

电气部分运行调试流程为：检查送电→检查电动机→分系统参数设置与试运行→整机试运行→再次调试。

液压部分运行调试流程为：推进和铰接系统→螺旋输送机→管片安装机→管片吊机和拖拉小车→泡沫、膨润土系统和刀盘加水→注浆系统→带式输送机等。

盾构机运抵施工现场后经过组装并对所有管线检查完毕后，即可进行调试工作。调试工作由机械、电气工程技术人员共同完成。

1）电气部分的调试

（1）高压系统的测试

盾构机高压供电系统是保证设备正常工作的首要条件。测试的内容包括高压电缆、接头、高压开关柜及变压器的绝缘及功能调试。在高压部分工作确认正常以后便可进行下一步的调试工作。

（2）低压供电系统的调试

调试内容包括照明系统（含紧急照明）、动力系统、弱电供电系统调试。

2）液压部分的运行调试

盾构机液压调试主要包括以下内容：

（1）检查油箱油位传感器和液位显示透明胶管，看液压油位是否充足。

（2）检查所有油泵进油口是否处于开启状态。

（3）检查所有控制阀门是否处于正常状态。

（4）检查液压泵驱动电机转向是否正确。

（5）逐个检查液压泵运转是否正常。

（6）检查各个液压阀组开关动作是否灵敏正常。

（7）检查液压管路接口处是否有油液泄漏情况。

（8）检查冷却系统是否正常工作。

3）各分系统的调试

（1）盾构本体部分的检测

包括前体、中体、盾尾的外形检查、土仓及刀盘开口、人闸仪表及管路的检查、盾尾油脂控制检测、盾尾设施及其控制的检查、螺旋输送机闸门控制的检测、供气系统的检查、土压传感器的检测、推进千斤顶及铰接千斤顶性能的检测、各种管路的检查（弯曲度、可伸展性、表面磨损情况）。

（2）刀盘的检测

包括刀盘刀具的数量及外观检查。

（3）盾构机电气系统的测试

PLC 控制软件、人机界面和导向系统软件的调试；各类传感器的测试和校准；各类电磁阀、流量计的检测、校准；盾构机控制系统内部电气联锁关系的测试；盾构数据采集系统的连接和测试。

（4）盾构导向系统测试

盾构机的导向系统是盾构掘进时轴线控制的依据，在盾构始发前应结合盾构机组装调试，测试导向体统与盾构机控制室之间的数据传递情况。导向系统各组成部分的工作状态，并进行导向系统的初始化工作。即利用竖井内的导线点和盾构机中体上预设的测量点精确测量导向系统后视棱镜和光靶坐标、盾构机俯仰角、转动角和偏转角等初始姿态参数，并输入导向系统，用以指导盾构掘进。

（5）刀盘驱动部分的调试

包括刀盘驱动的功能调试、齿轮油系统的检查、刀盘密封油脂输送泵的检测、刀盘密封油脂泵性能的测试、刀盘电动机及行星减速齿轮的检查、仿形刀的调试。

（6）推进系统的调试

包括各个动力系统泵阀组的调试、液压油冷却及过滤系统的测试、推进调速系统的调试、推进千斤顶功能的调试。

（7）管片拼装机功能的调试及管片存放机的调试

包括管片拼装机各种功能和伸缩、回转和前后移动等各种动作的测试和调试。

（8）螺旋输送机功能的测试

包括螺旋输送机转速、油压、伸缩动作、正反转和出土闸门启闭等功能的测试。

（9）膨润土注入系统的调试

包括膨润土注入系统的注入压力及流量，膨润土注入泵电动机转向、调速，以及系统中各个阀门的启闭等调试和测试。

（10）盾构机铰接功能的测试

包括盾构机各铰接液压缸动作和铰接功能的测试。

（11）带式输送机的测试

包括带式输送机速度、转向、就位情况和松紧度等的测试。

（12）泡沫系统的测试

包括泡沫系统水泵、气路、泡沫发生器的功能，泡沫压力、流量以及各泡沫注入点阀门启闭，泡沫发生剂发泡性能和注入管路工作情况等的测试。

（13）浆液注入系统的测试

包括浆液罐电动机、控制面板、浆液压力传感器和注浆泵压力、流量等测试。

（14）辅助配套设施的测试

包括管片吊机的测试、吊机吊具的检查、浆液搅拌罐的检查、后配套通风系统的检查。

4）负载调试

空载调试合格后即可进行负载调试。负载调试的主要目的是检查各种管线及密封的负载能力；对空载调试不能完成的工作要进一步完善，以使盾构机的各个工作系统和辅助系统达到满足正常生产要求的工作状态。通常试掘进时间即为对设备负载调试时间。负载调试时将采取严格的技术和管理措施保证工程安全、工程质量和线型精度。

3.3 端头加固技术

本工程始发段采用垂直冻结进行土体加固，冻结体沿隧道纵向长度2.3m，沿隧道轮廓四周外各 3m，如图 3.3-1、图 3.3-2 所示。

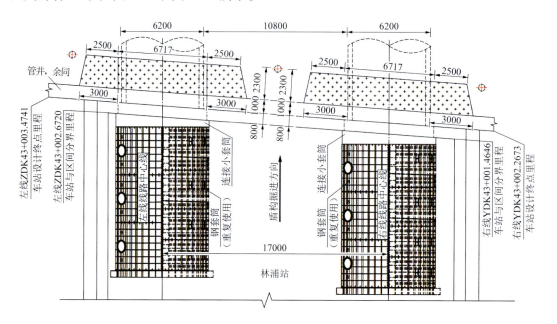

图 3.3-1 盾构始发垂直冻结范围平面示意图（尺寸单位：mm）

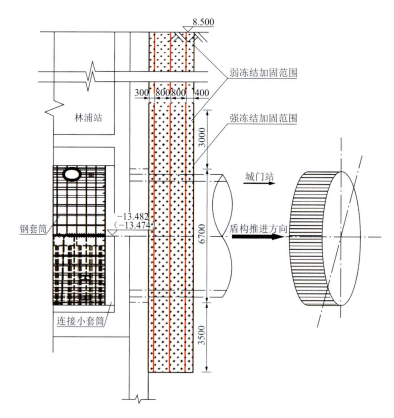

图 3.3-2 盾构始发垂直冻结范围剖面图（尺寸单位：mm；高程单位：m）

接收端端头加固采用三重高压旋喷桩，加固长度为 10m，加固宽度为盾构洞圈延伸 3m，深度范围为洞圈向上 3m、向下 3m，见图 3.3-3。

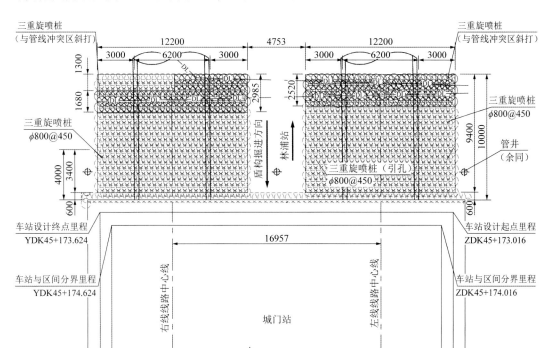

图 3.3-3 盾构接收端加固范围平面示意图（尺寸单位：mm）

3.3.1 垂直冻结设计

冻结帷幕设计主要包括如下三个方面的内容。

1）冻结帷幕方案

（1）设计冻结厚度：沿盾构推进方向厚度 2.3m，隧道上方和左右侧厚度均为 3.0m，隧道下方厚度 3.5m；冻结壁平均温度 $-15℃ \leqslant t \leqslant -10℃$，与地下连续墙交接处温度 $\leqslant -5℃$。

（2）积极冻结时，在冻结区附近 500m 范围内不宜采取降水措施。在积极冻结前对冻结区附近 500m 范围内进行排查，如有降水施工，应报监理、业主单位进行协调，并采取相应处理措施。在冻结区内土层中不得有集中水流。

（3）在洞门内及洞门圈向外 4m 敷设保温层。保温层采用阻燃（或难燃）的软质塑料泡沫保温材料，厚度 40mm，导热系数不大于 $0.04W/(m·K)$；塑料软板与地下连续墙（端头井二次衬砌）之间用万能胶粘贴密实。

（4）设计积极冻结时间为 30d（积极冻结时间可根据实际冻结效果进行调整）。要求冻结孔单孔流量不小于 $5m^3/h$；积极冻结 7d 盐水温度降至 $-18℃$ 以下，去回路盐水温差不大于 $2℃$；凿洞门前盐水温度降至 $-28℃$ 以下。如盐水温度和盐水流量达不到设计要求，应延长积极冻结时间。每米冻结管（包括冷冻排管）的设计散热量不应小于

100kCal/h。

（5）采用局部冻结方式进行冻结。左线从地表以下 15.652m（右线 15.624m）处开始冻结，局部冻结长度为 13.20m。

（6）冻结施工前，应进行地下水流速和流向测定，确定是否需要增加冻结壁的厚度、是否降低冻结壁的平均温度及是否需要增加冻结时间。

（7）施工中地层及环境条件与原设计依据资料有重大变化时，应及时修改冻结帷幕设计。

2）冻结孔布置

设计冻结孔数 40 个（共三排：第一排布置 16 个冻结孔，第一排孔与车站地下连续墙外侧距离为 300mm，孔间距 800mm；第二排布置 10 个冻结孔，孔间距 1200mm，与第一排间距为 800mm；第三排布置 14 个冻结孔，孔间距 800mm，与第二排间距为 800mm），冻结孔深度左线均为 28.832m（右线 28.824m），冻结孔总长度左线 1153.28m（右线 1152.96m）。冻结孔布置的具体要求如下：

（1）冻结孔开孔位置误差不大于 50mm，开孔间距误差不大于 150mm。

（2）第一排冻结孔（靠近地下连续墙端）最大允许偏斜 150mm，第二、三排冻结孔最大允许偏斜 200mm（冻结孔成孔轨迹与设计轨迹之间的距离）。

（3）垂直钻孔深度不小于冻结孔设计深度，以保证钻孔下部有足够的沉淀空间；不大于设计冻结深度 0.5m。

（4）冻结管采用 $\phi127mm \times 5mm$ 无缝钢管。冻结管耐压不低于 8bar，并且不低于冻结工作面盐水工作压力的 2.0 倍。

（5）冻结管采用坡口内接箍连接后焊接，接头抗压强度不低于母管的 75%。

（6）施工冻结孔时，若塌孔，应及时进行注浆控制地层沉降。

（7）钻孔过程中，应控制好钻孔偏斜，若偏斜值大于设计值，应及时进行纠偏。

（8）为了保证冻结管顺利下放，钻孔完成后，应进行冲孔。

（9）冻结管采用局部冻结，冻结管结构如图 3.3-4 所示。冻结管内布置 $\phi48mm \times 4.5mm$ 无缝钢管，作为供液管；回液管采用 $\phi48mm \times 4.5mm$ 无缝钢管。盐水从地面通过供液管流到冻结管底部，在供液管和冻结管之间的环形空间内循环，吸收周围土体的热量，达到冻结周围土体的目的，循环后的盐水通过回液管回到冷冻机组，进行制冷降温。

3）测温孔

测温孔 5 个，分别布置在冻结区域两侧，测温孔深度左线为 28.3m（右线 28.3m），测温管总长度左线 140.5m（右线 140.5m），测温孔布置如图 3.3-5 所示。

4）制冷系统设计

根据施工现场条件，把冻结站设在端头井上方地面上。

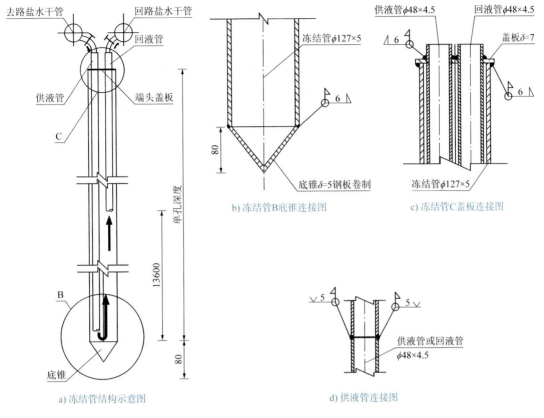

图 3.3-4 冻结管结构图（尺寸单位：mm）

（1）冷冻机的选择

冻结需冷量Q的计算公式为：

$$Q = 1.3\pi dHK \tag{3.3-1}$$

式中：H——冻结管总长度；

d——冻结管直径；

K——冻结管散热系数。

经计算，$Q = 112738\text{kCal/h}$。

拟选用单台制冷量为 86000kCal/h 的 JYSLGF300 型螺杆机组，根据计算选用 JYSLGF300 型螺杆机组 3 台，其中 1 台备用。

（2）冻结系统辅助设备

①盐水泵 3 台，其中 IS150-315 型 2 台，流量 240m³/h，电机功率 30kW，其中 1 台备用。

②冷却水循环选用 IS150-315A 型清水泵 2 台，流量 240m³/h，电机功率 22kW，其中 1 台备用。冷却塔选用 NBL-100 型 2 台。

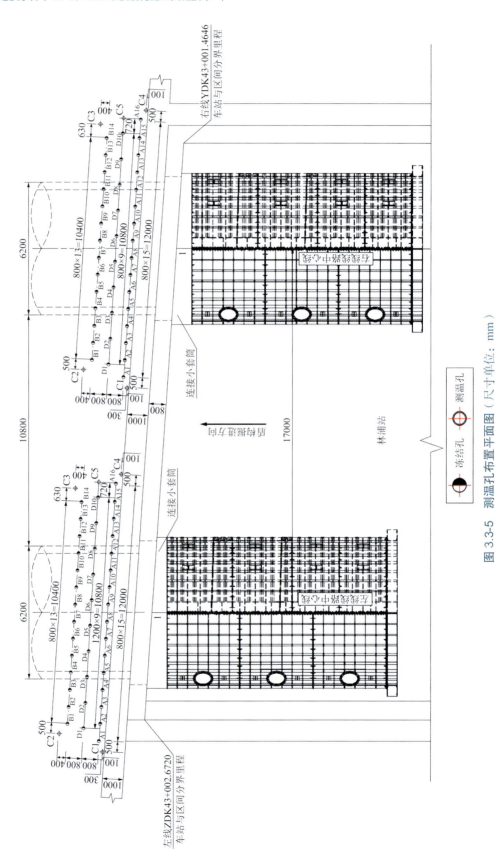

图 3.3-5 测温孔布置平面图（尺寸单位：mm）

③冻结管选用ϕ127mm×5mm无缝钢管，内管箍连接后焊接。

④测温孔管选用ϕ60mm×5mm无缝钢管。

⑤供液管选用ϕ48mm×4.5mm无缝钢管。

⑥盐水干管和集配液管选用ϕ165mm×5.5mm无缝钢管。

（3）其他

①用电负荷：用电负荷约400kW。

②冷冻机油选用N46冷冻机油，用量约1.5t。

③制冷剂选用氟利昂R-22，用量约1.5t；冷媒剂选用氯化钙，用量约20t。

5）冻结主要技术参数

冻结主要技术参数见表3.3-1。

冻结主要技术参数表　　　　　　　表3.3-1

序号	项目	单位	参数	备注
1	冻结长度（单孔）	m	左线28.832（右线28.824）	
2	冻土帷幕设计厚度	m	2.3/3/3/3.5	纵向/左右/上/下
3	冻结壁平均温度	℃	−15～−10	地下连续墙交接处≤−5℃
4	冻结孔数量	个	40	
5	冻结孔设计孔间距	mm	800/1200	排间距800mm
6	冻结孔允许偏斜	mm	第一排150，其他200	
7	冻结管规格	mm	ϕ127×5	无缝钢管
8	冻结孔总长度	m	左线1153.28（右1152.96）	
9	供液管规格	mm	ϕ48×4.5	无缝钢管
10	测温孔数量	个	5	
11	测温管规格	mm	ϕ60×5	
12	测温管总长	m	左线140.5（右140.5）	
13	设计最低盐水温度	℃	−28	冻结7d盐水温度达到−18℃以下
14	单孔盐水流量	m³/h	5～8	单孔盐水流量
15	最大用电负荷	kVA	400	

3.3.2 垂直冻结加固施工工艺

1）施工工艺流程

垂直冻结加固施工工艺流程如图3.3-6所示。

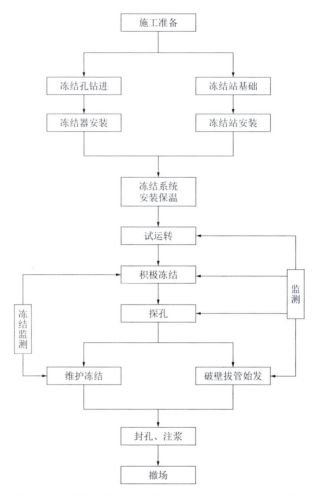

图 3.3-6　盾构始发井端头垂直冻结加固施工工艺流程图

2）冻结孔钻孔施工

（1）施工工序

冻结孔施工工序为：定位→钻孔→下放冻结管→测斜→打压试验。

①定位

根据设计在槽壁外测定好各孔位置，以保证冻结孔开孔位置误差不超过 10mm。

②钻孔

按设计要求调整好钻机位置，保持钻机水平、钻杆在孔位正上方且垂直水平面，并固定牢固，开始钻孔。在钻进过程中，每加一根钻杆，都要复测一次钻机是否平、钻杆是否在孔位正上方并垂直水平面。为防止孔偏斜，可加长钻机台座长度，缓慢钻进。为防止塌孔，钻孔时要预留足够的沉淀空间。

③下放冻结管

下放冻结管前要进行冲孔，若泥浆浓度过大，冻结管下放时因浮力过大不能一次下放到位。冻结管下放深度不得小于设计深度 0.5m。

④测斜

冻结管下放完要及时进行灯光测斜,冻结孔和测温孔的最大允许偏斜不超过 100mm。若终孔的偏斜超过设计值,可拔出冻结管进行扫孔;若相邻两孔终孔的间距超过设计间距 200mm,必须增设补孔。

⑤打压试验

封闭好孔口,用水压泵向孔内打压,当压力达到 8bar 时,停止打压,关好阀门,观测压力的变化,记录下 30min 内压力,压力无变化为合格。

3)冻结管施工

(1)冻结管焊接

冻结管选用 ϕ127mm × 5mm 的无缝钢管,采用坡口内接箍对接焊,第一根冻结管下部焊底锥,所有冻结管要严格检查、丈量、编号、配组。丈量尺寸要有专人记录,最后验收合格后下入。下放冻结管时,谨防冻结管内进水。

测温孔选用 ϕ60mm × 5mm 无缝钢管,坡口对接焊。

(2)供液、回液管焊接

供液管选用 ϕ48mm × 4.5mm 无缝钢管,采用打坡口对接焊。第一根供液管下部下方焊一根 500mm 长、ϕ8mm 的钢筋,作为杂物的沉淀空间。

供液管引出冻结管管口后,用 10mm 厚的钢板把冻结管管口封上,并焊上回液管。

为了防止塌孔,缩短冻结孔的下管时间,每组冻结管按设计长度加外露尺寸,在地面加工好,同时把供液管、回液管及焖板均提前焊接好,并完成打压试验。

4)地面冻结系统的安装

地面冻结系统如图 3.3-7 所示。

a)

b)

图 3.3-7 地面冻结系统

(1)安装施工流程

①设备安装工艺流程

设备基础放样→施工设备基础(或锚固地脚螺栓)→设备就位、调平、固定→敷设电缆→安装电控系统→冷冻机试漏→冷冻机充氟、加油→清、盐水箱加水→化盐→制冷系统试运转→盐水箱和冷冻机低温容器及管路保温。

②冻结站管路安装工艺流程

主管路放样→安装管架→安装主管路→安装分支管路→安装压力表接口与温度插座→管路试漏→盐水管路保温。

（2）设备安装

①冷冻机要水平安装，底盘要坐实，用楔铁找平。

②冷冻机和水泵固定后要重点检查联轴器的间隙和同心度、轴封和盘根的松紧情况，确认满足设备安装技术要求。

③冷却塔安装应重点检查布水器电机电缆接头绝缘是否良好、电机转动方向是否正确、布水器布水是否均匀。

④冷却塔与电器设备应有足够距离，防止水溅到电器上引发机电事故。

⑤盐水箱下垫 100mm×100mm×1500mm 方木，间距不大于 800mm。方木之间充填 100mm 厚聚苯乙烯保温板。

⑥按设备配电线路图要求连接供电电缆和控制电缆。要确保设备的保护接地良好。

（3）冻结站管路和检测仪表安装

①按照冻结站设计图铺设管路。应根据现场空间和设备位置适当调整管路布置，尽量缩短管路长度、减少管路弯头，并做到竖直横平、整齐美观。

②在连接管路和安装阀门前要检查确认管内不留杂物。必要时进行除锈和吹扫。

③主要管路用 200mm×200mm 方木管架铺设在地面上，分支管路用"T"字形钢管柱架空铺设，管架间距为 4～6m。盐水干管坡度 0.1%，在管路端头高处设 DN15 放空阀。

④阀门、压力表和温度计安装要整齐，便于操作和读数。测温管采用 DN10 钢管加工，埋设时管口向上，深度为水管直径的 1/3～1/2。

⑤管路采用水压试漏，注意管内不留空气，水温与环境温度基本一致。

⑥盐水管路经试漏后采用 50mm 厚橡塑保温层保温，在保温层外包扎塑料薄膜。盐水箱采用 50mm 厚聚苯乙烯保温板保温。

⑦裸露管路涂刷防锈底漆和统一色彩的面漆。

（4）冻结器连接

①冻结器头部盖板采用 6mm 钢板，羊角管采用建筑管加工。

②羊角管与冻结管管壁焊接角度不大于 40°，各冻结器的羊角管焊接角度和软管连接要整齐统一，避免管路出现硬弯增加盐水流动阻力。

③冻结器用胶管连接，螺纹接头。

④连接软管用 30mm 厚软质橡塑保温筒保温，在保温筒外缠裹塑料胶带。

（5）冻结系统调试

①按照设备使用说明书的要求进行冷冻机组充氟和加油。首先进行制冷系统的检漏和

氮气冲洗，在确保系统无渗漏后再充氟加油。

②先在盐水箱中灌满清水，开泵循环冲洗管路，排除管路中的污水。

③在盐水箱内注入约 1/4 的清水，然后开泵循环并逐步加入固体氯化钙。盐水箱内的盐水不能灌得太满，以免高于盐水箱口的冻结管盐水回流时溢出盐水箱。

④至盐水浓度达到 1.15kg/L 左右时开冷冻机。随着盐水温度降低再加入氯化钙，直至达到设计盐水浓度。

⑤融化氯化钙时用筛网除去杂质，严禁将包装袋掉入盐水箱。

⑥检查盐水水位报警器，确保其工作正常。

⑦测量各冻结器的盐水流量，调节控制阀门，确保各冻结器盐水流量符合设计要求。

⑧如发现个别冻结器或冷冻排管盐水流量随时间延长逐渐减小，表明管路有积空气的情况，应及时打开放空阀。

5）系统的保温

为了减少冷量的损失，所有低温管路均需要保温，并保证保温层厚度不小于40mm。

由于混凝土导热系数较大，为了减小洞门内外的冷量损失，保证冻土与地下连续墙胶结的效果，对始发洞门周边连续墙及二次衬砌表面应进行保温，保温方法可采用敷设软泡沫板材料，厚度不小于40mm。

6）积极冻结

设备安装完毕后进行调试和试运转。在试运转时，要随时调节压力、温度等各状态参数，使机组在有关工艺规程和设计要求的技术参数条件下运行。在冻结过程中，定时检测盐水温度、盐水流量和冻土墙扩展情况，必要时调整冻结系统运行参数。冻结系统运转正常后进入积极冻结，要求一周内将盐水温度降至 −25℃以下。

7）维护冻结

维护冻结从开始凿除洞门时起，到钢套筒打压完成止。维护冻结期间，各组冻结孔循环正常，以保证各测温孔温度不回升为准。

维护冻结过程中，要加强冻结施工监测，确保冻结系统运转正常，及时分析冻土帷幕的温度变化。

8）停止冻结

盾构进入洞门内冻结壁前方、钢套筒打压完成后，所有冻结孔即可停止冻结，强制解冻、拔除所有的冻结管，并对冻结孔进行充填封堵处理。

9）冻结效果判定

（1）在积极冻结期间，冻结停止不超过 24h。

（2）积极冻结时间以冻结壁的厚度和平均温度达到设计值为标准，各冻结孔盐水温度和去回路温差均达到设计要求。

（3）根据测温孔测温结果推算，所有冻结孔已全部交圈，冻土帷幕平均温度和薄弱处冻土厚度达到设计值。

（4）在发现冻结异常处打探孔进行温度检测（打探孔应注意避开冻结管），通过探孔实探，各探孔内无泥水涌出，且孔内土体坚硬。

（5）在确认冻结壁的厚度和强度达到设计要求后，在洞门内部不同方位打探孔，进一步确认洞门是否安全。

10）强制解冻拔管施工

（1）强制解冻施工流程

强制解冻施工工艺流程如图3.3-8所示。

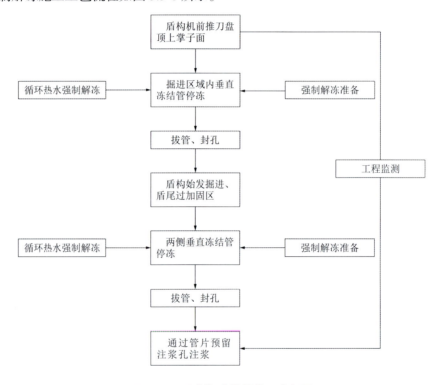

图3.3-8　强制解冻拔管施工流程图

（2）强制解冻施工

在进行强制解冻拔管前，把需要拔除的冻结管去路连接至热盐水箱的分配器，回路连接至回热盐水箱的集液管，开始向冻结管内循环浓度为1.26的热盐水；循环热盐水要40min以上，且回路温度在50~70℃之间，开始用25t起重机试松动冻结管，起拔力控制在100kN以内，冻结管松动后直接拔出冻结管。拔管时注意冻结管与挂钩要成一线，冻结管不能别劲，拔管时要常转动冻结管，冻结管不能硬拔，如拔不动时，要继续循环热盐水解冻，直至拔出冻结管。

冻结管强制解冻可按组进行，每组之间间隔解冻拔管，冻结管拔除后出现的孔洞应用湿黏土或砂浆充填密实。在进行强制解冻拔管期间，非盾构掘进区域的冻结管一起拔除。

（3）拔管施工

拔管方法与步骤为：

①在盐水箱中安装总功率为100～150kW电热管加热盐水。

②以每2～3组冻结孔为一批，在冻结孔（或测温孔）中循环热盐水。

③待冻结管周围冻土融化3～5cm时，及时用起重机松动冻结管。为了防止力过大拔断冻结管，起重机要设限力。

④用起重机快速拔出已松动的冻结管。

⑤拔管后用黏土或低强度等级的水泥砂浆封孔。

11）封堵冻结孔和融沉注浆施工

（1）封堵冻结孔施工

钢套筒打压完成后，停止所有冻结孔的冻结，强制解冻，拔出所有冻结管并进行回填。

（2）融沉注浆施工

冻结孔封孔完成后，根据冻结区域冻土融化情况进行融沉注浆，控制地面沉降。融沉注浆以控制地面沉降变形满足要求为控制标准。

融沉注浆应配合测温孔测温及隧道变形、地面沉降监测进行。利用盾构隧道管片上的预留注浆孔和设计预埋注浆孔作为地层融沉注浆孔。注浆顺序为："隧道底部→隧道两侧→隧道顶部"。在盾构始发盾尾过洞门环后，同步注浆正常进行，每环为4.5～5.5m³，同步注浆压力不大于3bar。在+10环管片拖出盾尾、同步注浆砂浆凝固后依次由+1环～+5环管片注浆孔进行水泥浆补注浆，注浆管预埋深度以穿透同步注浆水泥石体为准，为不小于45cm；注浆原则少量多次。后期钢套筒拆除前，由管片注浆孔打设探孔检查前期注浆效果，若由明显流水流沙，需进行注浆封闭；若只流少股清水，则结合周边其他探孔情况采取补注水泥浆或双液浆，钢套筒拆除时做好补注聚氨酯和清水引流措施。

融沉补偿注浆材料以水泥浆（P.O 42.5级）为主，水灰比为0.85～0.9，注浆压力不大于5bar，注浆范围为整个冻结区。

当隧道单天沉降大于0.5mm或累计隧道沉降大于1.0mm时，应进行融沉补偿注浆；当地表隆起达到2.0mm时应暂停注浆，即可停止融沉补偿注浆。冻结壁已全部融化，且未注浆的情况下实测地层沉降持续半个月每天不大于0.1mm，即可停止融沉补偿注浆。

融沉注浆施工一般进行2个月左右，方可有效控制隧道和地面沉降。

3.3.3 加固质量及效果检测

1）测温孔降温情况

林城区间左线共布置5个测温孔（C1～C5，见图3.3-5），分别布置在冻结区域两侧，深度为28.3m。

各测温孔在开机冻结一个月后，各孔同一测深处测点的温度变化情况如图3.3-9～图3.3-13所示。

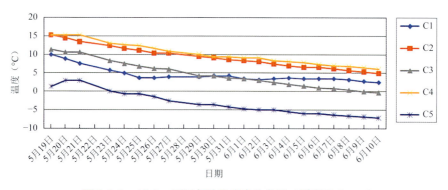

图 3.3-9　16.2m 埋深各孔温度变化曲线（隧顶以上 3m）

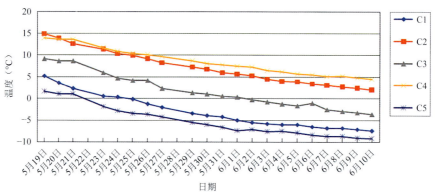

图 3.3-10　19.2m 埋深各孔温度变化曲线（隧顶）

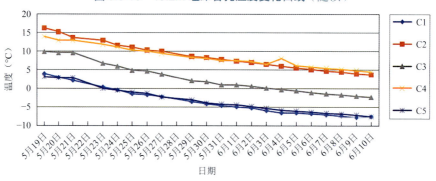

图 3.3-11　22.2m 埋深各孔温度变化曲线（隧中）

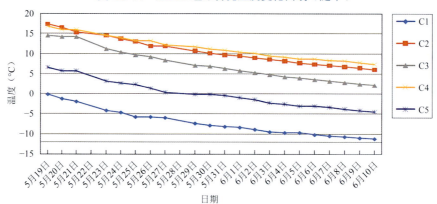

图 3.3-12　25.2m 埋深各孔温度变化曲线（隧底）

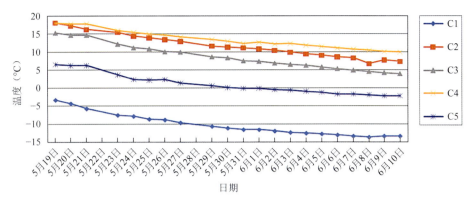

图 3.3-13 28.3m 埋深各孔温度变化曲线（隧底 4m）

2）问题分析及解决措施

（1）存在问题

①隧顶 3m 处（埋深 16.2m 位置），仅 C5 孔温度达到设计要求，其余 C1~C4 孔温度均在 0℃以上，不满足要求。

②隧顶处（埋深 19.2m 位置），C1、C5 孔温度达到设计要求，C3 孔接近设计指标要求，其余 C2、C4 孔温度在 0℃以上，不满足要求。

③隧中（埋深 22.2m 位置），C1、C5 孔温度达到设计要求，C3 孔接近设计指标要求，其余 C2、C4 孔温度在 0℃以上，不满足要求。

④隧底（埋深 25.2m 位置），C1、C5 孔温度达到设计要求，C1、C2、C4 孔温度在 0℃以上，不满足要求。

⑤隧底（埋深 25.2m 位置），C5 孔温度达到设计要求，C1 孔接近设计指标要求，C2、C4 孔温度在 0℃以上，不满足要求。

（2）原因分析

C2、C3 孔处于冻结体的最外围，处于冻结体与外部土体的交汇处阳角位置，三面受外围地下水影响，仅一面受冻结体低温补给，测温显示测孔整体冻结效果不佳；C1 孔处于冻结体与车站维护结构的交汇区域阴角位置，一面受冻结体补给，一面受外围地下水影响，两面靠近导热效果差的车站围护结构；C5 孔位于加固体的一边，两面受冻结体低温补给，两侧受外围地下水影响，冻结效果最好。综合分析，存在以下原因：

①外围地下水的影响，消耗了冻结制冷量。C2、C3 孔三面受外围地下水影响，测温孔揭示冻结效果最差；C1 孔次之，C5 孔揭示冻结效果最好。

②围护结构接缝渗水，造成制冷量损耗。通过观察，车站围护靠近 C4 孔位置存在渗漏现象，疑似是 C4 孔温降效果差的主要原因。

（3）解决措施

针对上述情况，采取措施如下：

①围护侧墙水平注浆，封堵渗漏，防止渗水引起地下水流速变化和制冷量消耗。

②冻结体外围帷幕注浆：采用二重管注浆，注浆材料以水泥-水玻璃双液浆为主。在冻结壁外侧 1.5m 处钻孔进行地层改良注浆，注浆孔间距为 1m。且先对测温孔 C2、C4 外侧进行注浆。帷幕注浆孔布置如图 3.3-14 所示。

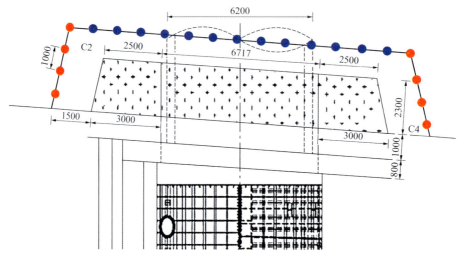

图 3.3-14　帷幕注浆孔布置图（尺寸单位：mm）

3）冻结改进

左线注浆期间尺寸保持积极冻结，冻结区四周注浆改良地层时，部分测点温度稍有回升；停止注浆一段时间后，注浆完成后 5d，C2、C3、C4 孔各测温孔温降效果明显；分析主要原因为注浆用水泥浆液初始凝结期间的水化热对冻结温度有一定影响。继续冻结 7d 各测温孔测点温度均达到了 −5℃，满足了设计要求。总体趋势显示，注浆改良地层后各测温孔内测点温度下降幅度明显增大，证明采取的措施是有效的。

右线吸取左线经验，在冷冻开始施工后即进行了帷幕注浆和水平注浆，冻结效果良好。

3.4　盾构始发控制技术

3.4.1　钢套筒设计

本工程设计了一种用于辅助盾构始发的钢套筒装置，包括钢套筒、过渡环、加强环和反力架。钢套筒由主筒体和底部框架构成；主筒体由四节相同长度的筒体拼接而成，每节筒体均由上半圆筒体和下半圆筒体构成；底部框架对应主筒体也分成四节托架，每节托架包括 4 个承力架、2 块连接端板和 4 块连接筋板；每节托架之间以 2 块连接端板和 4 块连接筋板连接；过渡环也由上半圆筒体和下半圆筒体构成，该过渡环的后端法兰连接在主筒体的前端；加强环包括面板、底板和安装在底板上的门板；该加强环的底板连接在主筒体的后端；反力架包括方形框架和六根钢管斜撑。该钢套筒装置既能用于盾构机密闭始发和接收，也可用于盾构机过站、顶推和平移。

1)筒体

筒体部分长10m分为4段:过渡环(短边840mm、长边1343mm)、加强环(600mm)、内径6800mm,如图3.4-1所示。筒体材料用20mm厚的Q235A钢板,总质量约170t。每段筒体的外周焊接纵、环向筋板形成网状以保证筒体刚度,筋板厚20mm,高150mm,间隔约550mm×600mm;每段筒体的端头和上、下两段圆弧接合面均焊接连接法兰,法兰用40mm厚的Q235A钢板制成,上、下两段筒体法兰以及两段筒体均采用M30×130—8.8螺栓连接,两接合面之间加5mm厚橡胶垫,以保证密封效果。

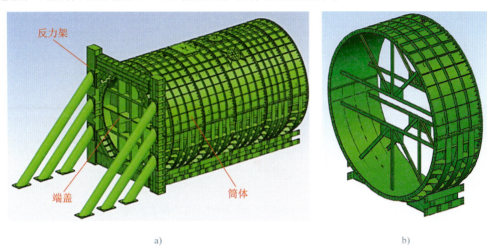

图3.4-1 钢套筒筒体结构三维图(后端盖预留)

筒体底部框架(图3.4-2)分4块制作,包括底部框架、承力板、筋板、底板,材料均采用20mm厚的Q235A钢板。

底部框架与下部筒体焊接连成一体,焊接时框架板先与筒体焊接,再焊接横向筋板,焊接底板和工字钢。框架组装完后,工字钢底边与车站底板预埋件焊接,框架须用型钢与车站侧墙顶紧,钢套筒上部采用槽钢与中板梁顶紧。

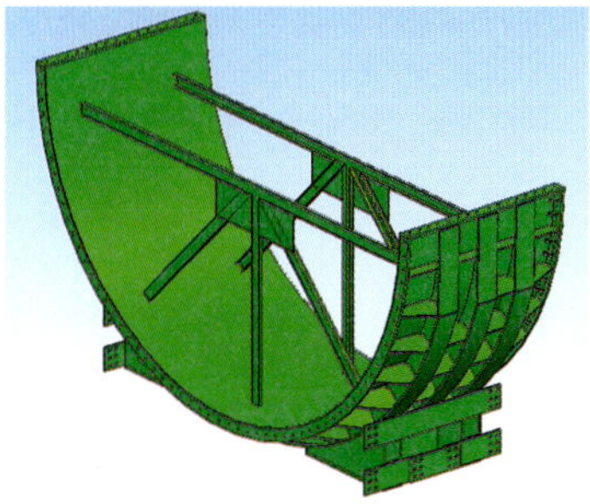

图3.4-2 钢套筒底部框架结构三维图

2)后端盖(预留)

后端盖为考虑钢套筒通用性预留(仅接收时安装),始发时不配置,设计为平面盖,通过后盖边缘法兰与钢套筒端头法兰采用M30×130mm、8.8级螺栓连接,参见图3.4-1。

3)反力架

盾构始发反力架紧靠在车站始发段负二层板(楼梯口)、底板和钢套筒加强环上。反力架用φ609mm钢管作斜撑,底部与车站底板植筋钢板焊接,顶部用H300×300型钢与车站负二层板顶紧。反力架定好位置后,先用400t千斤顶顶平面盖和反力架,消除洞门到加强环的安装间隙后。反力架结构示意如图3.4-3所示。

各部件结构介绍如下。

（1）上横梁

上横梁为箱体结构，主受力板为30mm厚钢板，筋板为20mm厚钢板，材质均为Q235A钢，箱体结构截面尺寸为700mm×500mm，具体形式及尺寸如图3.4-4所示。

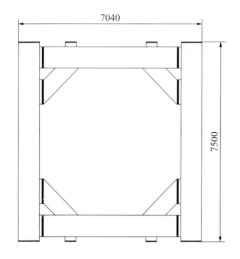 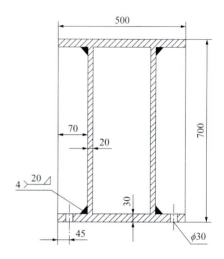

图3.4-3　反力架结构示意图（尺寸单位：mm）　图3.4-4　反力架上横梁结构图（尺寸单位：mm）

（2）下横梁

下横梁为箱体结构，主受力板为30mm厚钢板，筋板为20mm厚钢板，材质均为Q235A钢，箱体结构截面尺寸为250mm×500mm，具体形式及尺寸如图3.4-5所示。

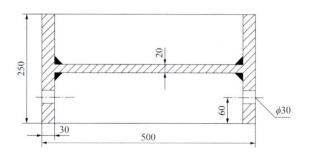

图3.4-5　反力架下横梁结构图（尺寸单位：mm）

（3）立柱

立柱为箱体结构，主受力板为30mm厚钢板，筋板为20mm厚钢板，材质均为Q235A钢，箱体结构截面尺寸为700mm×500mm，结构同图3.4-4。

3.4.2　盾构机和钢套筒整体纵向平移始发施工工艺

1）施工工艺流程

盾构始发采用盾构机+钢套筒整体纵向平移始发方案，施工工艺流程如图3.4-6所示。

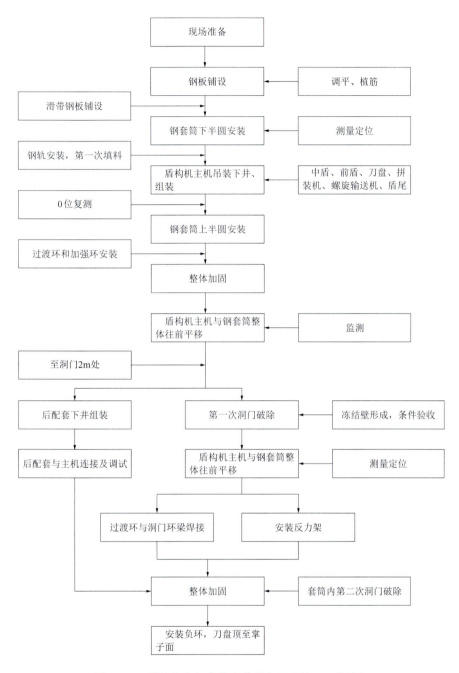

图 3.4-6 盾构机和钢套筒安装纵向平移施工工艺流程

2）施工工艺

（1）底板固定钢板铺设

林城区间井底的净空尺寸：左线为 8.2m×38.9m，右线为 8.9m×37.4m。为保证钢套筒纵移过程的安全，以及满足盾构始发时姿态的稳定，纵移施工前需要将底板整平以便固定钢板的铺设。根据设计图纸，使用 2m×9m×3cm 的钢板，7 号与 9 号钢板使用 15 根直径 32mm、长 230mm 的圆钢进行植筋固定，其余使用 4 根直径 32mm、长 230mm 的螺纹钢进行植筋固定。左右线预计各使用12块钢板，具体布置如图3.4-7所示。

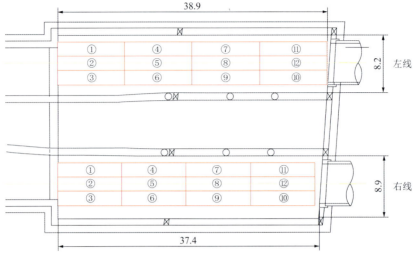

图 3.4-7　底板固定钢板铺设平面示意图（尺寸单位：m）

①~⑫-钢板编号

（2）钢套筒安装

①施工流程。

钢套筒下井安装施工工艺流程如图3.4-8所示。

图 3.4-8　钢套筒下井安装施工工艺流程图

②定位：安装钢套筒之前，在吊装口车站底板位置测量出盾体中心线，也就是钢套筒的安装轴线，吊放钢套筒时力求一次到位。

③滑带钢板安装：钢套筒吊放前，先布设滑带钢板。滑带钢板（0.6m×11m）厚度40~50mm，与钢套筒下半圆的底座进行焊接。

④钢套筒下半环安装：依次安装钢套筒下半环筒体，并通过法兰盘连接，法兰盘间设橡胶垫以增强密闭性，如图3.4-9所示。

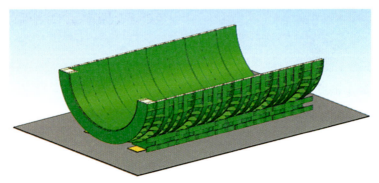

图 3.4-9　钢套筒下半环安装示意图

⑤钢套筒上半环安装：待盾构主机完成下井组装就位后，安装钢套筒上半圆。

⑥安装过渡环和加强环。

（3）盾构机主机下井安装

盾构机主机下井在钢套筒下半圆安装完成后进行。主要工序有导轨安装及第一次填料、盾构机主机下井就位。

盾构机主机下井在钢套筒下半圆安装完成后进行。主要工序有导轨安装、垫料、盾构机主机就位。

①导轨安装：在钢套筒下方 60°圆弧内对称布设钢轨，钢轨采用压板固定，压板焊接在钢套筒筒体上。

②垫料：为防止筒体内盾构机在初始掘进时应摩阻力不足发生扭转，在底部钢轨间铺砂垫层并压实，垫料的高度根据筒体内径和盾构外直径差值考虑，见图 3.4-10。

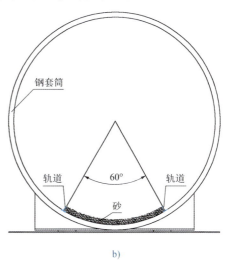

a)　　　　　　　　　　　　　　b)

图 3.4-10　垫料铺设示意图

③盾构机主机下井安装：工艺同本书第 3.2.1 节。

（4）盾构机主机与钢套筒整体纵向平移

整体纵向平移分计划分两次进行，第一次将组合体纵移至离洞门 2m 处，以预留足够的空间进行洞门初次破除；待洞门初次破除后，开始第二次纵向平移使筒体过渡环与洞门钢环接触并焊接连接。

①润滑减摩：为减少组合体在纵移过程中的摩阻力，滑带钢板与固定钢板接触面以及滑动轨迹线上均应涂抹润滑油脂。

②整体纵移：使用 2 个 200t 的液压千斤顶前端顶在钢套筒下半圆的底座上，在满铺钢板上焊接反力牛腿，强度满足顶推纵移施工。顶推时需注意泵送压力，速度控制在 25mm/min 左右，每推完一个行程（25cm）增设一次工装，累计达到 2m 左右需重新焊接反力牛腿，由此循环将钢套筒顶推至洞门处。如图 3.4-11 所示。

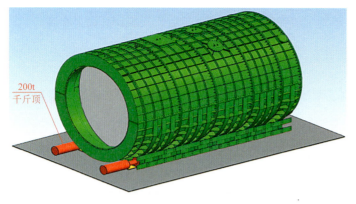

a) 三维图　　　　　　　　　　　　　　　b) 实况

图 3.4-11　纵移三维及实况图

③组合体空间位置调整：第二次纵移完成后，复测组合体轴线，要求钢套筒架中心线、线路中心线两条控制线重合，可使用套筒底座两侧液压顶升液压缸进行空间位置进行调整，以满足设计要求为准，如图 3.4-12 所示。

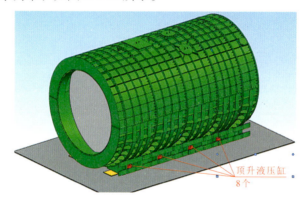

图 3.4-12　顶升液压缸示意图

④过渡环调整：掌子面与隧道中心线存在 4°夹角，通过数字建模，对过渡环进行优化调整，是过渡环贴合洞门钢环，如图 3.4-13 所示。

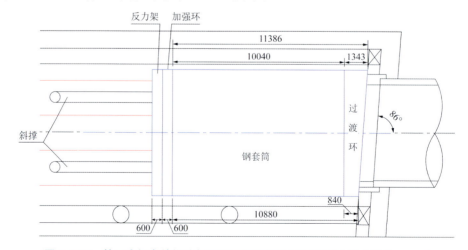

图 3.4-13　第二次钢套筒纵移与洞门环梁连接平面示意图（尺寸单位：mm）

⑤过渡环与洞门环梁焊接：焊缝沿过渡环一圈内侧点焊，并在内侧贴遇水膨胀止水条，在过渡环与预埋环板焊接的外侧涂抹聚氨酯加强防水，并加焊槽钢进行补强。

（5）反力架安装加固

①反力架安装前进行放点定位，分节安装反力架部件，并调节好位置。根据反力架前端中心里程对反力架进行精确定位，使之与盾构机中心轴线保持垂直。

②为加强反力架的稳定性，对安装好的反力架用钢管及型钢进行支撑，具体为：使用6根φ609mm钢管作用于立柱进行斜撑，呈45°角；上横梁使用2根H300型钢进行支撑，后端坐在车站主体结构梁上；下横梁使用4个反力牛腿进行支撑，如图3.4-14所示。

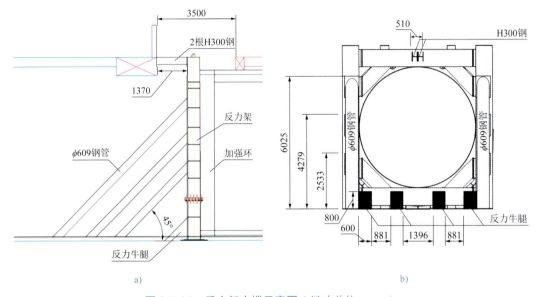

图 3.4-14 反力架支撑示意图（尺寸单位：mm）

（6）洞门凿除

洞门凿除施工工艺流程如图3.4-15所示。

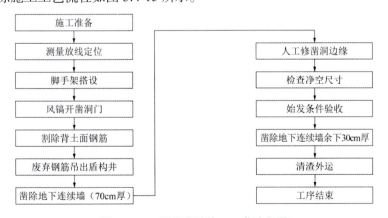

图 3.4-15 洞门凿除施工工艺流程图

洞门凿除分两次进行。初次凿除在组合体第一次纵向平移后进行，凿除厚度约为围护结构厚度的70%，保留部分厚度以确保洞门安全。第二次凿除在组合体过渡环焊接后、盾构推进准备完成后进行，凿除在筒体内作业，凿除的混凝土块从过渡环左右侧开设的人孔（500mm×800mm）运出，洞门破除及清理完成后，刀盘立即靠上掌子面，封闭回填钢套筒。

（7）钢套筒及负环管片拆除

当盾构掘进到一定长度（可以容纳盾构机后配套设备长度、管片背部摩阻力大于盾构机推力）后，可以拆除钢套筒、负环管片。

①钢套筒及负环拆除施工工艺流程

钢套筒及负环拆除施工工艺流程如图 3.4-16 所示。

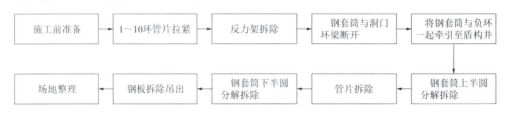

图 3.4-16　钢套筒及负环拆除施工工艺流程图

②拆除步骤

钢套筒及负环拆除施工工艺流程如图 3.4-17 所示。

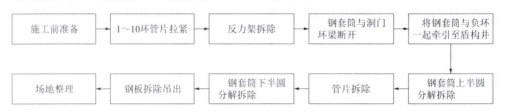

图 3.4-17　钢套筒及负环拆除施工工艺流程图

洞门注浆密封后，先拆除反力架、断开钢套筒过渡环与洞门钢环连接、拆除洞门环管片连接螺栓，使用顶推牵引设备（图 3.4-18）利用钢绞线将钢套筒和负环整体往后牵引至盾构井口（图 3.4-19），然后依次拆除钢套筒上半圆、负环、钢套筒下半圆。顶升液压缸固定在盾构井靠车站侧，使用牛腿与预埋件连接。

a) 顶推液压泵站

图　3.4-18

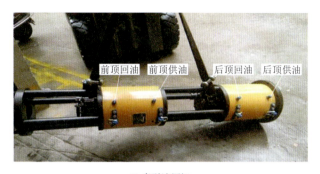

b）牵引液压缸

图 3.4-18　顶推液压泵站及牵引液压缸

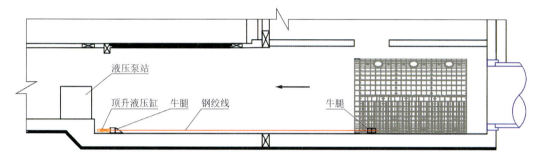

图 3.4-19　筒体顶推牵引示意图

3.4.3　盾构始发要点

1）钢套筒安装技术要点

（1）在开始安装钢套筒之前，首先在基坑里确定出井口盾体中心线，也就是钢套筒的安装位置，使从地面上吊下来的钢套筒力求一次性放到位，不用再左右移动。

（2）下钢套筒之前，先将40～50mm厚的滑带钢板（0.6m×11m）进行布设，滑带钢板与钢套筒下半圆的底座进行焊接，为使钢套筒在纵移过程中顺畅，在钢板接触面以及滑动的轨迹涂抹润滑油脂。

（3）吊下第一节钢套筒的下半段，使钢套筒的中心与事先确定好的井口盾体中心线重合。

（4）钢套筒连接时法兰盘之间使用橡胶垫，以提高钢套筒的密闭性，依次组装传力架1～4，使用8.8级高强度螺栓紧固连接，必须牢固可靠。

2）导轨安装及第一次填料技术要点

（1）在钢套筒下方60°圆弧内平均分布安装2根43kg/m钢轨，钢轨采用压板固定，压板焊接在钢套筒筒体上。

（2）为确保底部砂层提供充足的防盾构机扭转摩擦反力，在钢套筒底部2根钢轨之间铺砂并压实，每个位置的铺砂高度高出相应钢轨高度15mm，待盾构机放上去后，铺砂进一步压实。

（3）盾构机主机下井安装后，复测相对位置。

3）洞门凿除技术要点

（1）严格控制洞门凿除尺寸，凿除直径不得小于洞门圈直径，洞壁与洞门圈应基本保持垂直。检查洞门钢环内径的范围内有无突出物以及钢筋是否清理干净，避免盾构始发绞刀盘现象发生。

（2）洞门凿除过程中，做好积极冻结及洞门保温工作，加强监测，密切关注洞门掌子面情况，若局部有流水流沙情况，则用钢丝网和快干水泥封闭，保温继续冻结，同时在相应部位加大盐水流量，降低盐水温度；若流水流沙发展较快时，同时采取注水泥-水玻璃双液浆封闭。

3.5 盾构到达控制技术

3.5.1 盾构到达流程

盾构到达施工工艺流程包括端头加固、接收施工测量、洞门密封装置安装（盾尾刷及帘布橡胶）、短套筒及接收托架安装与固定、洞门凿除、纵向拉紧及止水环施作、盾构接收、盾构机步上接收托架及空推、洞门封堵、盾构机拆解及吊装上井等工序，总体施工工艺流程如图 3.5-1 所示。

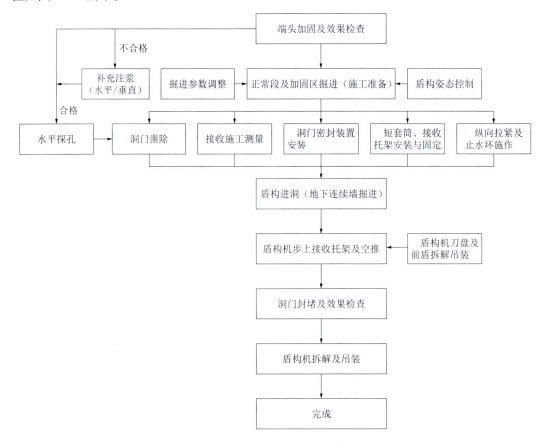

图 3.5-1 盾构到达总体施工工艺流程图

3.5.2 盾构到达准备工作

1）端头土体加固

（1）端头加固范围

端头加固采用三重高压旋喷桩，加固长度为10m，加固宽度为盾构洞圈延伸3m，深度范围为洞圈向上3m，向下3m。旋喷桩桩径800mm，咬合350mm。

根据现场地表管线条件限制，对中加固只能打至9.0m，往外以2°斜角进行钻孔旋喷加固。

（2）施工工艺

①工艺流程

高压旋喷桩施工工艺流程如图3.5-2所示。

图 3.5-2　高压旋喷桩施工工艺流程图

②技术参数

空气压力0.7MPa，浆液压力25MPa，水压力25MPa，提升速度2～20cm/min，旋转速度5～16r/min，浆液流量80～120L/min，水灰比0.8～1.2，建议水泥用量不小于300kg/m³，具体视试桩情况再作相应调整。宜采用不低于P·O 42.5级的普通硅酸盐水泥，可根据需要加入适量的外加剂及掺合料，用量应通过试验确定。

③施工注意事项

a. 加固后的土体应有良好的均匀性、自立性、止水性，其28d无侧限抗压强度≥0.8MPa，渗透系数不应大于1.0×10^{-7}cm/s。

b. 盾构机接前在端头加固区中间及两侧布设6口应急降水井，作为应急措施，管井插入隧道底面以下5m，降水时需降到区间隧道底部以下2m。盾构机接收前，洞门凿除直至盾构接收过程中，应实时关注地下水水量情况，如遇地下水渗漏量过大，应及时采取降水、注浆等措施。井点构造如下：

（a）井壁管均采用钢管，降水井井壁管直径均为273mm。井壁管底口封死，防止井内沉砂堵塞而影响降水。

（b）降水井深度均按低于隧道底5m布设，井深28m。

（3）补充加固措施

在完成端头加固后，根据端头加固体质量取芯检测结果及水平探孔流水量，若不满足加固体质量要求，则采取双重管无收缩双液注浆工法（WSS工法）注浆加固或水平注浆加固措施对端头加固体补充加固。

①WSS 工法注浆加固

WSS 工法注浆加固施工工艺流程如图 3.5-3 所示。

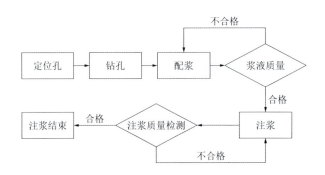

图 3.5-3 WSS 工法注浆加固施工工艺流程图

WSS 工法注浆加固浆液采用 A 液和 C 液混合物，A 液为改性后的水玻璃，C 液由普通硅酸盐水泥、外加剂和水组成。A 液采用在水玻璃中加入稀硫酸，稀硫酸溶度为 10%～20%，水玻璃浆液（加入适量水稀释）浓度为 10°～20°Bé。C 液中各成分放入搅拌机的顺序为：水、外加剂、水泥，其中，外加剂主要是调节浆液的可灌性和混合液的凝结时间，用量可根据现场实际情况进行适当的调整。

施工时，注浆压力 1.0～1.5MPa，喷射量 15～20L/min；当注浆压力达到预定值时，缓缓提升钻杆（注浆管）30～50cm，进行下一段注浆。根据施工需要，每孔可以由上至下，也可以由下至上分段进行。多孔时，要分孔序，间隔注浆。

②水平注浆加固

对洞门范围内进行钢花管水平注浆加固，浆液采用水泥-水玻璃双液浆。水泥浆的水灰比为 1：1，水泥浆与水玻璃比例为 1：1，浆液配比可现场调整；水玻璃浓度为 35°～40°Bé，与水按 1：1 稀释；注浆顺序自下而上逐孔进行，注浆压力 1.0～1.5MPa。

2）盾构接收施工测量

盾构贯通前严格按照要求在距贯通面 150～200m 时进行井上、井下、洞内联系测量。对洞内所有的测量控制点进行一次整体的复测、对所有控制点的坐标进行精密、准确的平差计算。

在掘进至距离洞口 100m 和 50m 时对导向系统进行复核测量。在盾构到盾构井前的最后一次导向系统搬站时，充分利用在贯通前 150～200m 时线路复测的结果，精确测量测站、后视点的坐标和高程；同时，在贯通前 50m 时，加强管片姿态监测与控制。

接收前还需对接收洞门中心高程、平面位置及洞门直径等进行复核测量，明确贯通时盾构中心轴线与隧道设计轴线的偏差，以及接收洞门位置的偏差，确定盾构接收姿态。

3）短套筒、接收托架安装

盾构接收前，需在盾构接收井底板上安装短套筒、接收托架，其布置如图 3.5-4 所示。

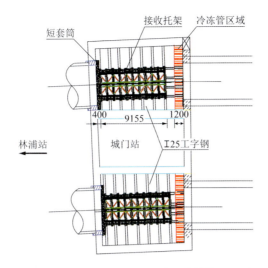

图 3.5-4　接收井布置平面图（尺寸单位：mm）

（1）短套筒安装

短套筒设计长度为 400mm，内径为 6700mm，外径为 7060mm，由 4 个钢圆弧组成。短套筒筒体采用 20mm 钢板卷制而成，在短套筒每段筒体的外部圆周上焊接纵、环向筋板以保证筒体刚度。

短套筒筒体的端头和钢圆弧接合面均焊接法兰，二者采用法兰连接，并用高强度螺栓连接紧固。短套筒与端头洞门钢环之间采用高强度螺栓连接，并进行满焊。每节短套筒圆弧分别在其顶部采用钢板焊接 2 个起吊专用吊耳，具体位置依据施工实际布置。

短套筒安装步骤如下：

①采用起重机钩住钢圆弧一端吊耳，另一端用绳子牵引，将钢圆弧吊装至安装位置（先下后上）稳定后，采用人工或手拉葫芦慢速将短套筒移动至准确位置。同时保证短套筒法兰盘上的螺栓孔与洞门钢环螺栓孔精确对位。

②安装螺杆，旋紧螺母，安装螺栓时先拧入 5 或 6 个丝扣，初步固定短套筒。

③再安装短套筒剩余螺栓，最后对称依次拧紧螺母。

④安装定位复核完成后，再对短套筒与洞门钢环，以及短套筒各圆弧间进行满焊。

⑤短套筒左下及右下侧采用工字钢进行支撑加固。

⑥短套筒安装注意事项如下：

a. 短套筒安装前先在地面上进行试拼装，以保证钢套箱拼装尺寸准确。

b. 短套筒安装时应注意其圆心与设计圆心一致。

c. 短套筒各部件之间法兰盘螺栓连接必须牢固，焊接质量符合相关标准规范要求。

d. 短套筒整环安装上去后其尺寸偏差不得大于 0.5cm。

e. 短套筒与洞门钢环间及短套筒各弧段必须连接可靠并且完全密封，以免后期盾构推进中短套筒出现漏水漏沙导致密封失效。

（2）接收托架安装

接收托架作为盾构机在接收井中的支撑及定位托架，主要承受盾构机的重力及盾体与托架的摩擦力。为保证施工安全，接收托架必须具有足够的强度、刚度和稳定性，因此，接收托架采用钢结构形式，如图3.5-5所示。

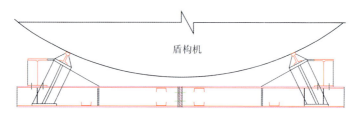

图3.5-5　钢结构接收托架示意图

①测量定位

根据洞门复测结果及隧道设计轴线，接收托架平曲线以直线布设，防止盾构机在导轨上出现"啃轨"现象；纵断面在接收时托架及导轨高程比理论值降低20mm，且为保证盾构贯通后拼装管片具足够的反力，接收托架以相对线路坡度+5‰进行安装。

根据以上接收托架轴线设计，通过地面上经过复核的测量导线点，利用全站仪在接收井内测量放样出接收托架轴线，并做好标记。

②垫层浇筑

施工前，将底板积水、泥巴清理干净。根据现场接收井底板高程与洞门圈的位置关系及测量放样结果，在底板浇筑一定厚度的混凝土垫层，保证高程一致。待混凝土强度达到要求后，进行接收托架安装。

③接收托架安装及固定

接收托架下井安装、调整及固定步骤：

a. 利用汽车起重机将接收托架分节吊装下井，根据接收托架测量定位，初步对接收托架进行调整。粗调完成后，采用千斤顶进行水平位置调整，保证接收托架与测量点位一致，严格控制误差。

b. 根据测量定位结果，采用千斤顶进行高程方向调整，用钢板垫高找平，摆放好托架并对各节托架连接。

c. 接收托架安装、调整完毕且测量结果满足安装要求后，将托架四周采用I25工字钢与井壁进行支撑加固（左右各7根，前后各4根，均匀布置），工字钢一侧焊接2cm厚钢板，增加受力面积，防止破坏主体结构。

d. 接收托架上焊接两根导轨，导轨采用43kg/m钢轨，轨面要求平顺、稳固。

e. 为了保证盾构机接收过程中托架的稳定性，需要对螺栓连接、焊接质量进行严格控制，焊接必须切实做到密实、焊牢、不漏焊、不少焊。

f. 接收托架及导轨安装、固定完成后，对接收托架轴线及高程等再次进行复核测量，保证托架安装满足设计要求。

④引轨焊接

为防止盾构机接收后出现"栽头"现象,根据现场实际情况,在短套筒与接收托架导轨间焊接引轨,保证盾构机接收后顺利上导轨。

4)洞口密封装置安装技术

由于盾构接收时,洞门与盾体及管片间存在空隙,容易引起地层及管片壁后浆液流失,导致地表沉降,因此,须在洞口安装洞门密封装置。洞门密封装置包括短套筒、钢丝刷、帘布橡胶折页板装置,如图3.5-6所示。

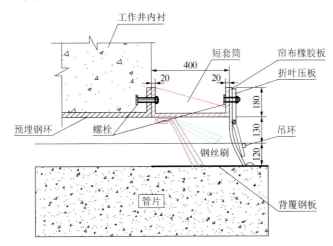

图 3.5-6 盾构接收洞门密封止水装置示意图(尺寸单位:mm)

(1)钢丝刷密封装置安装

在短套筒下井安装前,进行钢丝刷焊接安装,钢丝刷结构同盾尾密封刷。焊接时刷体间应依次搭接,刷体与短套筒内壁采用满焊方式。

安装步骤如下:

①安装前,清理短套筒内弧面杂质,保证平整。

②盾尾刷安装定位:盾尾刷定位于短套筒前端边线处,将尾刷先按照护板叠压方向点焊牢固,定位平直,避免歪扭。

③盾尾刷焊接:把定好位的尾刷焊接到短套筒上,尾刷前后焊道满焊,尾刷间间隙大的需要补焊消除间隙。焊接要求如下:

a.焊接表面无垢、无锈,焊缝整齐,无夹渣焊瘤,符合结构件焊接标准。

b.尾刷块间连接紧凑,保证盾尾刷整体密封效果性。

c.盾尾刷焊接后,需将块间钢丝互相交叉,剪断钢丝套。

④短套筒安装完成后,进行盾尾刷人工涂抹盾尾密封油脂。涂抹时分层将钢丝刷拨开后填入油脂,涂抹后每层油脂填塞饱满,不掉落、不漏涂。涂抹完成的油脂区域覆盖保护膜,盾构接收时去除保护膜。

（2）帘布橡胶密封装置安装

短套筒安装完成后，进行帘布橡胶密封装置安装，包括橡胶帘布板、扇形压板、连接螺栓组件、钢丝绳、手拉葫芦等。安装步骤如下：

①根据短套筒预留的螺栓孔，复核橡胶帘布螺孔的中心间距，确认满足要求后安装。

②从上到下依次将螺栓穿入橡胶帘布板及短套筒螺栓孔，再将扇形压板套在螺栓上，并采用螺母及垫圈进行固定。

③初步紧固后，对所有螺母再次进行紧固。

④采用ϕ16mm的钢丝绳穿入扇形压板端部套箍，并在两端设置卡扣，用手拉葫芦固定在结构墙上焊接的吊耳（手拉葫芦要预留一段拉紧量），在盾构机接收通过时通过拉紧钢丝绳两端使橡胶帘布板紧紧包裹住盾体或管片，防止漏水漏沙。

3.5.3 盾构到达施工要点

1）到达前盾构掘进控制

（1）第二处上软下硬段掘进完成后，根据洞门复测及设计轴线确定的盾构接收姿态进行纠偏计划，严格控制每一环纠偏量，确保盾构平面、高程偏差控制在允许范围内，确保在穿越加固区时使盾构沿设计轴线进行掘进施工，保证盾构顺利接收。

（2）推进过程中，并复核控制点，加大盾构姿态测量频率，确保盾构接收姿态正确。

（3）严格控制掘进参数，距离洞口5m时，逐步降低总推力及掘进速度，确保主体结构稳定，防止洞门土体坍塌。

（4）加强地表沉降和周边建筑物、管线监测，地表安排专人24h巡查。

（5）地面为城门镇居民房、通信、110kV电力及雨水管线，掘进过程中，加强掘进参数、渣土改良及出土量控制；停机情况下，注意观察土仓压力，并加强铰接、盾尾密封性控制。采取保护措施如下：

①严格控制土仓压力。以理论土压力计算值、试验段所获参数、盾构机接收洞门情况及监控量测沉降数据为依据，适时调整，同时，掘进过程中避免土仓压力波动过大。

②严格控制掘进速度。盾构掘进速度控制在40mm/min以下，防止因掘进速度快而导致姿态变化量大，土体扰动大及注浆不及时而造成地表沉降。

③加强渣土改良。根据渣土性状，由盾构司机及工程师确定改良添加剂参数，采用泡沫剂进行渣土改良，以降低摩阻力，减小土体扰动，降低地层损失率。

④加强出渣量控制。通过对掘进速度及螺旋输送机转速的调整与控制，对每环出渣量进行控制与管理，避免因超挖及地层损失造成地表沉降；掘进过程中，土建工程师必须做到"每斗必看，每斗必量"。

⑤加强同步注浆及二次注浆控制：严格控制同步注浆量、注浆压力和注浆质量，及时通过同步注浆对地层与管片空隙进行回填，及时进行二次注浆防止工后沉降。

⑥加强监控量测。在施工过程中对掘进施工参数实施动态管理,通过地表变形监测信息反馈,及时调整和优化施工技术参数,使盾构掘进施工处于可控状态,并使掘进施工参数保持最优。

⑦加强对盾构机以及施工配套设备的保养,保证盾构能够连续、匀速地掘进,避免盾构机停机时间过长而造成地表沉降过大;加强盾尾密封控制,备足盾尾密封系统设备的易损件,采用质量较好盾尾油脂,保证盾尾油脂注入量。

⑧盾构机膨润土罐储备足量的膨润土,压力过低时,及时往土仓内注入膨润土,以维持掌子面稳定。

2)洞门凿除技术

城门站小里程端接收洞门围护结构采用1000mm厚钢筋混凝土地下连续墙,内侧主筋为$\phi 32mm@150mm$普通钢筋,外侧为玻璃纤维筋。

洞门凿除是盾构接收的关键工序之一,其施工的质量、安全等因素影响到了盾构施工能否顺利进行。虽然,洞门凿除工序简单,但其安全隐患较多、难度较大,凿出时经常会发生涌砂、涌水等现象,故在破除洞门前须做好充足的准备工作。

(1)施工流程

洞门凿除施工工艺流程如图3.5-7所示。

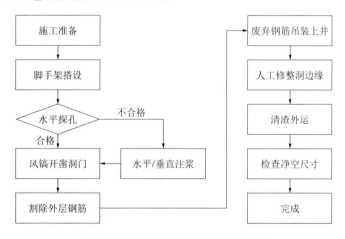

图3.5-7 洞门凿除施工工艺流程图

(2)施工步骤

①脚手架搭设

在洞圈内(预埋钢环内)搭设脚手架(图3.5-8),根据施工需要分层铺设脚手板,以提供作业人员作业位置。脚手架采用$\phi 48mm$钢管、配套十字扣件及踏板(1.8m×0.4m),并在沿盾构方向左右两侧搭设斜撑,脚手架外侧设置护栏并绑扎安全网。脚手架搭设应符合相关规范要求,必须安全牢固。施工完成后,通过全面检查符合安全要求并验收合格后方可使用。

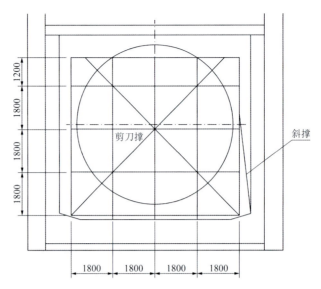

图 3.5-8　洞门凿除脚手架搭设示意图（尺寸单位：mm）

②水平探孔

端头加固满足设计要求后，洞门凿除前，在紧挨隧道洞口工作井井壁上用 $\phi38$mm 金刚石取芯钻打 9 个探孔，探孔布置如图 3.5-9 所示，孔深 2m 左右，每孔流水不超过 30L/h，钻孔时要准备木塞等工具，以防钻孔出水，若探孔揭露有流水流砂现象，则封闭探孔，进行洞门水平注浆加固。

③洞门凿除

洞门破除采用风镐人工凿除的方法进行钢筋混凝土的凿除，根据围护结构地下连续墙的实际位置，吊出空间及地质情况，采用分层分块、从里到外的方式进行凿除，共分成 9 块，如图 3.5-10 所示。洞门凿除时，先凿除表层混凝土，破除的混凝土块集中于料斗中，采用汽车起重机吊出。待刀盘切削洞门碰到钢筋后再将外层钢筋割除，切割的废弃钢筋捆绑吊出。

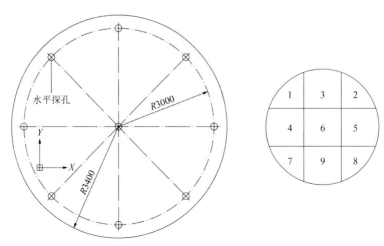

图 3.5-9　水平探孔布置图（尺寸单位：mm）　　图 3.5-10　洞门分块示意图

（3）施工注意事项

①在破除作业过程中应进行通风，以保证作业区的空气流通。

②严格控制洞门凿除尺寸，凿除直径不得小于洞门圈直径，洞壁与洞门圈应基本保持垂直。洞门钢环内径范围内突出物及钢筋应清理干净。

③洞门凿除期间，应密切关注洞门掌子面情况，若局部有流水流沙情况，则用钢丝网和快干水泥封闭；若流水流沙发展较快，可同时采取注浆封闭。

3）止水环施作及管片拉紧

（1）止水环施作

盾构机刀盘破洞前，在盾尾后 3~5 环管片间施作一道止水环：止水环采用双液浆；水泥浆水灰比为 0.8~1.0，水玻璃浓度为 35°Bé 左右，浆液比为 1:1（具体根据实际调整）；注浆点位为 2~3 环管片间的均匀交叉的 6 个点位；注浆压力≤0.5MPa；注浆顺序自下而上、左右交替、对称进行。

注浆过程中，根据洞内管片衬砌变形和地面及周围建筑物变形监测结果，及时进行信息反馈，修正注浆参数设计和施工方法，发现情况及时解决。

（2）管片拉紧

当盾构机刀盘破洞露出后，盾构机缺乏前方土体反力支撑，推进时需减小推力，此时，推力施加于管片上的反力不足以压紧管片环间止水衬垫，因此，在盾构接收前 20m 设置 6 道纵向拉紧条，在拼装管片时及时拧紧管片螺栓及复紧工作，使管片环缝紧密贴合，防止因管片间挤压力降低导致止水衬垫松弛，影响防水效果。

4）盾构到达掘进施工技术

（1）盾构到达地下连续墙前加固区掘进施工

盾构机在加固区掘进过程中，需严格控制掘进参数，以"小推力、低速度、合理的土仓压力"进行掘进，保证管片壁后及时、足量填充。严格控制盾构姿态，根据盾构接收姿态及掘进纠偏计划进行推进。加固区主要掘进参数见表 3.5-1。

加固区主要掘进参数　　　　表 3.5-1

参数	顶部土仓压力（bar）	总推力（kN）	刀盘转速（r/min）	推进速度（mm/min）	刀盘扭矩（kN·m）	注浆量（m³）	出土量（m³）
控制范围	埋深16.7m，土压力设定为1.5~1.9bar	10000~12000	1.0~1.2	10~20	1500~2000	5~6	≤43

①进入加固区 1m 时，对应地表为 110kV 电力管线，需严格控制土仓压力及出土量，做好同步注浆及二次补强注浆，并根据监测数据实时调整掘进参数。

②加强地表沉降监测，在进入加固体后，在接收井设专人对洞口情况进行观察，根据监测数据及洞口情况，实时对掘进参数进行调整。

③在进入加固体后，根据监测数据，逐步降低土仓压力。

④在盾构机刀盘距离洞门地下连续墙 0.5m 时应清空土仓内渣土，减小对洞门及主体结构的挤压。

（2）地下连续墙段掘进施工

盾构掘进通过地下连续墙段，主要掘进参数见表 3.5-2。

地下连续墙段掘进参数　　　　表 3.5-2

参数	总推力（kN）	刀盘转速（r/min）	推进速度（mm/min）	刀盘扭矩（kN·m）	注浆量（m³）	出土量（m³）
控制范围	10000～15000	0.9～1.1	5～15	1500～2000	5～6	≤45

①掌子面前设置隔离带，禁止人员靠近。

②掘进过程中，专人负责观测接收洞口的变化情况，始终保持与盾构司机联系，及时调整掘进参数。

③加强对结构侧墙的监测。

④刀盘接触到地下连续墙后，出空仓内渣土，停机观察土仓压力变化情况，若土仓压力无增加后，进仓检查刀盘刀具情况，做好刀具磨损量、是否损坏等统计记录，无异常后再进行掘进。

⑤刀盘碰到地下连续墙钢筋后，将外层钢筋割除，切割的废弃钢筋捆绑吊出。

⑥在接收基座安装固定后，在通过洞门临时密封装置时，为防止盾构刀盘和刀具损坏帘布橡胶板，在刀盘和橡胶板上涂抹黄油。

（3）短套筒及接收托架空推施工

①刀盘进入短套筒内、在接收托架上均不能旋转，推进速度控制在 30mm/min 以内，推进时总推力保持在 3000～5000kN。

②盾构在接收托架上推进时，每向前推进 2 环拉紧一次洞门临时密封装置。

③刀盘破洞后，推进液压缸反力不足，将造成两环管片间环缝不紧密，需严格控制管片拼装质量，及时拧紧管片螺栓，并设专人进行螺栓复紧，及时安装拉紧条。

④当盾构机前盾被推出洞门时，通过压板卡环上的钢丝绳调整折叶压板，使其尽量压紧帘布橡胶板，以防止洞门泥土及浆液漏出。在管片拖出盾尾时，再次拉紧钢丝绳，使压板能压紧橡胶帘布，让帘布一直发挥着密封作用。

⑤盾构机停机进行刀盘及前盾吊装时，注意洞口密封止水装置观察。

⑥严格控制盾尾同步注浆质量。

5）洞门封堵技术

当盾尾脱离洞门后，立即采取对洞口前 6 环范围内进行二次注浆封堵洞门。通过管片注浆孔进行注浆。

（1）浆液采用单液浆；当出现渗水情况时，可采用水泥-水玻璃双液浆，双液浆配合比见表3.5-3。

洞门封堵注浆双液浆配合比表　　　表3.5-3

水泥浆	水泥浆：水玻璃（体积比）	初凝时间
水：水泥（质量比）		
0.8：1	1：1	30~40s

（2）注浆控制：注浆施工由下往上、左右交替、对称进行；注浆实行量和压力双控，注浆压力≤0.5MPa，原则上单点单次不超过 0.5m³。

（3）施工时根据洞内管片衬砌变形、地表变形监测结果及洞门封堵效果，及时修正注浆参数。

3.5.4　盾构端头加固施工要点

（1）盾构区间端头地层加固采用地面加固方式。

（2）加固区旋喷桩应待车站端头主体结构施工完成、变形稳定后实施。并加强对主体结构端墙的观测和监测，发现主体结构有开裂或变形较大时，应立即停止旋喷桩作。旋喷桩桩位偏差≤50mm，桩径偏差≤10mm，桩体垂直度偏差≤1/100。

（3）旋喷桩施工前，应进行工艺性试桩，以确定各项施工参数。

（4）在加固体达到设计强度后及在盾构施工前，需对加固体进行质量抽样取芯检测，检测数量不少于9点；若经检测未达到设计要求，应增加补充注浆（或旋喷桩）等措施。在旋喷桩施工时，应加强对主体结构端墙的观测和监测，发现主体结构有开裂或变形较大时，应立即停止旋喷桩施作。

（5）端头地层加固前，现场应进一步核实地下管线及建筑物的情况，施工时注意对地下管线的保护，严格控制桩位偏差。必要时可刨出管线以确认位置无误。

（6）盾构机吊装场地需进行地面硬化，确保盾构机吊装过程中上部地层承载力满足要求。

（7）施工中若发现地层与详勘报告不符，应及时通知设计、监理、建设等相关单位。

3.6　中间风井接收技术

福州地铁 4 号线林浦站—城门站区间在里程为 ZDK44＋346.351~ZDK44＋361.551（长度15.2m）、YDK44＋358.126~YDK44＋373.326（长度15.2m）处设中间风井。

根据地质详勘及风井基坑开挖，洞身范围内地质均为微风化熔结凝灰岩〈9-2〉，岩体完整性等级属较完整~完整，如图 3.6-1 所示。地下水按赋存方式为块状基岩裂隙水且含水量极少。双模盾构掘进至中间风井时，在硬岩地层中接收。

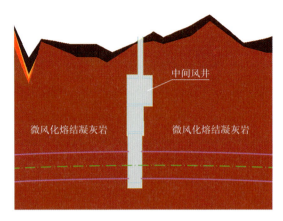

图 3.6-1 中间风井段地质剖面图

3.6.1 中间风井接收流程

双模盾构机 TBM 模式在中间风井接收施工工艺流程如图 3.6-2 所示。

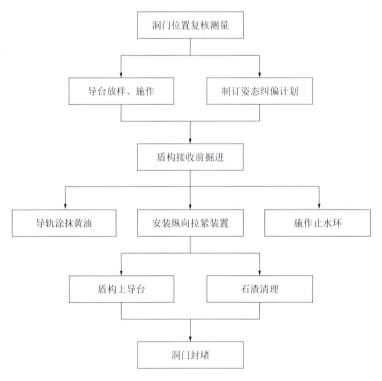

图 3.6-2 盾构机风井接收施工工艺流程图

3.6.2 中间风井接收准备工作

1）洞门位置复核测量，制订纠偏计划

在盾构到达前 100m 对风井附近所有测量控制点进行一次整体、系统的控制测量复测和联测，对所有控制点的坐标进行精密、准确的平差计算，并对全站仪复检和盾构机机头位置人工测量。盾构贯通前 30m 和贯通前 10m，对 TCA 托架三维坐标进行人工复测。贯通前30m盾构姿态的允许偏差范围为:机头水平偏差0～10mm,机头竖直偏差0～+10mm,俯仰角、偏转角偏差±2mm/m。

2）导台施作

针对风井段线路设计为圆曲线及缓和曲线,避免盾构机盾体在导台上出现啃轨等异常现象,导台平曲线均设计为直线;防止盾构始发、接收时出现"栽头"现象,盾构接收时导台及导轨高程比理论值降低30mm。

避免风井内导台积水,在导台两端预留沟槽,导台混凝土强度等级 C30,钢筋采用 ϕ14mm 螺纹钢上下双层间距150mm铺设,保证导台强度达到要求,防止在盾构机自重压力下,导台发生开裂。导台断面圆弧与隧道中心夹角为60°,预埋43kg/m 钢轨作为导轨,如图 3.6-3、图 3.6-4 所示。

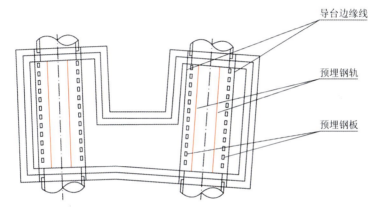

图 3.6-3　导台设计平面图

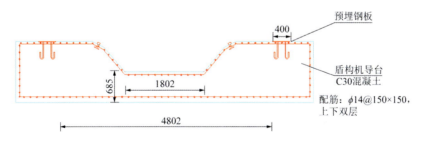

图 3.6-4　导台设计断面图（尺寸单位：mm）

3）其他准备工作

（1）在风井东端洞门口准备好沙袋、水泵、水管、方木、风炮等应急物资；特别是做好破除洞门掌子面准备,保证盾构机及时进入风井。

（2）准备好注浆泵及水泥。

（3）盾构到达前,在钢轨上预先涂抹油脂,减小盾体与钢轨的摩擦力。

3.6.3　中间风井接收施工要点

中间风井接收施工要点与盾构到达接收类似,故不再赘述。

3.7 盾构空推通过中间风井施工技术

3.7.1 通过中间风井二次始发施工流程

双模盾构通过中间风井采用拼管片空推、二次始发施工工艺，其流程如图 3.7-1 所示。

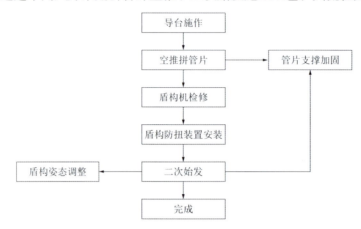

图 3.7-1 盾构空推通过中间风井二次始发施工工艺流程图

3.7.2 导台技术标准

风井负三层结构施工完成后，结构施工期间在隧道底部施工一个导向平台。导台支撑着盾构机并为盾构机前进起导向作用，盾构机在导台上空载推进。导台混凝土强度等级 C30，导台断面圆弧与隧道中心夹角为 60°，预埋 43kg/m 钢轨。施工工艺流程如图 3.7-2 所示。

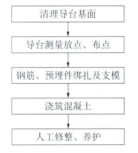

图 3.7-2 导台施工工艺流程图

（1）清理导台基面，将基面泥浆、浮渣清理清理干净，采用后退法清理，将弃渣通过门式起重机运输到地面，再弃至指定地点。

（2）测量人员先测放出隧道中心线，拟每 5m 作为一个施工段。每 2m 测放一个断面，每个断面布设 5 个控制桩。

（3）混凝土浇筑：采用商品混凝土，由搅拌车运送至工地。混凝土通过门式起重机垂直运输到井底。浇筑混凝土前，复核测放浇筑面高程，人工按设计断面摊铺混凝土，混凝土坍落度控制在（120±20）cm，仓面控制以隧洞半径 3250mm 为准，成型后平整度要求在 ±1cm 之内。混凝土强度等级 C30。浇筑顺序为先底部后两侧。

（4）混凝土浇筑完后，人工及时抹平修整、洒水养护 14d。

（5）导台及导轨施工要点。

①导台及导轨严格按图设计高程及坡度进行控制。

②钢导轨定位要准确，导轨顶面要平顺。

③混凝土导台施工时，一要保证模板的弧度，二要保证浇筑混凝土时模板的稳定性。如果在拆模时发现导台不够平整，则必须对其进行修整（打磨处理）以到达设计要求。

④为防止盾构机进出洞时出现"栽头"现象，盾构机进洞时导台及导轨高程比理论值降低 30mm，而在出洞前导台及导轨高程则比理论值提高 20mm。

3.7.3 负环管片拼装与支撑

1）管片拼装

中间风井管片采用全环错缝拼装方式，拼装过程中，先安装标准块，再安装邻接块，最后安装封顶块，具体顺序为 B3→B2→B1→L2→L1→K。封顶块拼装时先以 700mm 的位置径向推上，然后再纵向插入，螺栓紧固采取三次紧固的方式。

为改善洞内作业环境、人员出入及尽早使用风井的注浆系统，负 12 环 K 块拼装点位选在 5/6 点位，同时 K 块不拼；负 1 环管片拼装点位选在 10/11 点位，同时 K 块不拼。

2）管片支撑加固

为了提供盾构步进和二次始发的反力，保证二次始发的第"零"环管片定位准确，有效控制二次始发时管片的错台量，必须采取可靠的管片支撑加固措施。管片支撑加固分为底部支撑、两侧支撑、顶部支撑、两环管片间固定、整环管片固定五部分。

（1）底部支撑

当管片脱出盾尾后，导台钢轨与管片之间存在 120mm 间隙，每环垫 4~6 块木楔，防止管片下沉，如图 3.7-3 所示。

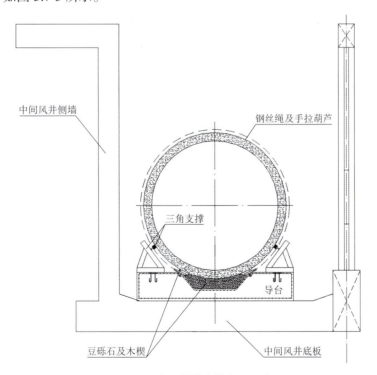

图 3.7-3 导台及管片支撑断面示意图

（2）两侧支撑

在风井段设置斜向支撑，管片脱出盾尾后，及时利用钢管和木楔子固定管片与 B1、B3 块管片，防止管片向两侧偏移。

（3）顶部支撑

为了防止负环管片上浮，在管片上部设置工字钢支撑，工字钢与风井负三层侧墙或中柱预埋钢板焊接，风井段盾构机前进时，千斤顶压力差不大于 40bar。

（4）两环管片间固定

为保证两环管片间固定牢固，应及时拧紧管片间的连接螺栓。

（5）整环管片固定

管片脱出盾尾一半后，立即用钢丝绳环向拉紧管片，防止管片向上偏移。

负环管片支撑包括底部支撑、两侧支撑、环向及环间拉紧。各部位加固措施如图 3.7-4 所示。

a)　　　　　　　　　　b)

图 3.7-4　负环管片支撑加固图

3）安装盾体防扭转

为防止二次始发后盾体扭转，采取在盾体与导轨间焊接防滚楔块，防滚楔块采用 2cm 厚钢板加工成三角形构件，其中，一侧与盾体焊接，另一侧与导轨密贴。防滚楔块左右侧各均匀布置 3 个。随着盾体进入岩层后，防滚楔块逐步靠近洞门，在接近洞门后，将防滚楔块割除。

3.7.4　中间风井二次始发掘进要点

中间风井二次始发需严格控制掘进参数，按照"低刀盘转速、低推力、低推进速度"的要求进行推进。二次始发掘进参数见表 3.7-1。

二次始发掘进参数表　　　　表 3.7-1

掘进地层	总推力（kN）	刀盘扭矩（kN·m）	推进速度（mm/min）	刀盘转速（r/min）
微风化熔结凝灰岩（9-2）	8000～10000	700～900	5～10	3.0～3.5

推进过程中,严格控制推进千斤顶区压力值,推力及刀盘转速等逐步增大,且安排专人观察负环管片支撑及防滚楔块情况,当出现异常时应及时停机检查;并加强围护结构、地面及负环管片监测。

盾构始发前,根据导轨上盾构姿态推演姿态变化,制订姿态控制措施。盾构机铰接脱出导轨后调整铰接液压缸行程差,中盾进入岩层后,调整推进液压缸区压力差,保证盾构姿态偏差控制在 ±45mm 范围内。

第4章
双模盾构掘进控制技术

4.1 EPB 模式掘进控制技术

EPB/TBM 双模盾构机需满足 EPB 模式下软土段及 TBM 模式下硬岩段掘进。为提高刀盘整体强度和刚度防止刀盘结构变形，以满足硬岩层掘进的需求，盾构机刀盘开口率设计为 28%，以常规复合土压平衡盾构机刀盘开口率 35%～45%或土压平衡盾构机刀盘开口率 40%以上相比，双模盾构机刀盘开口率偏小，在黏土地层掘进时更容易出现黏结封闭刀盘开口部位等现象，即刀盘结"泥饼"。

EPB/TBM 双模盾构机在 EPB 模式下通过螺旋输送机出渣，EPB 模式通过渣土在螺旋输送机筒体内的土塞效应实现掌子面水土压力平衡。在富水中细砂层中掘进时，由于土体组成中粉粒、黏粒等细颗粒含量少，地层黏聚力低，渗透系数高，开挖渣土呈富水松散状态，螺旋输送机内土塞效应效果差，掌子面水土压力传递路径上压力消减缓慢，在地下水高水头作用下，螺旋输送机出土闸门打开时掌子面水土压力通过闸门迅速释放，出现的渣土喷涌现象，渣土伴随地下水在短时间大量喷出，掌子面水土压力易出现迅速下降，引起地面沉降或塌陷，存在较大的施工安全风险。

4.1.1 EPB 掘进模式概述

（1）EPB 模式掘进范围

EPB 模式掘进范围为始发后的软土段及接收前的软岩段，左线 EPB 掘进长度 908.035m，里程为 ZDK43+002.672～ZDK43+829.457（软土段），隧顶埋深 18.2～24.1m，ZDK45+104.860～ZDK45+174.016（软岩段），隧顶埋深为 16.6～17.1m；右线 EPB 掘进长度 929.569m，里程为 YDK43+001.465～YDK43+852.430（软土段），隧顶埋深 17.6～24.0m，YDK45+096.743～YDK45+174.624（软岩段），隧顶埋深为 16.6～17.5m，如图 4.1-1 所示。

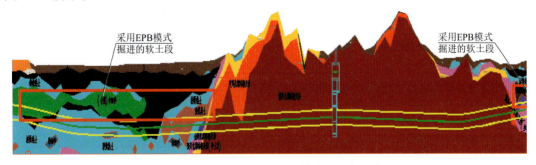

图 4.1-1 盾构区间采用 EPB 模式掘进段示意图

（2）工程地质条件

采用 EPB 模式掘进的地层主要为淤泥〈2-4-1〉、中细砂（含泥）〈2-4-6〉、粉质黏土〈3-1〉、粉细砂〈3-2〉、淤泥质土〈3-4〉、全风化熔结凝灰岩〈6-2〉、强风化熔结凝灰岩（砂土状）〈7-3〉、强风化熔结凝灰岩（碎块状）〈7-4〉，各地层物理力学性质指标见表 1.3-1。

（3）周边环境

采用EPB模式掘进区间沿线建（构）筑物主要有连坂村民房、10号污水接收井、DN2200和DN1600污水管、城门镇城门村民房。沿线主要建（构）筑物情况见表4.1-1。

采用EPB模式掘进区间沿线主要建（构）筑物调查情况表　　　表4.1-1

序号	建（构）筑物	位置范围	建（构）筑物概况	与区间的相对位置	照片
1	连坂村民房	YDK43+078～YDK43+532	大部分民房为条形基础，基础底埋深1.5～2.0m，个别采用预制桩，桩长最长13m	盾构区间下穿、侧穿民房，桩基底距隧顶最小净距约10.4m	
2	10号污水接收井	YDK43+656	接收井直径6.0m，埋深12.53m，基础底高程－8.04m	位于盾构区间上方，井底距隧道顶净距约8.4m	
3	DN2200、DN1600污水管	YDK43+576～YDK43+670	DN2200、DN1600污水管高程分别约为－5.2m、－1.4m	位于盾构区间上方，管底距隧道顶部净距11.3～15.4m	
4	城门镇城门村民房	YDK45+096～YDK45+149	大部分民房为条形基础，基础底埋深1.5～2.0m，个别民房基础采用桩基	盾构区间下穿、侧穿民房	

（4）施工重难点

区间EPB掘进模式下穿越地层包含了富水中细砂层、长距离的黏土地层以及在软土地层中穿越密集的居民区，施工难度大，易造成喷涌、刀盘结"泥饼"及建筑物沉降等不良后果，需要重点采取针对性的措施，规避施工风险。

4.1.2　EPB模式下在富水中细砂层防喷涌施工技术

本区间富水中细砂地层，局部含有少量淤泥，含砂量多、含泥量少，渗透系数大，见图4.1-2及表4.1-2。双模盾构在类似地层掘进采用土压平衡模式，当螺旋输送机筒体内砂土呈离散状态不能抵抗掌子面水土压力作用时，螺旋输送机出闸

图4.1-2　渣土取样及成分分析

口会出现渣土喷涌现象,导致掌子面压力波动和地层超挖,引起地面沉降或坍塌。

土样含砂率统计表　　　　　　　　　　表 4.1-2

项目	347 土样			348 土样		
	1	2	3	1	2	3
土样总质量（烘干）(g)	300	300	300	300	300	300
土样砂质量（烘干）(g)	181	147	159	127	156	135
土样含砂率	60.30%	49.0%	53.0%	42.3%	52.0%	45.0%
土样含砂平均值	54.1%			46.4%		

为减少喷涌现象,需对砂土进行改良,使其具有一定的流塑性和颗粒黏结强度,主要通过综合渣土改良方法、封堵后方来水、控制掘进参数等方法控制富水中细砂层的喷涌现象。

1）渣土改良

渣土改良采用膨润土、高分子聚合物及泡沫剂配合使用。并进行了高分子聚合物配比试验、泡沫发泡试验、膨润土膨化黏稠度试验,以此,选择较优的渣土改良参数。

（1）注入膨润土

掘进过程中向土仓内注入膨润土。在富水中细砂地层盾构施工中,为了使开挖下来的渣土具有一定的流动性和止水性,防止螺旋输送机出渣口出现喷涌现象,往土仓中注入膨润土,增加渣土的含泥量,提高渣土的和易性、级配性,保证土仓内微细颗粒的含量在35%以上,从而提高渣土的止水性。

膨润土膨化黏稠度作为判断膨润土质量的重要指标,现场进行不同配合比试验,并根据经济性,确定其配合比为膨润土：水 = 1：5,稠度 135~200s。膨润土溶液配合比调整前后效果对比如图 4.1-3 所示。

a) 膨润土调整前　　　　　　　　　　b) 膨润土调整后

图 4.1-3　膨润土泥浆调整前后对比

后续掘进过程中，每掘进一环往土仓中注入 1~2m³ 该配合比的膨润土泥浆，进行渣土改良。

（2）泡沫剂改良

泡沫剂作为一种最常用的渣土改良剂，其主要作用是：润滑、冷却；降低刀盘扭矩、提高掘进速度；改善渣土流动性、保持开挖面稳定、提高排土效率。良好的泡沫还有较好的止水性，泡沫表面有吸附作用，在与泥沙接触后会把泥沙悬浮起来，切削下来的渣土经过泡沫作用凝聚成团糊状物质，有利于螺旋输送机排土。因此，选择质量可靠的泡沫剂并对泡沫参数进行合理设置是渣土改良的重点，也是防止螺旋输送机喷涌的重要控制点。采取的泡沫剂发泡改良措施如下：

①对泡沫管路及泡沫发生器进行全面检查、保养。

②通过比选，泡沫剂采用发泡率高、泡沫稳定时间长的优质产品。

③对泡沫原液比例、膨胀率调整并进行发泡效果试验，试验结果见表 4.1-3、表 4.1-4。

不同泡沫原液比例发泡效果表　　　　表 4.1-3

泡沫原液比例	2%	2.5%	3%
发泡效果	泡沫消散时间较快，约 120s	泡沫消泡时间为 185s 左右	泡沫消泡时间为 185s 左右，经济性差

不同泡沫膨胀率发泡效果表　　　　表 4.1-4

泡沫膨胀率	1∶10	1∶15	1∶18	1∶20
发泡效果	泡沫堆积不起来，坍落度大	泡沫未完全发泡，经济性差	泡沫未完全发泡，经济性差	泡沫达到最佳状态，消泡时间长且经济性佳

根据试验结果，设置泡沫原液比例为 2.5%，膨胀率为 1∶20。根据刀盘扭矩和喷涌情况设置泡沫流量，每路泡沫流量设置值为 200~350L/min。改良后泡沫剂实际发泡效果如图 4.1-4 所示。

（3）注入高分子聚合物

掘进过程中，根据螺旋输送机出渣情况，实时注入高分子聚合物（BT-P）。BT-P 乳液型高分子聚合物为长链分子的有机化合物，与渣土混合时，长链分子随着在渣土颗粒的表面形成高分子膜。颗粒相互碰到一起时，长链分子将颗粒黏结在一起，形成网状结构，可防止水分渗透、改良渣土的和易性。高分子材料水溶液注入砂层中，在地层中发生交联反应，形成凝胶体系，迅速锁住水分，以此降低高含水地层的渗透率，防止喷涌。

对渣土取样分析其含水率，根据含水率进行聚合物配比试验，进行多组配合比试验（图 4.1-5）后，最终确认聚合物与水之比为 1∶20。根据喷涌情况，每掘进一环向土仓注入 0.2~1m³ 聚合物溶液。

2）封堵后方来水

通过在盾尾后 5~7 环位置施作止水环及调整同步注浆砂浆配合比，缩短浆液初凝时间，封堵后方来水，减小土仓内渣土的含水量。

图 4.1-4　改良后泡沫剂发泡效果　　图 4.1-5　聚合物配合比试验

（1）施作止水环（图 4.1-6）

a)　　　　　　　　　　　　　b)

图 4.1-6　注双液浆施作止水环工况

①二次注浆采用水泥-水玻璃双液浆。

②点位选择：注浆点位为 3 环管片间左右交替分布均匀的 6 个点位。

③配合比控制：双液浆中的水泥浆水灰比为 1∶0.9～1∶1.0，水玻璃浓度为 40°Bé 左右，双液浆中水泥浆与水玻璃的配合比为 1∶1，初凝时间为 30～40s，并可依据实际情况调整。

④注浆量控制：单点注浆量不超过 1.5m³；注浆过程中观察注浆压力和管片有无异常，如有异常及时停止注浆。结合监测情况，由注浆压力控制二次注浆量。

⑤注浆压力控制：注浆施工中实行量和压力双控，由下而上、左右交叉对称注浆，注浆压力≤0.5MPa。

（2）砂浆配合比调整

施工期间对现场浆液取样观察，浆液时间初凝时间达到 8.5h；考虑同步浆液在富水砂层中被地层水稀释或冲散，使砂浆配合比变化较大，初凝速度变缓，无法及时形成防水层，封堵后方来水。为将砂浆初凝时间控制在规范要求内，有效将管片尽早固定，减少管片偏移错台。现场经过试验调整砂浆配合比（表 4.1-5），并加强对拌浆作业人员的交底和监督，使得砂浆初凝时间控制在 4～5h。

调整前后砂浆配合比　　　　　　　表 4.1-5

原材料	粉煤灰	水	砂	水泥	膨润土
调整前砂浆配合比（kg/m³）	455	500	400	207	130
调整后砂浆配合比（kg/m³）	300	450	450	250	80

3）掘进参数控制

根据林城区间富水砂层地质情况及相关施工经验，确定主要掘进参数，见表4.1-6。

富水中细砂层主要掘进参数　　　　表 4.1-6

掘进地层	推力（kN）	掘进速度（mm/min）	刀盘扭矩（kN·m）	刀盘转速（r/min）	土仓压力（bar）
中细砂、淤泥粉质黏土交互地层	13000～17000	40～50	1000～1500	1.2～1.4	2.0～2.1
中细砂（部分夹杂淤泥）	15000～20000	35～45	1200～1700	1.2～1.4	2.3～2.4

施工时尽量保持匀速掘进，并适当提高刀盘转速以降低刀盘扭矩。

4.1.3 EPB模式下在黏土地层防结"泥饼"施工技术

黏性土地层盾构机刀盘结"泥饼"现象除于设备开口率、渣土流动路径设计有关外，还与合理的掘进参数、渣土改良、渣土温度控制（及时监测并降低）技术有关。

1）掘进参数控制

施工前加强地质补勘，掌握详细的地质信息，并根据地质详勘及补勘，设置合理的掘进参数。推进过程中，注意刀盘扭矩、总推力、推进速度及土仓压力的变化及控制。在土压平衡模式下掘进时，土仓压力不宜设置过高。若设定过高的土仓压力，仓内土体堆积挤压，密实度逐渐增加，形成"泥饼"，引起总推力和扭矩大幅上升，而推进速度迅速下降。

粉质黏土地层主要掘进参数见表4.1-7。

粉质黏土地层双模盾构主要掘进参数　　　　表 4.1-7

掘进地层	推力（kN）	掘进速度（mm/min）	刀盘扭矩（kN·m）	刀盘转速（r/min）	土仓压力（bar）
粉质黏土（部分夹杂淤泥）	12000～16000	40～50	1000～1500	1.2～1.4	2.2～2.3

2）渣土改良

（1）泡沫剂改良

泡沫系统采用8路布置，其中2路与膨润土管路共用，实现泡沫剂与膨润土同时注入刀盘前部。每路泡沫采用单管单泵设计，当由于刀盘喷口阻力不同时，每路泡沫仍能够等量喷出，避免在淤泥质黏土中掘进时产生泥饼问题。

泡沫混合液的组成：泡沫添加剂2.5%，水97.5%。泡沫的组成：80%压缩空气和20%泡沫溶液混合而成。泡沫的注入率为20%～25%。

在粉质黏土地层掘进中，根据掘进参数及出渣情况，采取泡沫剂添加分散剂（比例为

50∶1）通过泡沫系统分路注入土仓内改良渣土，增加土体流塑性、降低土体黏性，润滑并降低刀盘的扭矩，增加渣土和易性。

（2）渣土改良实施方案及效果

①实施方案

a. 掘进前，空转刀盘，并加入适量的泡沫或水，待土仓内渣土和易性较好后再开始掘进。

b. 掘进过程中，加大刀盘喷水量，防止泡沫管路及喷水管路堵塞，达不到渣土改良效果。

c. 停机时，先停止掘进，并注入少量泡沫剂，对土仓渣土进行改良。直到扭矩降下来，渣土和易性较好后再停止转动刀盘。

②效果

施工期间，采取了土仓注入泡沫剂（添加分散剂）进行渣土改良，取得了较好的改良效果。螺旋输送机出渣较为顺畅，未出现渣土黏结或堆积现象。

3）渣土温度控制

当刀盘结泥饼时，由于盾构机刀盘负载加大，掘进速度缓慢，刀盘与土体摩擦引起的热量在土仓堆积，引起渣土温度升高，进一步烧结促成"泥饼"作用，因此，渣土温度快速升高是刀盘结"泥饼"的征兆之一。在掘进过程中需密切关注渣土温度变化，每环多次进行渣土温度监测；当温度较高时，需及时开启刀盘中心高压冲水或加量注入泡沫剂，降低渣土温度，防止刀盘结"泥饼"，必要时需向土仓内注入添加大量的剥离剂等化学药剂，剥离刀盘上的"泥饼"。

4）地表沉降监测

土仓或刀盘形成严重"泥饼"后，将引起土仓压力频繁波动，控制难度大，且掘进速度降低，引起出渣量与掘进速度不匹配等问题。因此，在盾构过程中，加强地表沉降监测，分析沉降量及沉降速率。

4.2 TBM 模式掘进控制技术

4.2.1 TBM 掘进模式概述

（1）TBM 模式掘进范围

TBM 模式掘进范围为硬岩段，左线掘进全长 1275.403m，里程为 ZDK43 + 829.457～ZDK45 + 104.860，隧顶埋深 22.1～42.8m；右线掘进全长 1244.313m，里程为 YDK 43 + 852.430～YDK45 + 096.743，隧顶埋深为 20.6.6～38.4m。

（2）工程地质条件

本区间盾构隧道采用 TBM 模式掘进地层主要为中风化熔结凝灰岩〈8-2〉、微风化熔结凝灰岩〈9-2〉，其中，微风化熔结凝灰岩〈9-2〉地层岩层较完整，岩层 RQD = 60～90，单轴抗压强度为 126.1～193.1MPa。区间地质纵断面见图 4.2-1。

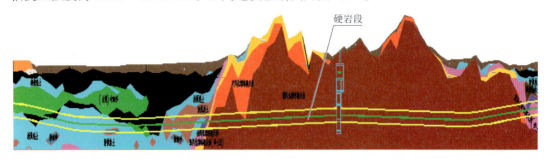

图 4.2-1　区间地质纵断面示意图

（3）周边环境

采用 TBM 模式掘进区间沿线建（构）筑物主要有福建省农业科学院水稻研究所、三环快速路福厦高架桥、城门镇城门村民房、残疾人康复中心。沿线主要建（构）筑物调查情况见表 4.2-1。

采用 TBM 模式掘进区间沿线主要建（构）筑物调查情况表　　　表 4.2-1

序号	建（构）筑物	位置范围	建（构）筑物概况	与区间的相对位置	照片
1	福建省农业科学院水稻研究所	YDK43+900～YDK44+005	研究所采用条形基础，基础底埋深1.5～2.0m	位于盾构区间上方，基底距隧道顶净距约20.0m	
2	三环快速路福厦高架桥	YDK44+273～YDK44+331	采用φ1800mm、φ1200mm钻孔灌注桩，桩长分别为21.3～26.1m、21.3～28m	区间隧道侧穿灌注桩，灌注桩距隧道最小水平净距约1.30m	
3	城门镇城门村民房	YDK44+384～YDK44+650、YDK44+700～YDK45+096	大部分民房为条形基础，基础底埋深1.5～2.0m。个别民房基础采用桩基，桩长最长6m	盾构区间下穿、侧穿民房，桩基底距隧顶最小净距约7.7m	
4	残疾人康复中心	ZDK44+600～ZDK44+654	一层地下室，多层框架，基础为独立基础	侧穿地下室，地下室距隧道最小水平净距约4.82m	

（4）施工重难点

本工程隧道范围内存在长距离高强度微风化熔结凝灰岩地层，饱和状态岩石单轴抗压强度126.1~193.1MPa，平均值143MPa。双模盾构机采用TBM模式进行岩层掘进，其应用的重点是如何提高TBM模式的掘进效率。TBM模式盾构掘进效率主要指施工进度，其主要与地质岩性、掘进速度相关。

地质岩性直接关系盾构掘进时的贯入度及破岩效率；掘进速度直接体现设备的功能设计，根据掘进参数之间的关系，掘进速度等于贯入度与刀盘转速的乘积，刀盘贯入度主要受地层力学指标和盾构机推力控制，在地层确定时，贯入度主要与盾构机刀具、盾构机推力有关，TBM模式的掘进速度主要与刀具状态以及盾构机推力与刀盘转速的组合相关。因此，为了提高掘进施工效率，需对熔结凝灰岩的岩性、刀具、盾构掘进推力和扭矩组合匹配性进行研究。

4.2.2 熔结凝灰岩特性

本工程岩石试验结果表明，中风化熔结凝灰岩饱和状态岩石单轴抗压强度为32.1~78.2MPa，平均值为54.9MPa；微风化熔结凝灰岩饱和状态岩石单轴抗压强度为66.7~199.8MPa，平均值为130.6MPa；隧道10m范围内，饱和状态岩石单轴抗压强度为126.1~193.1MPa，平均值为143MPa。

在高温条件下，熔结凝灰岩的单轴抗压强度会随温度的升高而明显下降。当经历800℃高温后，平均峰值应力由常温时的147.7MPa降到了101.6MPa，降幅达到了38%，如图4.2-2a)所示。同时，其峰值应变也会随着温度的升高而明显增加，如图4.2-2b)所示。

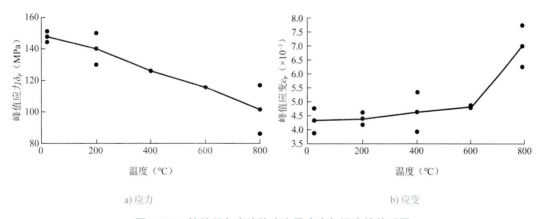

a) 应力　　　　　　　　　　　　　　　　b) 应变

图4.2-2　熔结凝灰岩峰值应力及应变与温度的关系图

通过采用X射线衍射分析（XRD），得到了熔结凝灰岩块石、石粉和粉石子的主要矿物成分，见图4.2-3。石粉的主要化学成分是二氧化硅、氯化钠、三氧化二铁、碳酸钙。块石的主要化学成分是二氧化硅、氯化钠、三氧化二铁、碳酸钙。粉石子的主要化学成分是二氧化硅、三氧化二铁、碳酸钙（以上排序为含量由多至少），化学组分中没有氧化铝。

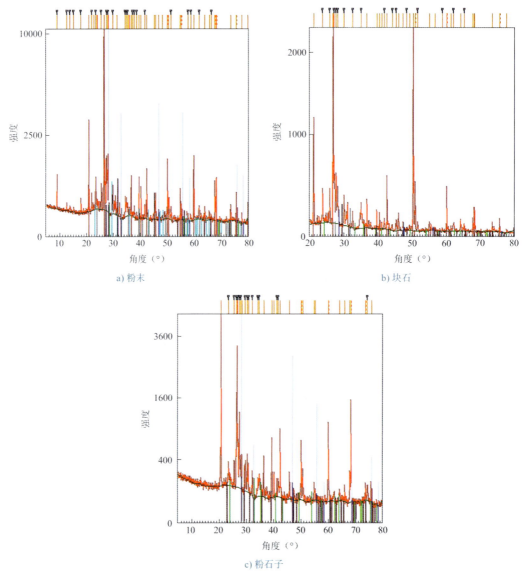

图 4.2-3 熔结凝灰岩成分分析图

注：图中"强度"表示收集到的光子数。

由于化学组分中没有可以使石粉黏结在一起的特殊物质，所以通过查阅土力学相关书籍，目前得到的结论是由于毛细压力的存在，使相邻石粉颗粒产生挤压，水内的压力小于大气压力，增加了颗粒间错动的阻力，产生"似黏聚力"现象。但是只要在完全浸没和完全干燥的条件下，这种现象就会消失。

熔结凝灰岩中二氧化硅、三氧化二铁、碳酸钙等成分的存在，与渣土中水分的结合，产生"似黏聚力"现象，有可能出现渣土板结等异常现象。

4.2.3 刀具配置

EPB/TBM 双模盾构机 TBM 模式下破岩刀具采用滚刀，滚刀直径为 457.2mm（18in），中心双联滚刀 6 把，单刃滚刀 35 把，共 47 个刃。

滚刀在推力的作用下贯入岩层，同时在开挖面岩石阻力的作用下随刀盘做同心圆滚动，岩石被挤压，形成挤压切槽并在小半径范围内将挤压裂纹延伸到周围的岩石，最终在刀盘推力作用下挤压切槽两边的岩石呈片状破碎。为确保滚刀的破岩效率，在施工现场开展了不同形式滚刀刀具的使用对比试验。

（1）镶齿式滚刀测试

硬岩段掘进过程中，林城区间左右线两次试用刀圈带滚珠的镶齿式滚刀进行开挖掘进。

林城区间左线于 1125 环（里程 ZDK44368.930）将 13 号～35 号刀具全部更换为镶齿式滚刀掘进，岩石强度为 110～140MPa，掘进参数控制为总推力为 5000～7000kN、刀盘扭矩为 300～500kN·m、刀盘转速为 2.5～3.0r/min、掘进速度 3～11mm/min。完成 1 环掘进后进仓检查，发现刀圈镶齿掉落严重，如图 4.2-4 所示。

a)　　　　　　　　　　b)　　　　　　　　　　c)

图 4.2-4　左线镶齿式滚刀掘进前后对比图

在林城区间左线采用镶齿式滚刀，出现刀圈镶齿掉落严重后，联合刀具厂家对刀具参数进行调整，并试用双排镶齿式滚刀。

林城区间右线于 1132 环（里程 YDK44376.309）对整盘刀具全部更换为镶齿式滚刀掘进，其中 36～46-2 号刀具采用双排镶齿式滚刀，岩石强度为 60～80MPa，掘进参数控制为总推力为 3000～7000kN、刀盘扭矩为 300～600kN·m、刀盘转速为 3.5～4.5r/min、掘进速度 6～12mm/min。在完成 2 环掘进后进仓检查，发现刀具刀圈镶齿掉落严重，如图 4.2-5 所示。

a)　　　　　　　　　　b)

图 4.2-5　右线镶齿式滚刀掘进前后对比图

根据以上林城区间左右线试用镶齿式滚刀情况发现，镶齿式滚刀在高强度岩石下，刀圈镶齿容易掉落，不适用于林城区间微风化熔结凝灰岩地层掘进。

（2）光面滚刀试验

采用4家国内知名品牌的刀具供应商，对不同品牌同一尺寸规格的光面滚刀刀具在同等强度岩层和工况下使用，统计分析刀具异常损坏及刀具磨损等情况（表4.2-2），选择适合本区间使用的刀具品牌。

不同品牌光面滚刀刀具每米磨损量统计表　　　　表 4.2-2

刀具品牌编号	每米磨损量（mm）	岩石抗压强度（MPa）	备注
1	0.2758	130	统计数据为32~46-2号刀具磨损量
2	0.1895	140	
3	0.145	140	
4	0.1182	140	

经统计，品牌4设计刀具刃宽22mm，圆弧顶截面，梯度刀圈刃部具有极高的硬度HRC58~59，内圈部位的硬度为HRC42~48。试验对比验证，其每米磨损量最低，可降低刀具损耗，获得较好的经济效益。

（3）刀具配置方案

经比选试验，硬岩段选用圆弧顶截面光面刀圈，刃宽20~22mm，梯度刀圈刃部具有极高的硬度HRC58~59，内圈部位的硬度为HRC42~48。

4.2.4　刀具贯入度研究

（1）熔结凝灰岩刀具贯入度预测

由于类似强度熔结凝灰岩的掘进案例较少，为了预测本工程熔结凝灰岩的贯入度，通过中间风井取出的熔结凝灰岩岩芯，在实验室进行了与花岗岩的静压头侵入对比试验，见图4.2-6。根据试验结果形成两种岩石的压力-压深曲线，如图4.2-7所示。

a)　　　　　　　　　　b)

图 4.2-6　熔结凝灰岩静压头侵入对比试验

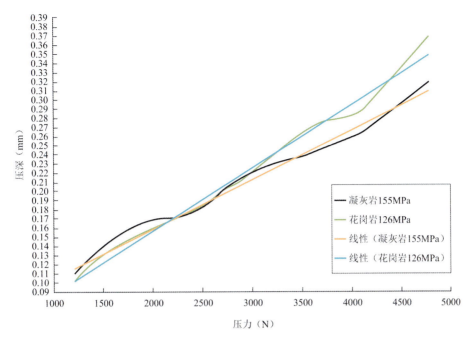

图 4.2-7　熔结凝灰岩/花岗岩压力-压深关系曲线

根据图 4.2-7 提供的数据可知，$k_花/k_凝 = 1.283(k = 荷载/压深)$，即相同刀具配置的情况下，126MPa 花岗岩地层的贯入度为 155MPa 凝灰熔岩地层贯入的 1.283 倍。

根据以往在花岗岩地层相同刀盘配置的施工经验，贯入度可达到 3～5mm/r，即可知该种配置的刀盘在凝灰熔岩地层的贯入度 $h_凝$ 为：

$$h_凝 = h_花 \div \frac{k_1}{k_2} = 2.33～4\text{mm/r}$$

（2）贯入度控制

在岩层掘进时，贯入度较小，刀具无效磨耗较大；当贯入度较大时，刀具负荷超限，易出现轴承损耗，为控制贯入度范围，需进行贯入度控制研究。

根据刀具厂家提供的相关试验数据，贯入度与刀具尺寸、土仓平均压力、渣土摩擦系数、岩石抗压强度等有对应关系，其中 18in 滚刀（本工程盾构机刀具尺寸）相关数据关系如图 4.2-8～图 4.2-11 所示。

对于图表中未出现的摩擦系数、岩石抗压强度、滚刀最大许用承载力曲线，可先查找相邻曲线值，然后采用插值法估算。

根据图 4.2-8～图 4.2-11 求出最小贯入度 δ_{min} 和最大贯入度 δ_{max} 后，掘进过程应调整推力，使实际贯入度 δ 控制在 $\delta_{min} < \delta < \delta_{max}$ 范围内。

本工程采用 18in 滚刀，最大许用承载力一般不超过 375kN，正常情况下可取 $F_{max} = 250～300\text{kN}$，通过上述计算可求出，贯入度取值为 0～5mm/r。

（3）贯入度取值

结合上述（1）、（2）分析，贯入度可取值 2～5mm/r。

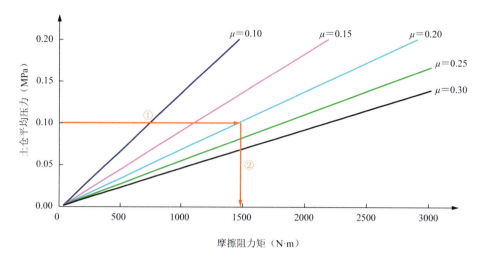

图 4.2-8　18in 滚刀摩擦阻力矩与土仓压力关系曲线

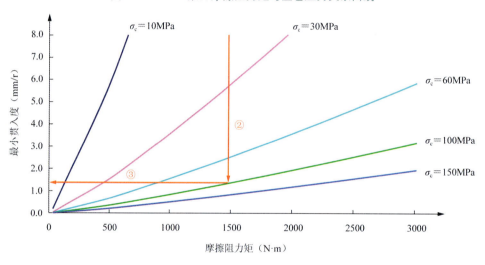

图 4.2-9　18in 滚刀最小贯入度与摩擦阻力矩关系曲线

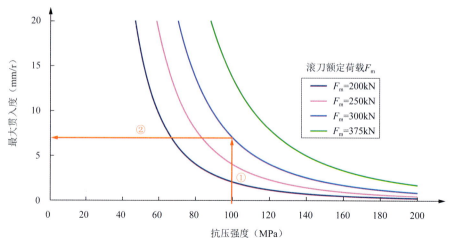

图 4.2-10　18in 滚刀最大贯入度与岩石抗压强度（刀刃宽 $t = 20mm$）关系曲线

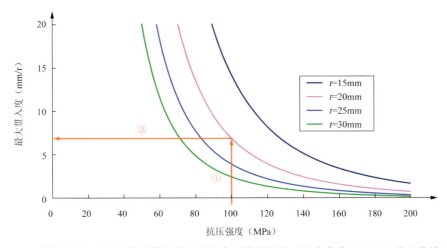

图 4.2-11　18in 滚刀最大贯入度与岩石抗压强度（额定荷载 300kN）关系曲线

4.2.5　盾构推力、刀盘转速匹配性研究

盾构推力与刀盘转速存在三种组合形式：大推力 + 低转速、小推力 + 高转速、相对大推力 + 高转速。推力设定时需考虑滚刀刀具的负荷能力。

刀具可承受总荷载 = 正面滚刀数量 × 25t + $\sum$ 边滚刀数量 × 有效角度 × 25t，实际施工时需保留一定的安全冗余，按总荷载的 85% 计算。刀盘均匀分布有 41 把刀，47 个刃，其中 34 个刃为正面滚刀，13 个刃为边缘滚刀，经计算，滚刀可承受的总有效荷载为 10937.5kN × 85% = 9840kN；摩擦阻力可参照盾构始发空推时静止摩擦力，约为 6320kN，最大取值 16160kN。本次试验推力取值范围 9000~16000kN。

双模盾构机刀盘转速设计为 0~2.6~5.4r/min。采用的是变频电驱，可精准设定刀盘转速，对于低转速的概念取决于常规的 TBM 掘进机，试验取值范围 3.0~5.0r/min。

以下分别就上述三种组合开展试验研究。

（1）大推力 + 低转速试验

按刀盘转速固定（3.0r/min）、调整推力进行试验。试验数据及渣样情况如图 4.2-12、图 4.2-13 所示。

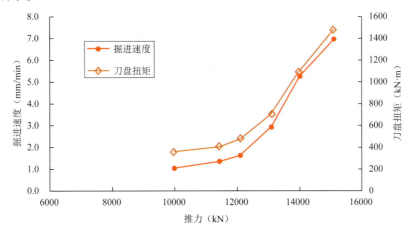

图 4.2-12　3.0r/min 刀盘转速下推力逐步增加工况扭矩和速度的变化关系曲线

a) 10000～12000kN　　　b) 12000～14000kN　　　c) 14000～16000kN

图 4.2-13　3.0r/min 刀盘转速下不同推力试验渣样情况

图 4.2-14　小推力 + 高转速试验渣样情况

试验结果表明，当刀盘转速为 3r/min 时，随推力增加，掘进速度及刀盘扭矩增大，当推力为 15000kN 时，掘进速度可到 7mm/min。

（2）小推力 + 高转速试验

盾构推力取值范围为 9000～11000kN，刀盘转速调整范围为 1.0～5.0r/min。经试验，此时贯入度低于 1mm/r，掘进速度为 0～3mm/min，石渣为粉末（图 4.2-14），说明较小的盾构推力在该类地层不能有效破岩。

（3）相对大推力 + 转速试验

推力设定为 16000kN 左右，调整刀盘转速 1.5～4.5r/min 进行组合试验，各参数相对变化见图 4.2-15。

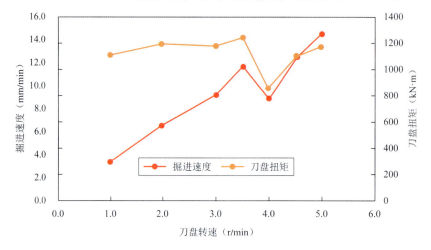

图 4.2-15　相对大推力 + 转速试验各参数变化及相对关系曲线

试验结果显示，当推力设定为 16000kN 时，掘进速度随刀盘转速增加而增加，但在刀盘相对高转速 3.5r/min 左右时，刀具贯入度最大。

（4）试验期间刀具磨损情况分析

该试验段共进行了 30 次刀具检查，共计更换刀具 15 把，其中 1 把中心双刃刀盘为非正常损坏，14 把边滚刀为正常磨损超限更换。刀具磨损和损坏情况如图 4.2-16、图 4.2-17 所示。

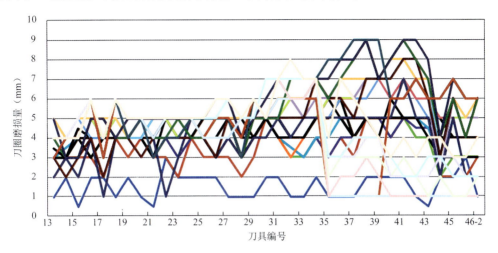

图 4.2-16　掘进刀具磨损情况折线图

注：图中各条曲线分别代表每次刀具检查时刀圈的磨损量。

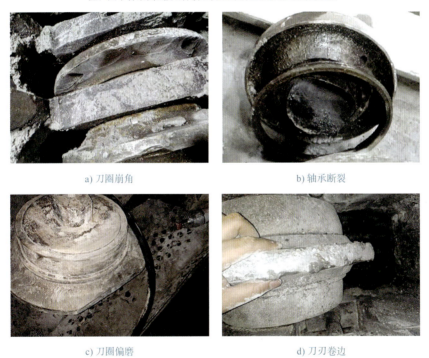

a) 刀圈崩角　　　　　　　　　　　b) 轴承断裂

c) 刀圈偏磨　　　　　　　　　　　d) 刀刃卷边

图 4.2-17　刀具损坏形式

（5）试验结果

根据试验分析得出，刀盘转速为 3.5r/min、总推力为 14500～16000kN 时，掘进参数效果较为理想，此时刀盘扭矩波动为 1300～1500kN·m，掘进速度平均可达到 15～18mm/min，贯入度为 4.5～5mm/r，石渣呈片状，石粉含量低（仅为 11%～13%）。

试验分析及刀具检查结果表明：大推力 + 高转速工况下，刀具负载较大，刀圈易磕崩缺口和轴承断裂；小推力+高转速工况下，贯入度小，掘进速度慢，高速摩擦生热导致刀圈磨损量较大；相对大推力+转速工况下，整体效果较好，其各项掘进参数稳定且效率高，石渣状态好，石粉含量低。

（6）掘进参数

根据相关试验情况、刀具磨损情况以及贯入度控制计算，确定TBM模式下掘进主要参数控制为：推力14500～16000kN，刀盘转速约3.5r/min，贯入度2～5mm/r。

4.3　HSP超前地质预报技术

4.3.1　超前地质预报目的

超前地质预报技术能够通过对掌子面前方地质的预探测，为施工地质判断提供有效的参考。

TBM隧道是一个线状的隐蔽工程，深埋于地下，其岩体的工程地质、水文地质条件复杂多变。限于目前的地质勘探水平，试图在工程勘察阶段就准确无误地查明其工程岩体的状态、特征以及可能发生地质灾害的不良地质体的位置、规模和性质是极其困难的，特别是在复杂的岩溶地区。由于对掌子面前方地质条件了解不清，隧道施工就带有很大的盲目性，施工中经常出现预料不到的塌方、冒顶、涌水等事故。这些事故一旦发生，轻则影响工期、增加工程投资，重则砸毁机械设备甚至造成人员伤亡，而且事故发生后的处理工作难度较大。地质超前预报可以预测掌子面前的一些内容：如断层构造及断层破碎带，煤层、瓦斯、天然气、硫化氢赋存条件，采空区状况，岩溶、空洞、裂隙及其规模和充填情况，地下水赋存状态及可能突水、涌水的位置以及水量的大小和软弱围岩及不同类别围岩的界面等。隧道超前地质预报，就是利用一定的技术和手段收集隧道所在岩体的有关资料，并运用相应的理论和规律对这些资料进行分析、研究，从而对施工掌子面前方岩体情况或成灾可能性做出预报。施工前进行地质预报对地质情况有初步了解，对于隧道建设有十分重要的作用，通过地质超前预报，及时发现异常情况，预报掌子面前方不良地质体的位置、产状及其围岩结构的完整性与含水的可能性，从而为隧道施工单位优化施工方案提供依据，为预防隧道突水、突泥、突气等可能形成的灾害性事故及时提供信息，使我们施工有据可依；通过预报，可以了解掌子面前方短距离内的工程地质条件及围岩类别，根据不同地层情况，提前拟定掘进参数，为TBM掘进提供指导思路，保护刀具不受到异常损坏。

本工程岩石强度高，局部地段可能存在断层构造、空洞、裂隙，在地下水赋存状态下可能存在突水、涌水的风险，施工时开展超前地质预报主要用于探测区间存在的中风化熔结凝灰岩〈8-2〉、微风化熔结凝灰岩〈9-2〉的深度、位置及性状，为盾构机参数的动态调整及换刀位置的选择等重要环节提供有力的依据，对于安全科学施工，提高施工效率，缩短施工周期，避免事故损失，具有重大的社会效益和经济效益。

4.3.2 HSP 超前地质预报技术简介

超前地质预报是在隧道开挖时，对掌子面前方及其周边（主要是隧道）的围岩与地层情况做出超前预报。超前地质预报常用的物探方法有很多，包括机械钻探法、电法、电磁法、红外线法、地震波法和声波法。这些预报方法主要是针对钻爆法隧道施工而言的，目前国内还没有比较成熟的专门针对或适合于 TBM 施工的地质超前预报系统。

电法超前探测系统是国外主要针对掘进机系统的地质预报系统，在掘进机系统的适当部位安装电极，激发并接收探测前方的电阻率信号，并据此分析探测前方的地质条件。该方法预报距离为隧道洞径的 5 倍（30～50m），激发与接收探头安装在工作面附近，能够实施连续探测。该预报系统在欧洲许多国家都已得到应用，在引入我国的工程中应用，事实表明，至少是引进的效果不理想，未能取得令人信服的数据。随着 TBM 施工技术的提高和发展，对适合 TBM 隧道施工地质超前预报的要求日趋迫切。为此，有必要在现有地质超前预报方法基础上，进行各种地质预报方法优化，改进或创新地质预报技术方法。

水平声波剖面（HSP）超前地质预报技术建立在弹性波理论的基础上，传播过程遵循惠更斯-菲涅尔原理和费马原理。本方法探测的物理前提是岩体间或不同地质体间明显的声学特性差异。测试时，在隧道施工掌子面或边墙一点发射低频声波信号，在另一点接收反射波信号。采用时域、频域分析探测反射波信号，进一步根据隧道施工掌子面地质调查、地面地质调查及利用一隧道超前施工段地质情况推测另一平行隧道施工掌子面前方地质条件的预报方法，便可了解前方岩体的变化情况，探测掌子面前方可能存在的岩性分界、断层、岩体破碎带、软弱夹层以及岩溶等不良地质体的规模、性质及延伸情况等。HSP 地质超前预报系统是利用波的反射原理进行地质预报。预报时，通过锤击产生弹性波，弹性波在隧道中的岩体内传播，当遇到地质界面时，如断层、破碎带、溶洞等，一部分弹性波就被反射回来，反射波经过一段时间后到达传感器被记录仪接收，然后经专门的分析软件进行处理，就得到清晰的反射波图像。通过对反射波特征的分析，如发射与反射之间的时间差、相位差、反射信号强弱等就可以确定隧道前方及周围区域地质构造的位置和特性。HSP 在国内 TBM 也有较多的运用，如青岛地铁 8 号线海底隧道、引红济石、兰渝铁路、引汉济渭、大瑞铁路等。根据反馈数据资料表明，HSP 超前地质预报具有较高的可信度。

4.3.3 HSP 超前地质预报技术要点

（1）探测原理及仪器系统

HSP 超前地质预报系统是利用波的反射原理进行地质预报。预报时，通过锤击产生弹性波，弹性波在隧道中的岩体内传播，当遇到地质界面时，如断层、破碎带、溶洞等，一部分弹性波就被反射回来，反射波经过一段时间后到达传感器被记录仪接收，然后经专门的分析软件进行处理，就得到清晰的反射波图像。通过对反射波特征的分析，如发射与反射之间的时间差、相位差、反射信号强弱等就可以确定隧道前方及周围区域地质构造的位置和特性。便携式 HSP 预报系统工作流程如图 4.3-1 所示。

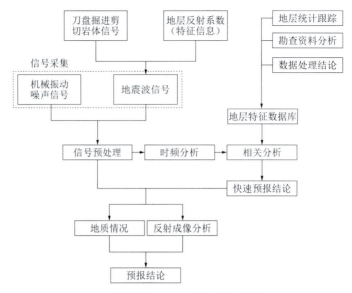

图 4.3-1 便携式 HSP 预报系统工作流程图

HSP 隧道超前地质预报系统为中铁西南科学研究院有限公司自主研制，该系统采用一体机设计，仪器集主控装置、A/D 转换模块、数显屏幕、滤波电路、供电电路、过电保护电路等于一体（图 4.3-2）；可通过人机互动模式设置采样速率、通道记录长度、量程等参数；并且含环境噪声调查、自动道间均衡、自动道内均衡、手动增益、信号叠加、自动保存等功能，仪器操作实现智能化，抗干扰能力强、防振、防潮，高效便捷。

a)   b)   c)

图 4.3-2 HSP217 型地质预报系统（便捷式）

（2）现场数据采集及数据处理分析

HSP 法应用于钻爆法隧道施工地质预报，技术已很成熟，分别在陕西省引红济石调水工程 TBM 施工段、兰渝铁路西秦岭隧道 TBM 施工段、锦屏二级电站隧洞 TBM 施工段、陕西省引汉济渭调水工程 TBM 施工段、西藏华能 PM-DXL 隧道 TBM 施工、尼泊尔巴瑞巴贝引水隧洞、青岛地铁 8 号线海底隧道 TBM、深圳地铁 6 号线等工程项目均有应用。适用于 TBM 施工的 HSP 法地质预报的原理是：根据 TBM 隧道施工的特点，利用 TBM 掘进时刀盘切割岩石所产生的地震波信号作为 HSP 法预报激发信号，测试方法如图 4.3-3、图 4.3-4 所示。

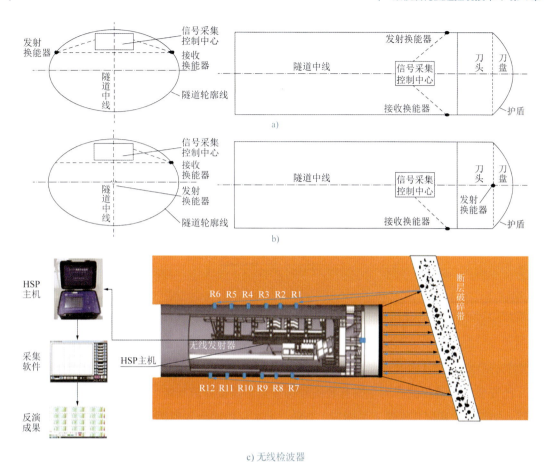

c) 无线检波器

图 4.3-3 适合 TBM 施工的 HSP 法测试布置示意图

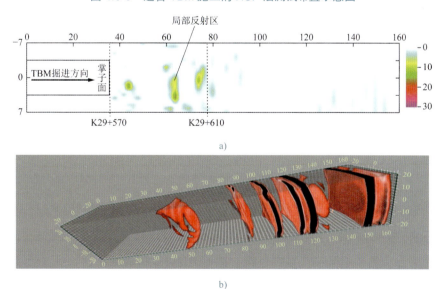

图 4.3-4 HSP 法成像成果图

（3）探测接收装置布设

探测布设区域主要分布于 TBM 盾尾面后 0~10m 范围内，实际传感器布设位置视现场环境而定，尽量避免影响施工。因施工采用预制管片进行永久衬砌，传感器布设需结合管片特点，吸附在管片螺栓孔螺栓上进行接收。探测过程、TBM 施工掘进、借用刀盘切割岩体时的振动信号，在后方进行接收。

在已安装管片和 TBM 盾尾面后（或 TBM 掘进机身轴承位置）共布设 7 个检波器，管片处 6 个、机身 1 个，如图 4.3-5 所示，其中管片处检波器主要接收岩体地震波信号，机身检波器接收由掌子面方向的地震波信号和 TBM 自身振动信号（接收盾构机自身振动频率，从而达到降噪效果），进而进行分析处理。管片处安装检波器根据实际管片螺栓位置，间隔在 1.2m，详细记录检波器空间位置，用于数据处理及反演成像。

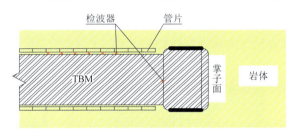

图 4.3-5　地质预报检波器布设示意图（俯视图）

已安装管片处检波器为主要有效信号接收点，需按要求安装。安装环境分为豆砾石充填层（加固前）和同步注浆（加固后）两种。本工程盾构为双模盾构，采用 TBM 模式掘进时同步注浆在台车后部进行，不满足探测距离要求，故仅考虑前者。

加固前需将检波器固定在螺栓上，如图 4.3-6 所示。检波器上带有磁吸接头，直接吸附在管片螺栓上，接收于 HSP 超前地质预报主机。

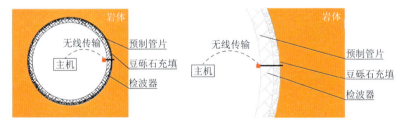

图 4.3-6　HSP 地质预报检波器布设图（单点）

（4）探测时间分析

便携式 HSP 安装简便，直接吸附在螺栓上即可。接收器在施工过程中或停机维修阶段均可进行安装，探测在掘进过程中进行，不占用掘进时间。HSP 超前地质预报接收 TBM 切割岩体产生的振动信号。安装时间约 5min，测试时间 10～15min（软岩段适当增加测试时长），共计约 18min。

（5）资料分析及信息反馈

在复杂多变的隧道施工条件下，如何进行准确的信息反馈是本项目预报重要内容。超前地质预报资料的分析是建立在对隧道工程基础地质资料的掌握和掌子面勘探结果的基础之上，其核心是根据隧道开挖揭示的地质信息和勘探资料显示的异常信息，综合分析得出超期地质预报成果。

现场预报人员通过定性判断和定量判断相结合的方式，可准确把握隧道开挖面前方的不良地质信息。并通过反分析的方式，得出隧道开挖面前方不良地质构造的形态、规模及可能形成的地质灾害。

4.3.4　HSP 超前地质预报技术应用

HSP 超前地质预报在林城区间左右线都进行了多次试验。分别在左线切口里程 ZDK43+903、ZDK44+082、ZDK44+176 和右线切口里程 YDK43+583、YDK43+973、YDK44+730 等多个工作面进行现场探测。本节以左线工作面 ZDK44+176 和右线工作面 YDK44+730 探测为例予以分析说明。

1）左线超前地质预报探测

（1）超前地质预报成果

左线切口里程 ZDK44+176 地质探测情况：现场共布置测点区 6 个、降噪区 1 个，获取原始记录波形 200 条。预报范围：ZDK44+176 工作面前 80m（对应里程 ZDK44+176～ZDK44+256）。对原始波形曲线进行处理分析，得出的反演分析成果如图 4.3-7、图 4.3-8 所示。

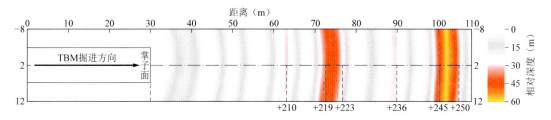

图 4.3-7　ZDK44+176 里程探测反演分析成果图（XOY 切片 0m 位置——水平洞轴切片）

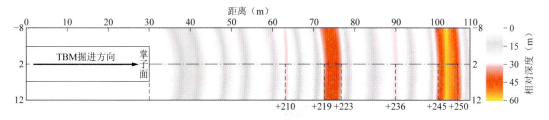

图 4.3-8　ZDK44+176 里程探测反演分析成果图（ZOY 切片 0m 位置——垂直洞轴切片）

根据原始波形记录以及反演分析图得到该测试分析结果，见表 4.3-1。

测试分析结果表　　表 4.3-1

序号	异常带位置	长度（m）	探测结果
1	ZDK44+210	1	该处存在反射界面，分析认为该处结构面发育，围岩完整性稍差

续上表

序号	异常带位置	长度（m）	探测结果
2	ZDK44+219~ZDK44+223	4	探测结果显示该段存在反射异常，岩体存在波阻抗差异，结合当前岩性，分析认为该段围岩节理裂隙较发育，围岩完整性差
3	ZDK44+235~ZDK44+236	1~2	该处存在反射界面，分析认为该处存在节理及不利结构面发育，围岩完整性稍差
4	ZDK44+245~ZDK44+250	5	探测数据显示该区域存在反射异常，岩体存在波阻抗差异，结合当前岩性，分析认为该区域存在节理裂隙密集带及不利结构面发育，围岩完整性差

根据图表分析结果，建议：

①施工过程中密切关注掘进出渣量及渣体形态，选择合理的掘进参数，及时掘进通过，保证施工安全。

②在通过节理裂隙密集带及破碎地层时，盾构掘进过程中易出现左右不均，起伏不定，对轴线控制产生不利影响，易发生盾构机偏移或被卡现象，及时注浆避免引起地面沉降及塌陷等问题。

③本测段局部发育裂隙密集带及不利结构面，在异常段落应快速掘进通过，避免围岩长时间暴露出现掉块、坍塌现象。

（2）预报成果与实际情况对比分析

根据探测结果，表4.3-1中序号2、4异常带长度较长（序号2异常带长度4m，序号4异常带长度5m），更具有分析价值。

①序号2异常带

经掌子面观察，序号2异常带盾构通过前和通过时掌子面对比如图4.3-9所示。

a) 通过前　　　　　　　　　b) 通过时

图4.3-9　序号2异常带盾构通过前与通过时掌子面对比

图4.3-9对比表明，序号2异常带盾构通过前[图4.3-9a)]围岩风化程度低，更加完整，肉眼观察其强度更高。序号2异常带盾构通过前、过程中、通过后，其掘进参数平均值见表4.3-2。

左线序号 2 异常带盾构通过时掘进参数汇总表   表 4.3-2

时间	掘进速度（mm/min）			总推力（kN）			扭矩（kN·m）		
	最小值	平均值	最大值	最小值	平均值	最大值	最小值	平均值	最大值
通过前	11	14.4	17	14380	15006	15710	1012	1149.3	1410
通过时	10	17	19	12430	10810	15340	1076	1192	1331
通过后	15	15.7	20	10770	13165	14400	1012	1197.4	1315

从平均参数来看，除了盾构通过时平均速度有提升和通过后的平均推力降低，并无其他直观区别。我们将掘进数据绘制成折线图分析（图 4.3-10）。黑色粗线区域内为异常段里程掘进参数。

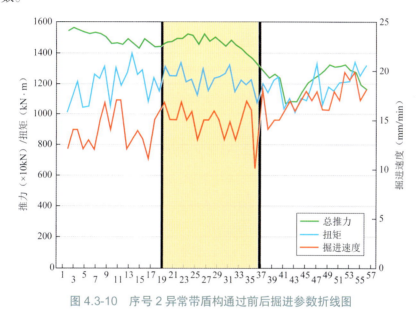

图 4.3-10　序号 2 异常带盾构通过前后掘进参数折线图

根据折线图可看出，盾构通过序号 2 异常带前后，掘进参数有较大差异。

② 序号 4 异常带

经掌子面观察，序号 4 异常带盾构通过前、通过时掌子面地质情况如图 4.3-11 所示。

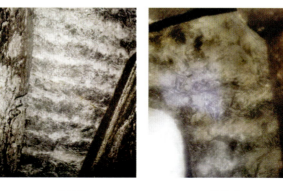

a) 通过前　　　　　b) 通过时

图 4.3-11　序号 4 异常带盾构通过前、通过时掌子面对比照

通过对比可看出通过前[图4.3-11a)]围岩较均匀、完整,通过时[图4.3-11b)]围岩面凹凸不平,验证了探测结果"节理裂隙密集带及不利结构面发育,围岩完整性差"。

序号4异常带盾构通过前、通过时、通过后掘进参数见表4.3-3。

序号4异常带盾构通过时掘进参数汇总表 表4.3-3

时间	掘进速度（mm/min）			总推力（kN）			扭矩（kN/m）		
	最小值	平均值	最大值	最小值	平均值	最大值	最小值	平均值	最大值
通过前	15	20.3	25	9250	9718	10200	1000	1149.3	1300
通过时	12	17	21	9980	10809	11950	983	1192	1352
通过后	12	15.8	20	12010	13165	14830	1036	1192	1311

将掘进数据绘制成折线图分析,如图4.3-12所示。图中黑色粗线区域内为异常段里程掘进参数。

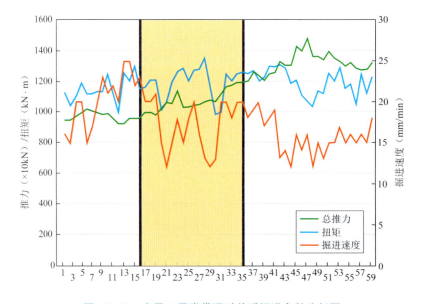

图4.3-12 序号4异常带通过前后掘进参数分析图

根据折线图可看出,盾构通过序号4异常带时,掘进速度和扭矩的波峰波谷差值最大。掘进参数波动明显。和超前地质预报的探测结果"节理裂隙密集带及不利结构面发育,围岩完整性差"吻合。

2）右线超前地质预报探测

（1）超前地质预报成果

右线切口里程YDK44+730地质探测情况：现场共布置测点区6个、降噪区1个,获取原始记录波形200条。预报范围：YDK44+730工作面前80m(对应里程YDK44+730～YDK44+810)。对原始波形曲线进行处理分析,得出的反演分析成果如图4.3-13、图4.3-14所示。

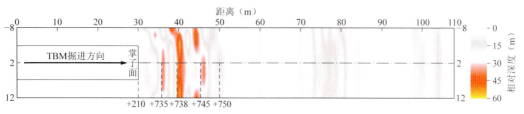

图 4.3-13　YDK44+730 里程探测反演分析成果图（XOY 切片 0m 位置——水平洞轴切片）

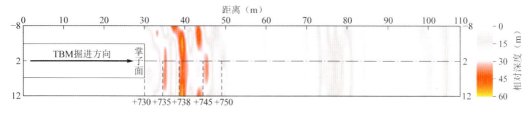

图 4.3-14　YDK44+730 里程探测反演分析成果图（ZOY 切片 0m 位置——垂直洞轴切片）

根据原始波形记录以及反演分析图得到该测试分析结果，见表 4.3-4。

测试分析结果表　　　　　　　　　　　表 4.3-4

异常位置	长度（m）	探测结果
YDK44+730~YDK44+750	20	探测结果显示该段围岩多处存在反射界面，分析认为该段围岩完整性差；其中在里程 44+735、44+738~44+740、44+745 等段落存在反射界面，分析认为上述段落节理裂隙较发育，围岩较破碎，围岩完整性较差

根据图表分析结果，建议：

①建议施工过程中密切关注掘进出渣量及渣体形态，选择合理的掘进参数，及时掘进通过，保证施工安全。

②在通过节理裂隙破碎地层时，盾构掘进过程中易出现左右不均，起伏不定，对轴线控制产生不利影响，容易发生盾构机偏移或被卡现象，及时注浆避免引起地面沉降及塌陷等问题。

③本测段局部节理裂隙较发育，在通过 YDK44+730~YDK44+750 里程段时应快速掘进通过，避免围岩长时间暴露出现掉块、坍塌现象。

（2）预报成果与实际情况对比分析

盾构机通过前、通过时异常带掌子面及渣样情况如图 4.3-15、图 4.3-16 所示。

a)

b)

c)

d)

图 4.3-15　盾构通过异常带前掌子面及渣样（切口里程 YDK44+716）

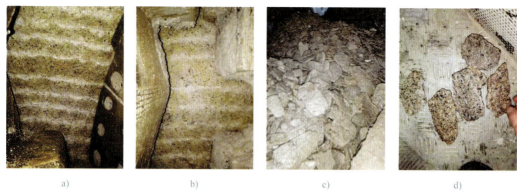

图 4.3-16 盾构通过异常带时掌子面及渣样（切口里程 YDK44＋730）

通过掌子面和渣样比对照片可看出盾构通过前围岩风化程度低，相应强度更高，渣样大小均匀、呈片状。通过异常段时，岩层完整性稍差，渣样片状、块状均有。

3）超前地质预报准确性分析

上述左右线 HSP 超前地质预报成果与实际工况的对比，HSP 超前地质预报能够对掌子面前方一定长度范围内地质进行预报，尤其是 30m 范围的地质预报准确性较高。

4.4 EPB 模式穿越密集居民区沉降控制技术

4.4.1 EPB 模式穿越段概况

（1）穿越段工程地质与水文地质条件

下穿连坂村民房段地层主要为杂填土〈1-2〉、淤泥〈2-4-1〉、（含泥）中细砂〈2-4-6〉、粉质黏土〈2-6〉、粉质黏土〈3-1〉；隧道所处地层主要为淤泥〈2-4-1〉、（含泥）中细砂〈2-4-6〉、粉质黏土〈3-1〉。下穿连坂村民房段隧道地质纵断面如图 4.4-1、图 4.4-2 所示。

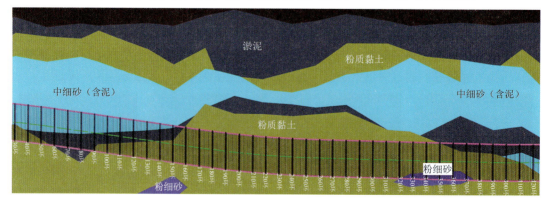

图 4.4-1 下穿连坂村民房段左线地质纵断面示意图

下穿连坂村民居段为冲海积-海陆交互相，本段地下水按赋存方式分为第四系松散层孔隙水、孔隙-裂隙水和基岩裂隙水。本段上层滞水初见水位埋深为 0.51~5.21m，高程为 3.19~7.84m；松散孔隙承压水稳定水位埋深为 1.93~7.34m，高程为 1.36~5.53m。

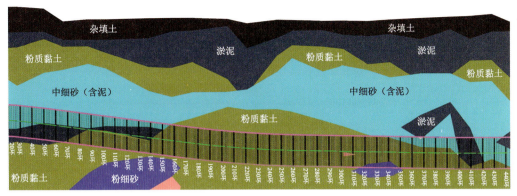

图 4.4-2 下穿连坂村民房段右线地质纵断面示意图

（2）穿越段地表房屋情况

连坂村民房区位于区间隧道上方，房屋密集，人流量较大。据房屋调查显示，房屋大部分为20世纪90年代前到21世纪初的1～5层民房，基础形式多为条形浅基础。部分20世纪90年代前建造的房屋为土坯和木结构，20世纪90年代建造的房屋多为砖混结构，21世纪初期的房屋多为框架结构。该区域起讫里程左线为 ZDK43+078～ZDK43+465（387m）；右线为 YDK43+078～YDK43+532（454m），下穿连坂村民房。经现场统计，在隧道下穿影响范围内的民房共 146 栋。

区间左线下穿连坂村居民区影响范围民房为 71 栋，经调查确定，70 栋为条形基础（基础埋深为 1～2m），1 栋为独立桩基础（基础埋深 8m，桩底距离隧道顶部 15.5m）如图 4.4-3 所示。

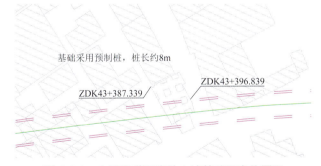

图 4.4-3 左线隧道下穿独立桩基础民房位置图

区间右线下穿影响范围民房 75 栋，经调查确定，71 栋为条形基础（基础埋深为 1～2m），4 栋为独立桩基础，具体如图 4.4-4～图 4.4-7 所示，其中图 4.4-7 桩底距隧道顶部为 10.8m。

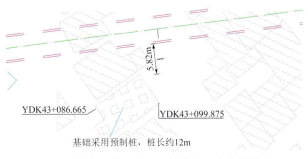

图 4.4-4 右线隧道下穿独立桩基础民房位置图（1）

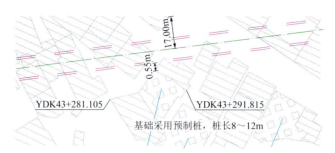

图 4.4-5　右线隧道下穿独立桩基础民房位置图（2）

图 4.4-6　右线隧道下穿独立桩基础民房位置图（3）

图 4.4-7　右线隧道下穿独立桩基础民房位置图（4）

4.4.2　穿越过程对地表的影响分析

1）施工影响范围计算

盾构施工影响范围可按照 Peck 公式进行计算，沉降槽计算简图如图 4.4-8 所示。

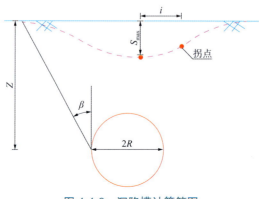

图 4.4-8　沉降槽计算简图

Peck 公式为：

$$S = S_{\max} \exp\left(-\frac{x^2}{2i^2}\right) \quad (4.4\text{-}1)$$

$$S_{\max} = \frac{V}{\sqrt{2\pi}\,i}, \quad i = \frac{z}{\sqrt{2\pi}\tan\left(45° - \frac{\varphi}{2}\right)}$$

式中：$S_{\max}$——距隧道中心线的最大沉降量（m）；

x——距隧道中心线的距离（m）；

i——沉降槽宽度系数（沉降槽曲线拐点）；

V——地层损失（地表沉降容积）（m³）；

z——隧道中心埋深（m）；

φ——土的内摩擦角，对于成层土取加权平均值（°）。

根据经验，地面横向沉陷槽宽度 $W/2 \approx 2.5i$。根据 Peck 公式估算地表沉降槽宽度最大约为 12m，从两侧向中间均匀沉降。

2）地表隆沉变化规律

根据盾构施工特点，地表变形的变化发展过程可以分为以下五个阶段。

（1）盾构到达前地面变形

盾构到达前，地表的变形取决于掘进过程中土仓压力和出土量的控制，当土仓压力较大而出土量较少时，盾构推进对前方土体产生挤压作用使土体有效应力加大，从而地表呈隆起状态；当设定土仓压力小而出土量大时，根据有效应力平衡原理，前方土体有效应力就会向作用力小的方向扩散，从而使地表呈沉降状态。

（2）盾构到达时地面变形

盾构到达时，地表变形承接前阶段的发展，但变化速率增大，是地表隆陷的峰值段。

（3）盾构通过时地面变形

盾构通过时，一般情况地表会呈沉降变化；若注浆及时饱满，充填率超过 200％时，会表现为隆起。

（4）盾尾通过时瞬时地表变形

盾尾通过时，最易发生突沉，突沉量可达 30mm，若注浆及时饱满，可控制突沉，甚至上隆，但随着浆液的固结收缩而逐渐下沉。

（5）后期沉降地表变形

盾尾通过后，地表沉降速率逐渐减缓，沉降曲线趋于稳定。后期沉降主要是土体的固结沉降和次固结沉降，一般沉降时间较长，但沉降量也相对较小。

3）盾构掘进引起的地表沉降因素

盾构掘进引起的地表沉降的因素有以下几个方面。

（1）开挖面土压不平衡引起的土体损失。

（2）盾构蛇行纠偏引起的土体损失。

（3）盾尾与衬砌环之间的空间未能及时充填引起的土体损失。

（4）注浆材料固结收缩。

（5）隧道渗漏水造成土体的排水固结。

（6）衬砌环变形和隧道纵向沉降。

（7）土体扰动后重新固结。

4）地表建筑物变形能力分析

根据《建筑地基基础设计规范》（GB 50007—2011）及建筑物调查情况，确定建筑物变形控制标准，指导施工，确保建筑物安全。

由于地基不均匀等因素产生的变形，对于砌体承重结构应有局部倾斜控制，砌体承重结构沿纵墙6～10m内基础两点的沉降差与其距离的比值：对中、低压缩性土比值为0.002，对高压缩性土比值为0.003。

对于框架结构和单层框架结构应有相邻柱基的沉降差控制，框架结构对中、低压缩性土的沉降差为0.002L（L为相邻柱基的中心距离，后同），对高压缩性土的沉降差为0.003L。

对于高层或多层建筑物的基础倾斜要求为：

（1）当建筑物高度H<24m时，对中低压缩性土的基础倾斜为0.004L，对淤泥及填土的基础倾斜为0.004L。

（2）当24m≤H<60m时，对中低压缩性土的基础倾斜为0.003L，对淤泥及填土的基础倾斜为0.003L。

4.4.3 盾构掘进相关参数与施工工艺

（1）合理设置推进参数

在穿越连坂村民房区之前严格落实盾构施工生产管理制度，充分准备，精心施工，技术交底、安全交底做到"横向到边，纵向到底"，施工现场人员围绕穿越民房施工展开工作，确保盾构穿越民房匀速、连续、安全完成。掘进过程中，合理科学的掘进参数，可以最大限度地减小地面沉降或隆起量，进而保证管线及建（构）筑物安全。不同地层掘进参数见表4.4-1。

不同地层掘进参数控制值   表4.4-1

掘进线路	环号	掘进地层	推力（kN）	掘进速度（mm/min）	刀盘转速（r/min）	出土量（m³/环）	土仓压力（bar）	注浆量（m³/环）
左线	62～157	中细砂、淤泥、粉质黏土	12000～14000	35～45	1.2～1.4	41.4	2.1～2.2	≥6.44
右线	63～156							
左线	157～346	粉质黏土（部分夹杂淤泥）	15000～18000	35～45	1.4～1.6	41.4	2.2～2.3	≥5.96
右线	156～398							
左线	346～385	中细砂（部分夹杂淤泥）	15000～18000	35～45	1.3～1.5	41.4	2.3～2.4	≥6.44
右线	398～442							

下穿连坂村后半段左线 ZDK43+355.029～ZDK43+463.599（108.57m）、右线 YDK43+366.308～YDK43+530.005（163.697m）以 450m 的转弯半径右转，左线房屋正穿影响为 11 栋，右线 13 栋。掘进过程中需控制调整量，初步确定每环的向右调整量为 7.02mm。经计算，转弯掘进时每环地层的损失率为 0.2%，掘进地层段为粉质黏土（部分夹杂淤泥）。

掘进过程中，应根据地面沉降的监测数据、盾构机运转情况、掘进参数变化、排出渣土状况，及时分析并反馈信息，实时调整盾构掘进参数、掘进模式及浆液配合比和启动跟踪注浆，以确保地面沉降量或隆起量均满足设计及规范要求。

（2）渣土改良

根据前期及类似地层中掘进时施工经验，在中细砂地层中掘进时，采取向土仓内注入优质且发酵良好膨润土的方式，可以对软层掌子面起到一个泥膜的作用，使土仓内的高压空气不易逸出并和渣土混合建立稳定的土压，可有效防止地层的沉降过大；在全断面粉质黏土地层掘进中，考虑采取注入泡沫剂（加入分散剂），改良渣土、润滑并降低刀盘的扭矩，减少刀盘磨损；同时掘进中密切关注参数变化及渣土温度变化，实时开启刀盘中心高压冲水，防止刀盘结泥饼。

（3）严格控制出土量

按照设计要求，盾构每环掘进长度为 1.2m，盾构机开挖直径为 6470mm，每环原状土出土为 39.45m³，根据前期现场盾构掘进经验以及该段地质实际情况，中细砂地层与粉质黏土地层考虑取 1.05 倍松散系数，即每环所需运输土方量为 41.4m³ 为保证准确判断出土量，渣斗每次到位，土建工程师都必须进行检查，必须做到"每斗必看，每斗必量"。在下穿民房区过程中，盾构司机与土建工程师根据渣斗上标注尺寸线，每掘进 10cm，查看一次出土量情况，并与设计要求比较。

（4）推进速度

下穿建（构）筑物时保证推进应匀速、连续、安全，控制盾构区间隧道掘进轴线与设计轴线相符合，尽可能地减少纠偏，从而保证盾构机安全、平稳地下穿连坂村民房区建筑物。

（5）同步注浆

浆液的具体配合比见表 4.4-2。

1m³ 浆液配合比表　　　　表 4.4-2

项目	水泥（kg）	粉煤灰（kg）	膨润土（kg）	砂（kg）	水（kg）	外加剂
参数	250	300	50	450	450	按需要根据试验加入

经多次试验确定，按以上配合比进行拌浆，其稠度值为 105～120s，密度为 1.80kg/L，初凝时间为 4h 左右，符合施工工况需要，此配合比为基准配合比，具体施工中可根据天气

原因以及岩土含水量、出土量，对粉煤灰以及膨润土使用量做出合理调整；在特殊情况下，还可考虑添加外加剂。

推进单环管片造成的理论建筑空隙为：$1.2\pi(6.47^2 - 6.2^2)/4 = 3.22$（$m^3$）。

实际的压注量为每环管片理论建筑空隙的150%～200%，即每推进一环同步注浆量为4.43～6.44m^3，盾构下穿民房区中细砂段建筑空隙取200%则同步注浆量为6.44m^3，粉质黏土段建筑空隙取185%同步注浆量为5.96m^3，泵送出口处的压力一般控制在0.3MPa左右，实际施工压力还应视地面沉降进行调节和控制。

在盾构下穿连坂村民房区期间，应保证同步注浆系统4组注浆泵、4路注浆管路畅通，一旦发生堵管现象，必须在最短时间内疏通管道，尽快恢复掘进。在做到"掘进与注浆同步"情况下，原则上中细砂段每环注浆量不得小于设计量6.44m^3，粉质黏土段每环注浆量不得小于5.96m^3，根据注浆压力和盾尾密封情况，适当调整注浆量。

（6）盾壳注浆

盾构机开挖面直径为6470mm，前盾直径为6440mm，中盾直径为6430mm，盾尾直径为6420mm。盾构掘进开挖后，为防止地层收缩导致沉降，在开挖掘进过程中使用前盾的径向注浆孔进行盾壳注浆，浆液使用膨润土。

每环膨润土用量计算：$\pi(3.235^2 - 3.21^2) \times 9.02 \div 2 = 2.28$（$m^3$）。

4.4.4 盾构下穿民房区注意事项及相应措施

1）掘进通过中细砂地段

（1）盾构掘进易出现以下风险：

①掘进难度大，因受力不均等易出现姿态难控制。

②异常情况需带压检查更换刀具难度大、工期长，且潜在风险大。

③容易出现出土量增大及喷涌，导致地面发生沉降。

④管片姿态难以稳定。

（2）为避免以上风险，除采取必要施工工艺技术，还采用以下措施：

①管理措施

a. 通过"预警平台软件"现场将沉降数据反馈公司技术专家进行分析，对风险进行预测、预判。

b. 做好各项预案的交底工作，并在作业前向作业层人员进行施工风险交底和培训。

②技术措施

a. 根据地层埋深及水位高度，提前建立土压动态平衡，参考地质图，在中细砂地层建立土压平衡，压力波动控制在0.1bar内。

b. 下穿前，在条件允许情况下选择合适位置保压停机，提前对盾构机等设备进行检查及维修保养。

c. 掘进过程中，严格控制掘进参数。根据掘进度、掘进速度、刀盘转速、刀盘压力变化波动大小结合监测数据及时适当对推进参数做出调整。

d. 加强盾构推进线路和姿态控制减少蛇形前进，从而减少对盾构施工区域土体扰动，避免因扰动地层而造成地面建筑物沉降。

e. 掘进中若沉降无法控制，混合使用膨润土泥浆＋高分子聚合物进行渣土改良。主要原因是采用膨润土泥浆进行渣土改良，有效地降低了刀盘扭矩，改善了渣土的和易性。辅助使用高分子聚合物可以中和掉渣土中的多余水分，有效增加了渣土的止水性和黏稠度，可以防止或减轻螺旋输送机喷涌的问题。膨润土泥浆注入量为 3～5m^3/环（膨润土与水的质量比是 1∶8），黏度为 40～45s，膨润土使用量为 200～300kg/m^3，高分子聚合物混合液注入量为富水砂层每环总体积的 6%～10%。

f. 严格控制出土量，结合地面沉降监测双重控制沉降。土建工程师通过液压缸行程准确计算每斗出土量；同时渣斗吊至地面时，由地面值班队长记录出土量，并监督门式起重机倒土时渣斗尽可能地干净，避免渣斗内残余渣土影响出渣量的判断。

2）掘进通过粉质黏土地层

在粉质黏土地层掘进时，主要应严格控制推进参数，进行渣土改良，防止刀盘结"泥饼"。

（1）盾构机设计时在刀盘面板上设置了 8 个添加剂注入孔，配置了自动泡沫和添加剂注入系统，可根据需要向开挖面添加泡沫（分散剂）、膨润土和聚合物，改善渣土的流动性、止水性，减小刀盘面"泥饼"形成的机会。

（2）盾构机设计时增加中心高压冲水装置。

（3）此种地层中掘进时应向刀盘多加泡沫（考虑添加分散剂等），多搅拌，改善渣土的流塑性，防止渣土在刀盘中形成泥饼。掘进中随时注意刀盘扭矩和掘进速度的变化，当掘进速度明显降低、而刀盘扭矩却在增加时，很有可能是刀盘上形成泥饼，应立即采取措施处理。刀盘加泡沫加水旋转搅拌洗去泥饼，在地质条件允许时，可进仓用水冲洗刀盘，快速去除泥饼或更换切刀。

（4）优化掘进方式和参数，采用土压平衡模式，加强膨润土对渣土的改良，减小推力和推进速度，提高刀盘转速等方式；适当增大刀盘转速。

（5）施工中做到"连续、快速、稳定"，避免长时间停机导致土仓内黏土流动性减弱，结泥饼可能性增大。

3）严重损坏房屋下穿措施

经现场调查显示，连坂村民房段区间下穿房屋中，有 1 栋严重损坏的房屋，无人居住。对严重损坏房屋下穿时，要进行巡查，确保屋内无人，必要时设置隔离带。除此之外，若出现异常情况，对较破损房屋住户在后期掘进过程中，还会考虑临时搬迁。

4.4.5 二次补强注浆

盾构机下穿连坂村民房段区间后，考虑到隧道堵漏和工后沉降情况，对连坂村民房区持续进行监控量测直至稳定。一旦监测数据异常（累计沉降达到 10mm 或沉降速率达到 3mm/d），通过管片中部的注浆孔进行二次补强注浆，从而减少盾构机过后土体的后期沉降及减轻隧道的防水压力。同时沉降监测持续到脱出盾尾 50m 且沉降数据处于稳定状态再停止监测。隧道内二次补强注浆对盾构推力导致的，在管片、注浆材料、围岩之间产生的剥离状态进行填充并使其一体化，提高止水效果。

（1）二次注浆配合比

同步注浆后管片外壁包裹颗粒间间隙较少，且此处位于民房区建筑物较密集，为了快速填充并形成一定强度，故选用二次注浆，注浆材料为单液浆或者双液浆，具体依据施工实际需要。双液浆初步确定配合比见表 4.4-3，根据实际需要现场可适当进行调整。

水泥-水玻璃双液浆配合比及性能表　　表 4.4-3

材料名称	水泥	水玻璃	水
材料标号	P·O 42.5 级普通硅酸盐水泥	浓度 30°~35°Bé，模数 M = 2.8~3.1	自来水
配合比	水：水玻璃 = 3：1（体积比），水灰比 =（0.8~1）：1（质量比），水泥浆：水玻璃 = 1：1（体积比）		
凝结时间（s）	30		
28d 强度（MPa）	2.6		

（2）注浆顺序

注浆的顺序应按照盾尾 5 环后每环进行注浆，顶部优先；若管片或地层未稳定，可考虑全环注。每环注浆的顺序按"先拱顶后两腰，两腰对称"方法注入，注满一环后，再进行下一环的注浆。注满的标准为该环的吊装孔打开后无水流出，而周边的吊装孔有浆液流出。

（3）注浆量及压力

在进行双液注浆时，要注意根据地层特征、现场的涌水量、涌水压力等实际情况调整浆液的配比，因壁后间隙较少，需较大压力才能将浆液注入，二次注浆压力控制≤0.6MPa，注浆量以现场实际情况为主。通过注浆压力与注浆量对整个注浆过程进行控制，同时也应加强对地面建筑物的监测，以便指导注浆。

（4）注浆过程

在注浆前应先选择合适注浆孔位，安装注浆单向逆止阀，用电钻钻穿该孔位保护层后安装注浆头，连接三通及水泥浆管和水玻璃管。采用注入纯水玻璃封孔，注完浆后及时清洗注浆管及注浆泵等设备。

4.4.6 监测分析与反馈

林浦站—城门站区间采用 EPB 模式穿越的居民区主要为连坂村民房，其中，下穿居民房期间，地面沉降及建筑物竖向位移监测均未超过控制值，处于安全可控状态。各测点沉降累计值见图 4.4-9～图 4.4-12，数据汇总见表 4.4-4。

图 4.4-9　横向地表沉降累计值

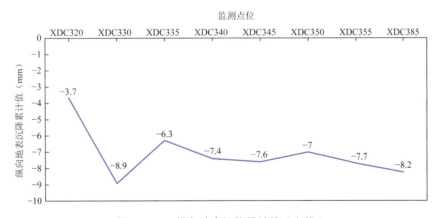

图 4.4-10　纵向地表沉降累计值（左线）

图 4.4-11　纵向地表沉降累计值（右线）

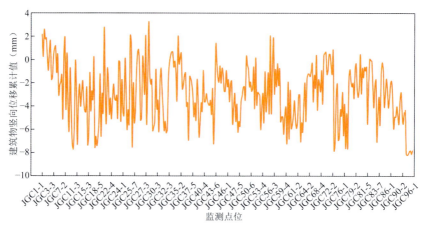

图 4.4-12　建筑物竖向位移累计值

监测数据汇总表　　　　　　　　　　　　　　　　表 4.4-4

序号	监测项目	测点编号	累计变化最大值（mm）	累计控制值（mm）
1	建筑物竖向位移	JGC95-2	−8.2	±10
2	横向地表沉降	DBC440-2	−18.3	+10～−30
3	纵向地表沉降（左线）	XDC330	−8.9	+10～−30
4	纵向地表沉降（右线）	SDC315	−5.0	

4.5　TBM 模式穿越密集居民区沉降控制技术

4.5.1　TBM 模式穿越段概况

区间在硬岩段以 TBM 模式掘进侧穿三环快速路福厦高架桩基并下穿城门村民房群。盾构下穿三环快速时隧道所处地层主要为微风化熔结凝灰岩，隧顶埋深约 24.1m。平面及断面如图 4.5-1、图 4.5-2 所示。

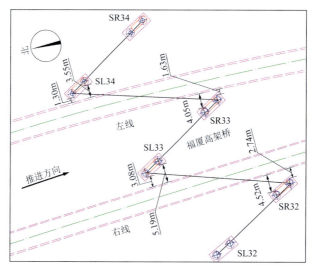

图 4.5-1　盾构侧穿三环快速路福厦高架桥桩基平面图

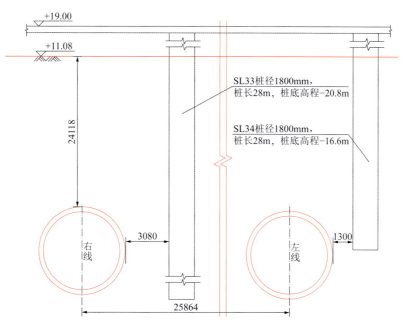

图 4.5-2　盾构侧穿三环快速路福厦高架桥桩基横断面图（YDK44+275）
（尺寸单位：mm；高程单位：m）

盾构下穿城门村居民房时隧道所处地层主要为中风化熔结凝灰岩〈8-2〉、微风化熔结凝灰岩〈9-2〉，隧顶埋深17.3～42.43m。该处居民房多为1～5层，多为条形基础，部分为桩基础，条形基础埋深1.5～2.0m。

4.5.2　地表变形控制标准

根据对区间隧道上方建筑物综合情况的调查与评估，结合福州以往的施工情况，本工程线路上方建筑物在地表发生20mm不均匀沉降时将可能产生倾斜或结构开裂。从《建筑地基基础设计规范》（GB 50007—2011）可查各类建筑物的允许倾斜和沉降值。根据国内外盾构施工经验，结合本合同段的具体周边环境情况，地表隆陷控制标准为：单点隆陷−30～+10mm，单次隆陷≤3mm。

4.5.3　掘进参数对盾构线路周边建筑物沉降及振动影响分析

1）盾构掘进主要参数的拟定

TBM模式下盾构穿越建筑物应严格控制盾构掘进参数，实现匀速、快速掘进，加强盾构机及后配套设施的管理、维护，避免因盾构机的停留而造成施工中断。根据本标段工程地质、水文条件及以往的施工经验，保证匀速、快速掘进通过，每天地面沉降量和累计沉降量应符合相关规范。

在正常硬岩段中应采用"高刀盘转速、低贯入度"方式进行掘进，过风险源掘进时应遵循"三低一连续"原则，即"低刀盘转速、低推力、低贯入度、连续推进"。掘进时要向土仓内加适量水，对刀盘进行冷却，从而降低刀盘、刀具的磨损速度。不能为了提高掘进速度而盲目地加大液压缸推力。正常硬岩段掘进参数见表4.5-1。

正常硬岩段掘进参数表　　　　　　　　　　　　　表 4.5-1

项目	刀盘扭矩（kN·m）	刀盘转速（r/min）	推力（kN）	推进速度（mm/min）	注浆量（m³）	豆砾石填充量（m³）	出渣量（m³）
参数	1000～1500	3.0～4.5	10000～15000	10～25	2～3	3～4	39.43

出渣量是影响地面沉降的重要因素。盾构机的开挖断面面积为 39.43m³，不考虑渣土松散系数，减少超挖现象。施工过程中，应密切关注出渣量与土仓压力的变化。

2）掘进参数与沉降数据相关性分析

采用 TBM 模式掘进中主要控制参数为总推力和刀盘转速，林城区间左右线穿越三环高架桩基础和密集居民区期间主要掘进参数平均值以及地面建筑物每日最大沉降值见表 4.5-2～表 4.5-4。

林城区间右线穿越三环高架桩基础期间主要掘进参数平均值　　　表 4.5-2

环号	掘进速度（mm/min）	总推力（kN）	刀盘转速（r/min）	扭矩（kN·m）	贯入度（mm/r）	地面建筑物最大沉降值（mm）
1066～1067	14	9700	3.6	833	3.9	0.2
1069～1072	15	10900	4	970	3.8	0.4
1073～1076	13	14420	4.2	894	3.1	0.8
1077～1079	12	12700	4.3	1118	2.8	0.4
1080～1084	13	13800	4.4	1122	3.0	0.5
1085～1086	12	14650	4.5	910	2.7	1.2
1087～1090	15	13100	4.1	1006	3.7	0.6

林城区间左线穿越三环高架桩基础期间主要掘进参数平均值　　　表 4.5-3

环号	掘进速度（mm/min）	总推力（kN）	刀盘转速（r/min）	扭矩（kN·m）	贯入度（mm/r）	地面建筑物最大沉降值（mm）
1040～1044	16	12230	4.1	1226	3.9	0.5
1046～1051	16	12670	4.2	1203	3.8	0.6
1052～1054	14	13110	4.5	1234	3.1	0.7
1055～1058	13	13610	4.5	1084	2.9	1.1
1059～1065	14	13000	4.5	1070	3.1	0.8
1066～1077	14	14210	4.5	1310	3.2	0.7

林城区间左线穿越居民区期间主要掘进参数平均值　　　表 4.5-4

环号	掘进速度（mm/min）	总推力（kN）	刀盘转速（r/min）	扭矩（kN·m）	贯入度（mm/r）	地面建筑物最大沉降值（mm）
1140～1146	21	14730	4.5	1297	4.7	0.9

续上表

环号	掘进速度（mm/min）	总推力（kN）	刀盘转速（r/min）	扭矩（kN·m）	贯入度（mm/r）	地面建筑物最大沉降值（mm）
1147～1148	14	12550	4.1	1176	3.4	0.4
1149～1152	18	13500	4.5	1300	4.0	0.7
1153～1159	13	11250	4.3	878	3.0	0.3
1160～1162	13	10850	4.3	1050	3.0	0.1
1163～1167	18	12780	4.5	1091	4.0	0.4
1168～1174	18	13350	4.5	1375	4.0	0.6
1175～1178	18	10510	4.5	1275	4.0	0.2
1179～1185	15	12550	4.4	1102	3.4	0.2

针对以上三组不同段掘进参数与沉降值的关系可以得出总推力与建筑物沉降值的关系及刀盘转速与建筑物沉降值的关系，如图4.5-3～图4.5-8所示。

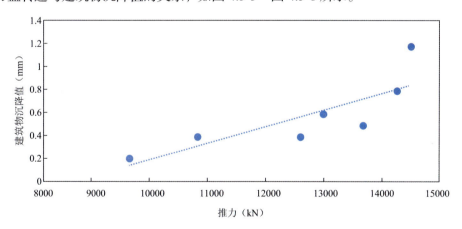

图4.5-3　右线盾构侧穿三环高架桥桩基础推力与建筑物沉降值的关系

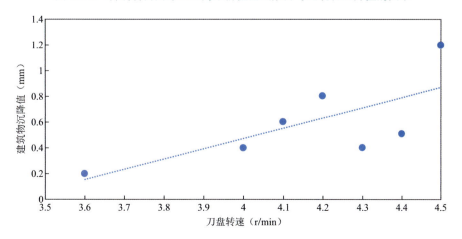

图4.5-4　右线盾构侧穿三环高架桥桩基础刀盘转速与建筑物沉降值的关系

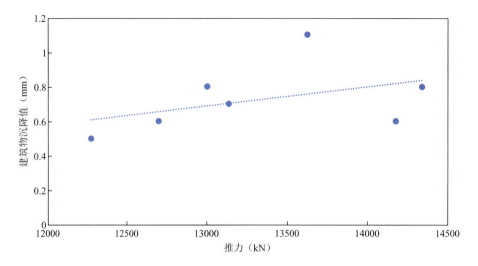

图 4.5-5　左线盾构侧穿三环高架桥桩基础推力与建筑物沉降值的关系

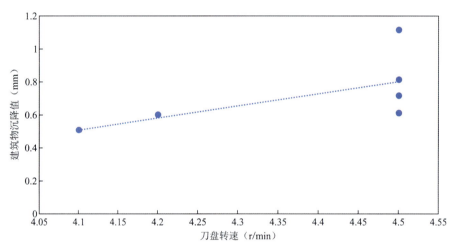

图 4.5-6　左线盾构侧穿三环高架桥桩基础刀盘转速与建筑物沉降值的关系

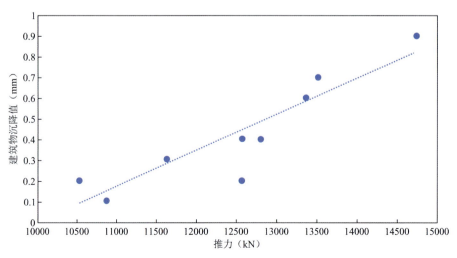

图 4.5-7　左线盾构穿越居民区推力与建筑物沉降值的关系

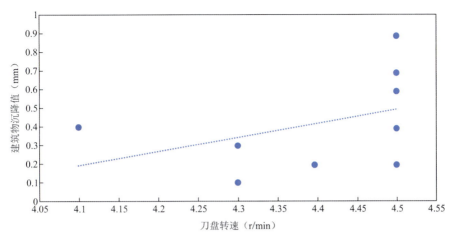

图 4.5-8 左线盾构穿越居民区刀盘转速与建筑物沉降值的关系

通过对上述掘进参数及沉降数据的分析可知，硬岩掘进中盾构机的总推力与地表建筑物的沉降值具有一定的线性关系，当推力增大时，建筑物沉降值也越大，同时刀盘转速越快对建筑物影响越大。因此，适当降低刀盘转速和总推力有利于提高 TBM 模式下穿越密集建筑物的安全性。

3）掘进时周边环境及建筑物振动监测

为了进一步监测双模盾构 TBM 模式施工产生的振动对周边环境的影响状况，在施工过程中对场区内及周围道路进行振动监测。

（1）微振动测试与分析依据

目前国内对城市环境机械微振动的控制以噪声作为控制标准，因此本次监测参照日本烟中元弘归纳的建筑物振动限值进行分析，认为振动速度在 0.5cm/s 以下时建筑物基本没有损坏。建筑物振动限值见表 4.5-5，监测试验现场如图 4.5-9 所示。

建筑物振动限值　　　　表 4.5-5

影响程度	振动速度峰值（cm/s）	影响程度	振动速度峰值（cm/s）
基本没有损坏	<0.5	有相当的损坏发生	1~5
轻微损坏	0.5~1	损坏相当大	5~10

a)　　　　　　　　　　　　b)

图 4.5-9

c)　　　　　　　　　　　　　　d)

图 4.5-9　监测试验现场

（2）微振动测试与结果分析

监测试验 1 通过右线盾构连续掘进过程中对盾构上方地面路边进行布点监测振动值，监测结果见表 4.5-6。

试验 1 振动监测结果　　　　表 4.5-6

环号	最大推力（kN）	最高刀盘转速（r/min）	测点 1 振动速度峰值（cm/s）			测点 2 振动速度峰值（cm/s）			测点 3 振动速度峰值（cm/s）		
			X	Y	Z	X	Y	Z	X	Y	Z
1139	6320	4.5	0.0218	0.0248	0.0296	0.0242	0.0245	0.0415	0.0263	0.0342	0.0258
1140	12570	4	0.0221	0.0292	0.0276	0.0201	0.0197	0.0326	0.033	0.0436	0.0315
1141	12270	4.5	0.0184	0.0248	0.0241	0.0293	0.0257	0.0503	0.0242	0.0293	0.0277

监测试验 2 对林城区间左线施工过程中掌子面前方及周边围墙进行监测，在此期间的掘进参数及监测结果见表 4.5-7、表 4.5-8。

试验 2 监测期间掘进参数　　　　表 4.5-7

项目	推进环号	刀盘转速（r/min）	贯入度（mm/r）	总推力（kN）	扭矩（kN·m）
参数	1372 环	4.3	3.2～3.3	13300～13550	980～1200

试验 2 监测数据　　　　表 4.5-8

振动方向		X		Y		Z	
特征值		振动速度峰值（cm/s）	主频（Hz）	振动速度峰值（cm/s）	主频（Hz）	振动速度峰值（cm/s）	主频（Hz）
测点编号	1	0.041	36.4	0.025	36.4	0.1	0
	2	0.016	36.6	0.028	36.4	0.035	36.4
	3	0.027	36.4	0.028	29.1	0.138	36.4
	4	0.011	36.4	0.014	21.1	0.017	36.4

考虑到监测期间车辆来往频繁，对盾构刀盘停机后由车辆行驶造成的振动进行监测分析，在一重型卡车经过路面期间进行监测，监测结果见表 4.5-9。

重型卡车经过期间监测数据　　　　　　　　　　　表 4.5-9

振动方向		X		Y		Z	
特征值		振动速度峰值（cm/s）	主频（Hz）	振动速度峰值（cm/s）	主频（Hz）	振动速度峰值（cm/s）	主频（Hz）
测点编号	1	0.038	36.4	0.025	35.7	0.102	0
	2	0.016	36.4	0.045	0	0.105	36.4
	3	0.045	36.4	0.036	31.7	0.138	36.4

监测试验 3 在林城区间左线施工过程中对附近居民反映有明显振感的某砌体房屋进行了振动监测，监测对象为四层砌体房屋，分别在该房屋内 4 层、3 层、1 层有覆土地面和 1 层无覆土地面布置振动监测点，振动监测点布置如图 4.5-10 所示，掘进参数及期间监测结果见表 4.5-10、表 4.5-11。

a)

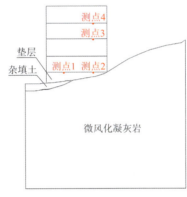

b)

图 4.5-10　试验 3 振动监测点布置

试验 3 监测期间掘进参数　　　　　　　　　　　表 4.5-10

项目	推进环号	刀盘转速（r/min）	贯入度（mm/r）	总推力（kN）	扭矩（kN·m）
参数	1428 环	4.2～4.3	3.4～4.3	13100～13220	759～873

试验 3 监测数据　　　　　　　　　　　　　　　表 4.5-11

振动方向		X		Y		Z	
特征值		振动速度峰值（cm/s）	主频（Hz）	振动速度峰值（cm/s）	主频（Hz）	振动速度峰值（cm/s）	主频（Hz）
测点编号	1	0.012	36.4	0.018	36.4	0.034	36.4
	2	0.013	36.4	0.021	36.4	0.015	36.4
	3	0.01	36.4	0.014	36.4	0.007	34.1
	4	0.012	31.3	0.012	35.9	0.008	0

4）TBM 模式穿越建筑物掘进参数优化

综合以上的试验数据来看，刀盘转动期间，各测点垂直方向（Z向），水平方向振动速度幅值（X向和Y向）均不超过 0.5cm/s。可见盾构机在目前最高刀盘转速达到 4.5r/min 下，总推进力 13500kN 时产生的振动衰减到地面时对建筑物产生影响可以忽略不计，同时根据监测试验 2 中对车辆经过是产生的地面测试发现车辆经过产生的震动与刀盘转动产生的震动大致相同。

综合以上数据及试验结果可知，TBM 模式下穿越密集居民区应该尽可能减小总推力，后续掘进过程以不超过 13000kN 的推力为准，掘进过程中应减小各分区液压缸压力，使得更多推力作为有效力作用在掌子面，以减小总推力。刀盘转速也应该适当降低，同时考虑在密集居民区下的连续掘进，应该做好刀具保护，减少换刀数量，以控制低贯入度为主，所以刀盘转速也不能盲目降低，以 2.5~3.5r/min 为准，具体参数见表 4.5-12。穿越居民区期间应对姿态进行严格控制，勤纠缓纠，避免频繁出现蛇形纠偏；做好豆砾石充填及后续回填灌浆工作，保证成型隧道质量及推进液压缸后靠支撑的稳固。

TBM 模式下盾构机穿越建筑物期间掘进参数表　　表 4.5-12

项目	刀盘扭矩（kN·m）	刀盘转速（r/min）	推力（kN）	推进速度（mm/min）	注浆量（m³）	豆砾石填充量（m³）	出渣量（m³）
参数	800~1300	2.5~3.5	10000~13000	10~15	2~3	3~4	39.43

4.5.4　监测分析与反馈

林浦站—城门站区间 TBM 模式下穿越的居民区主要为城门镇城门村民房，下穿居民区期间，地面沉降及建筑物竖向位移监测均未超过控制值，处于安全可控状态。各测点沉降累计值见图 4.5-11~图 4.5-14，监测数据汇总见表 4.5-13。

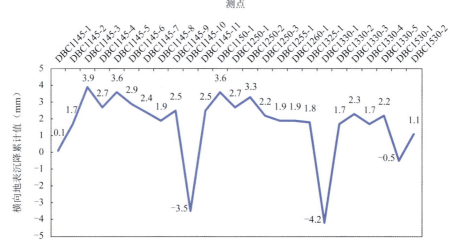

图 4.5-11　横向地表沉降累计值

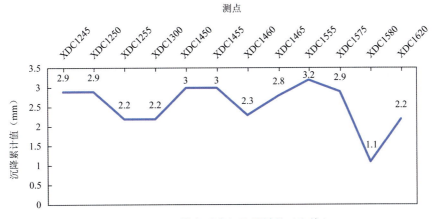

图 4.5-12 纵向地表沉降累计值（左线）

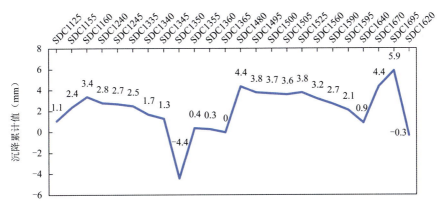

图 4.5-13 纵向地表沉降累计值（右线）

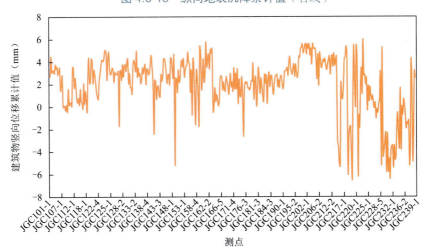

图 4.5-14 建筑物竖向位移累计值

监测数据汇总表　　　　　　　　　　表 4.5-13

序号	监测项目	测点编号	累计变化最大值（mm）	累计控制值（mm）
1	建筑物竖向位移	JGC232-2	−6.4	±10

续上表

序号	监测项目	测点编号	累计变化最大值（mm）	累计控制值（mm）
2	横向地表沉降	DBC1330-1	−4.2	+10～−30
3	纵向地表沉降（左线）	XDC1555	3.2	+10～−30
4	纵向地表沉降（右线）	SDC1695	5.9	

第 5 章
盾构模式转换控制技术

双模盾构机模式转换分为 EPB→TBM 模式转换、TBM→EPB 模式转换，两者是相互可逆过程。

5.1 模式转换位置选择

5.1.1 模式转换位置选择的原则

双模盾构机模式转换位置选择需遵循以下原则。

（1）模式切换时必须保证开挖面与岩土交界面间有一定的距离，距离要求如下：

①EPB→TBM 模式转换距离要求

开挖面离土岩交界面的距离为 $L_{主机} + L_{安全距离}$（图5.1-1）。其中，$L_{主机}$ 为盾构机主机（含刀盘）的长度；$L_{安全距离}$ 为盾构机主机尾部至土岩交界面的距离，一般取 5m 左右，其取值与土层特征及力学性质有关，当土层为不透水层、含水率低、承载力高时，取值可适当减小。

图 5.1-1　EPB→TBM 模式转换位置示意图

②TBM→EPB 模式转换距离要求

开挖面与岩土交界面的距离为 $L_{安全距离}$（图5.1-2），一般取 5～10m，其取值与交界面两侧的岩层强度及完整性、土层抗剪强度有关，当岩层完整性好且强度高、土层自稳性较好时，可取较小值。

图 5.1-2　TBM→EPB 模式转换位置示意图

（2）开挖面自稳性好，在敞开状态下能长时间自立。

（3）开挖面无地下水或有少量清澈地下水流出。

（4）无有害气体。

5.1.2 模式转换位置选择要点

（1）根据前期资料和掘进情况初选停机位置

根据设计图纸、勘察报告以及施工前工程补充勘察情况，林浦站—城门站区间左线ZDK43＋826开始进入全断面中～微风化凝灰熔岩（灰白色，褐黄色，含大量中粗粒石英颗粒、白云母片及长石，岩性主要为晶屑熔结凝灰岩，岩芯呈15～65cm长柱状，RQD＝80～90，岩芯采取率TCR为95％～100％，锤击声脆，不易击碎，结构未破坏或微破坏，风化裂隙少见发育。岩石坚硬程度属较硬岩-坚硬岩，岩体完整性等级属较完整～完整，岩体基本质量等级为II～III级）地层。因盾构机从EPB模式转换到TBM模式时，盾构机须进入硬岩段一定深度（安全距离）方可停机进行转换准备，初步选择停机位置为ZDK43＋830～ZDK43＋841范围内，转换位置地面为福州市黄山驾考场，隧顶埋深为23.5m、隧道内为4.235‰上坡。

（2）地质复核

本工程采用补测方法为HSP法，仪器系统为HSP217型超前地质预报仪及配套分析软件系统（图5.1-3）。现场采用空间阵列式探测布置方式，对隧道ZDK43＋821里程前方重新进行了探测，预报里程范围为ZDK43＋821～ZDK43＋901（80m）。

a)   b)

图5.1-3 信号收集和数据分析

根据复测结果分析预定停机位置区域岩土体强度均匀，不易发生结构面掉块、坍塌，不存在不利结构面，满足模式转换进入硬岩条件。

（3）地表周边环境再确认

初选停机位置为福州市黄山驾考场内贴近山脚位置，且已与驾考场管理房协调考试区域暂停使用并设置警戒带，地面环境较为空旷，无地上和地下建筑物，如图5.1-4所示。

a)   b)

图 5.1-4 初选停机位置周边环境再次确定

（4）模式转换位置确定

开仓查看掌子面情况并进行气体检测，仓内及岩面无渗水且仓内气体条件符合《盾构法开仓及气压作业技术规范》（CJJ 217—2014）的要求（图 5.1-5），此位置满足模式转换停机条件。

a) 开仓检查   b) 气体检测报告

图 5.1-5 开仓检查及气体检测报告

5.1.3 模式转换位置确定

根据设计图纸、勘察报告揭示及施工前工程补充勘察情况，林浦站—城门站区间左线 ZDK43+826~ZDK45+107、右线 YDK43+813~YDK45+107 为全断面中～微风化凝灰熔岩，期间分别在刀盘进入硬岩段 15m 及离开硬岩段 10m 前进行盾构模式切换，见表 5.1-1 及图 5.1-6、图 5.1-7。

第一次 EPB→TBM 模式转换里程与环号　　　　　　　　　　表 5.1-1

掘进线路	项目	软土段	上软下硬段	全断面硬岩起始位置	模式转换位置
左线	里程	ZDK43+002.672~ZDK43+813.819	ZDK43+813.819~ZDK43+826.065	ZDK43+826.065	ZDK43+841
	距离（m）	811.147	12.246	—	—
	环号	0~670	670~680	680	692
右线	里程	YDK43+001.465~YDK43+812.805	YDK43+812.805~YDK43+837.805	YDK43+837.805	YDK43+852
	距离（m）	811.34	25	—	—
	环号	0~670	670~690	690	702

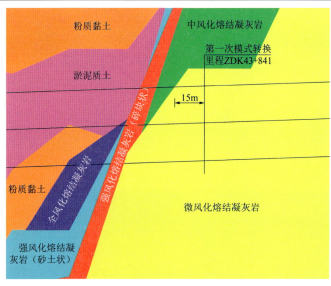

a)

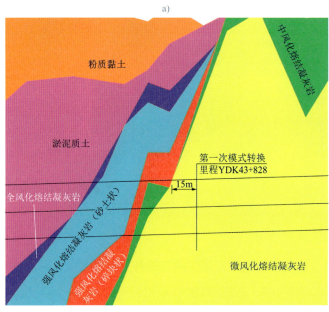

b)

图 5.1-6　第一次模式转换位置图

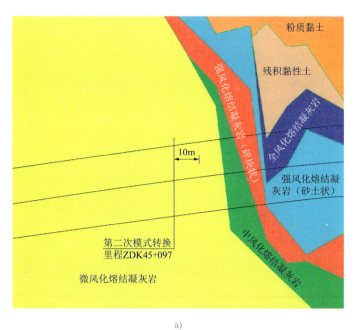

a)

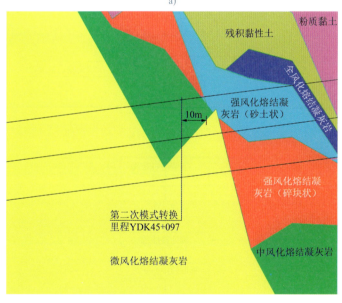

b)

图 5.1-7　第二次模式转换位置图

当进行 TBM→EPB 模式转换时，左线转换里程（刀盘）为 ZDK45+097，右线转换里程（刀盘）为 YDK45+097。

5.2　模式转换工艺流程

5.2.1　EPB→TBM 模式转换流程

EPB→TBM 模式转换施工工艺流程如图 5.2-1 所示。

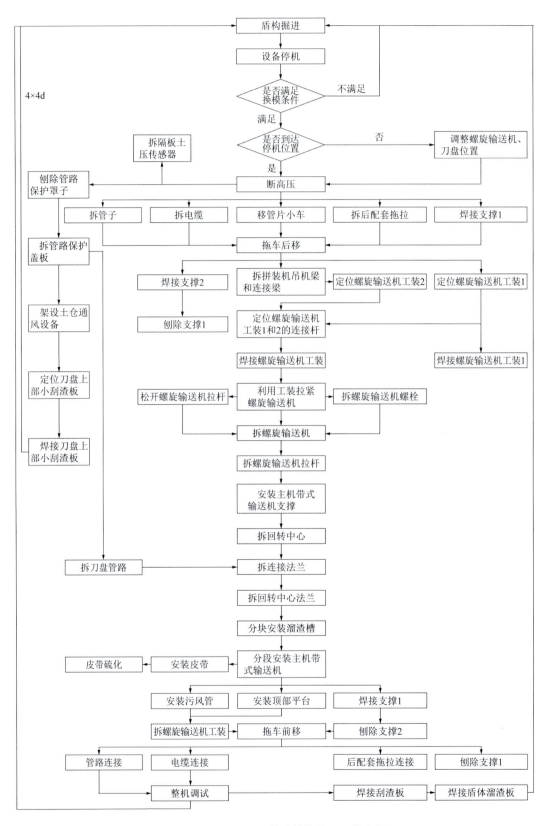

图 5.2-1　EPB→TBM 模式转换施工工艺流程图

5.2.2 TBM→EPB 模式转换流程

TBM→EPB 模式转换施工工艺流程如图 5.2-2 所示。

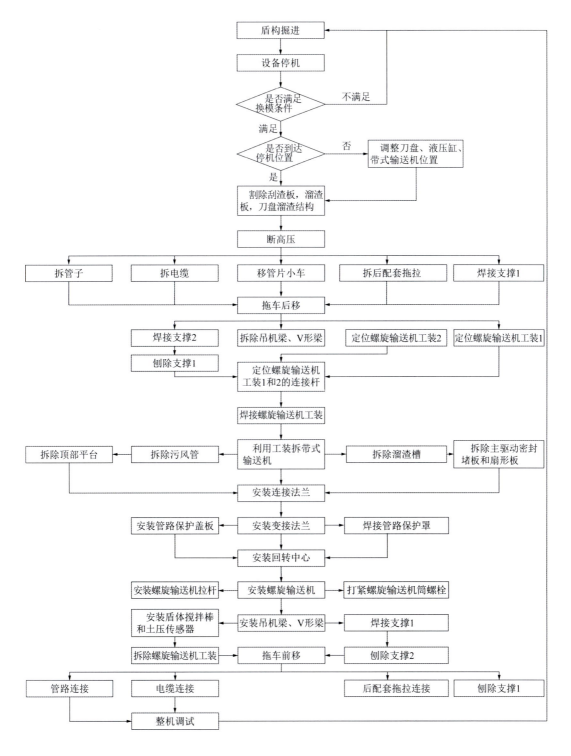

图 5.2-2 TBM→EPB 模式转换施工工艺流程图

5.3 模式转换条件

5.3.1 评价项目及标准

根据 EPB/TBM 模式转换原理，结合开挖面地质情况，形成 EPM/TBM 模式转换条件及评价标准，见表 5.3-1。

EPB/TBM 模式转换条件及评价标准　　　　　表 5.3-1

模式转换类型	评价项目	评价标准
EPB→TBM 模式转换	开挖面岩层稳定性	（1）定量指标：围岩级别为I～III级，岩体完整性系数不小于0.75。 （2）定性指标： ①开挖面岩层较完整、岩体块状体或中厚层状结构； ②开挖裸露岩面在缺乏支撑的情况下能较长时间保持自立、不坍塌； ③开挖面无浸水崩解，或水流侵蚀导致软化、强度急剧降低的岩层
EPB→TBM 模式转换	地下水情况	（1）定量指标：地下水流量不超过 $5m^3/h$；含泥量小于5%。 （2）定性指标： ①开挖面无明显水流或岩层裂隙有少量线流、盾构机周围无大股水流，且未超出排水能力，土仓水位可保持较低液位； ②地下水泥沙含量少，无明显浑浊
EPB→TBM 模式转换	开挖面离土岩交界面的距离	（1）定量指标： ①盾尾外周为IV级坚硬岩及以上； ②距离不小于盾构机长度的2/3。 （2）定性指标： ①盾构机主机全部进入岩层，且有一定安全距离； ②盾尾背部通过同步注浆或中盾径向注浆能够有效注浆封闭土层地下水纵向渗流通道
EPB→TBM 模式转换	有害气体	经充分通风后土仓有害气体含量未超出规范标准限值
TBM→EPB 模式转换	开挖面的岩层稳定性	（1）定量指标：围岩级别为I～III级，岩体完整性系数不小于0.75。 （2）定性指标： ①开挖面岩层较完整、岩体块状体或中厚层状结构； ②开挖裸露岩面在缺乏支撑的情况下能较长时间保持自立、不坍塌； ③开挖面无浸水崩解，或水流侵蚀导致软化、强度急剧降低的岩层
TBM→EPB 模式转换	地下水情况	（1）定量指标：地下水流量不超过 $5m^3/h$；含泥量小于5%。 （2）定性指标： ①开挖面无明显水流或岩层裂隙有少量线流、盾构机周围无大股水流，但未超出排水能力，土仓水位可保持较低液位； ②地下水泥沙含量少，无明显浑浊
TBM→EPB 模式转换	开挖面离土岩交界面的距离	（1）定量指标： ①掌子面至土岩交界面为I级围岩时，不少于3m； ②掌子面至土岩交界面为II、III级围岩时，5～8m。 （2）定性标准： ①盾构机主机全部位于岩层； ②盾构机刀盘离土岩交界面有一定安全距离； ③根据掌子面前方岩层级别及土层情况适当调整距离，岩层完整性越低，距离越长，土仓自稳性越差，距离越长
TBM→EPB 模式转换	有害气体	经充分通风后土仓有害气体含量未超出规范标准限值

5.3.2 评价方法

1）开挖面的岩层稳定性

（1）主要目的

确保模式转换时在盾构机土仓内作业的安全性。

（2）判定方法

①勘察资料初步判断：根据地质详勘、补勘资料分析岩层岩性及基本围岩质量指标；结合盾构掘进临近交界面时地质预报资料，综合判断。

②掘进参数：根据盾构掘进时土仓压力、贯入度、推力、扭矩等参数特征值，定性判定开挖面自稳性及岩石坚硬程度。

③渣样判断：根据采集渣样中的岩渣比例、颗粒度，分析开挖面岩石的坚硬程度及完整性。

④开挖面检查：技术人员进入盾构机土仓内直接观察开挖面的稳定性。

2）地下水情况

（1）主要目的

确保模式转换时盾构机土仓内作业的安全性，并保证土仓内具有良好作业空间。

（2）判定方法

①地面环境分析：通过现场勘探的地形、地貌、地表水系资料，结合地质勘察资料，定性分析地下水发育情况。

②掘进时渣样判断：根据盾构掘进过程渣土的含水量，定性判断开挖面地层地下水补给量。

③开挖面检查：技术工程师或岩土工程师进入盾构机土仓直接观察开挖面地下水渗流、补给情况，通过土仓液位变化计算单位时间地层渗水量。经盾尾注浆封堵后的土仓渗水量应小于 $5m^3/h$。

3）开挖面离土岩交界面的距离

（1）主要目的

EPB→TBM 模式转换时为工程安全（土岩交界面处围岩不均匀）预留安全距离，同时便于盾尾注浆封堵、减少开挖面处地下水补给；TBM→EPB 模式转换时为开挖面稳定性预留安全距离。

（2）判定方法

见第 5.1.1 节。

4）有害气体

（1）主要目的

确保模式转换时盾构机土仓内作业的安全性。

（2）判定方法

人员进入土仓前，土仓内经连通阀检测、在土仓连续通风状态下检测的各类气体浓度，应符合《盾构法开仓及气压作业技术规范》(CJJ 217—2014)的有关要求。

5.4 模式转换关键技术

5.4.1 EPB→TBM 模式转换关键技术

1) TBM 模式空仓状态建立

设备构造由 EPB 模式转换为 TBM 模式前,需将掘进状态转换为 TBM 模式,步骤如下:

(1) 按 EPB 模式掘进至预定模式切换位置停机,保持土仓充满状态。

(2) 盾尾 5~8 环位置施作整环止水环。注浆浆液采用水泥-水玻璃双液浆或水泥浆,从下往上注浆封闭。

(3) 中盾径向孔压注高效膨润土溶液(稠度>200s),堵塞盾壳周边渗水通道,体积不少于刀盘盾壳外开挖空隙。

(4) 转动刀盘,打开螺旋输送机出渣,出渣量为土仓容积 1/3。土仓上部压力为 0,观察土仓上部压力变化不少于 30min;土仓压力无增长则继续出渣至 1/2 土仓容积,按上述步骤观察土仓压力变化。否则应通过隔板预留孔洞判断土仓是否积水或开挖面坍塌,以确定后续采取盾尾注浆或重新选择模式切换位置。

(5) 继续打开土仓隔板上部阀门,排出地下水,观察地下水排水量及含泥量变化不小于 2h。直至水流清澈。

(6) 在土仓上部压力为 0、土仓上部水流排净的情况下,打开人舱与土仓密封门,气体检测合格后地质工程师观察掌子面地质情况是否满足全断面岩层判定。

(7) 继续出渣至排空土仓渣土。

(8) 确认土仓控制状态下掌子面安全及稳定性。

(9) 进入 EPB 模式与 TBM 模式盾构机构造切换。

2) 断电前准备

(1) 到达停机位置前 20 环,在盾构掘进的同时,对盾体内的渣土进行彻底的清理。

(2) TBM 模式下不使用泡沫,对刀盘上的泡沫喷口进行保护并拆除对应的泡沫管路。

(3) 推进液压缸需回缩,使用多组双拼工字钢工装将管片、盾体进行支撑。

(4) 确认拼装机前移至限位,螺旋输送机完全缩回、前闸门完全打开。

(5) 拆除管线前需做好各个管路及电缆线接头标识,以便模式转换完成后管线连接。

3) 整机后配套分离后移

断电后拆除喂片机、防撞梁,断开拼装机拖拉液压缸、设备桥与拼装机连接链条,设备桥与拼装机吊机梁拼接卡扣,同时利用管片小车作为底座焊接设备桥移动工装。焊接完毕后利用电瓶车拖拉后配套整体后移 20m,焊接设备桥支撑工装(图 5.4-1),并将移动工装刨除释放管片小车。随后拆除拆拼装机吊机梁、连接梁和 V 形梁,同时拆除刀盘管路和保护盖板。

施工控制要点如下：

（1）隧道存在下坡和转弯，电瓶车拖拉后配套前进后退时以及工装焊接过程中应做好各个部件的防溜措施。

（2）拖拉过程中需统一指挥，各节台车都有专人盯看及时汇报情况，防止设备刮碰、电瓶车脱轨等危险情况发生。

（3）工装焊接前需重新复核下料长度避免后期螺旋输送机出运时产生干涉。

（4）此时开始土仓通道内管线众多，通风管、氧气乙炔管、电线等，注意管线保护。

图 5.4-1 焊接设备桥支撑工装

4）出渣系统转换

EPM/TBM 双模盾构出渣系统转换主要是拆除 EPB 模式下螺旋输送机和中心回转，并在中心回转位置安装 TBM 模式下水平带式输送机。主要步骤如下：

（1）定位焊接螺旋输送机工装，并利用工装拆除运输螺旋输送机，如图 5.4-2 所示。

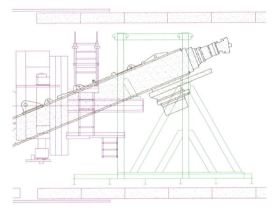

图 5.4-2 螺旋输送机工装安装及焊接示意图

拆除回转中心并运输出洞，同时溜渣槽及刮渣板分块运输进土仓，定位焊接溜渣结构，最后利用螺旋输送机工装安装出渣主带式输送机，如图 5.4-3 所示。

a)　　　　　　　　b)

图 5.4-3 螺旋输送机工装

(2) 施工控制要点

①隧道内作业空间狭窄，多工序同时进行时指挥信号一定要清晰明了，拆吊、运输过程中的各部门需紧密配合，避免不必要的停顿和返工，如图 5.4-4～图 5.4-7 所示，图中数字 1～5 为吊点编号。

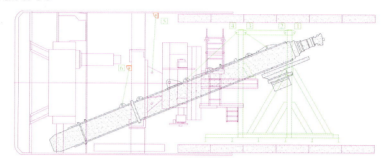

图 5.4-4　螺旋输送机拆除初始吊点 1 状态示意图

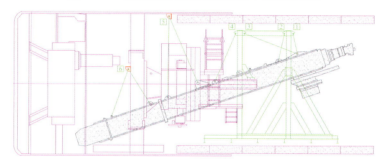

图 5.4-5　吊点 1 状态切换到吊点 2 状态示意图

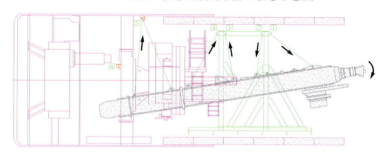

图 5.4-6　吊点 2 状态切换到吊点 3 状态示意图

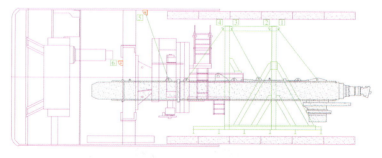

图 5.4-7　拆除螺旋输送机完成最终状态示意图

②螺旋输送机工装组焊牢固及手拉葫芦吊点加固是此过程安全的重要前提。

③螺旋输送机运输出洞过程应安全牢靠，运输过程电瓶车应在最低挡行驶并由专人随行，以应对突发情况。

④主带式输送机支架吊装时应注意安装方向，皮带的硫化工作应在隧道外完成以节约调试时间。

5）刀盘及前盾溜渣结构组焊及检测

TBM 模式与 EPB 模式最大的区别在于出渣方式以及新增溜渣结构。溜渣结构分为前盾的溜渣结构和刀盘的溜渣结构。前盾溜渣结构主要作用是避免渣土堆积和底部排水主要由支撑板和盖板组成。与刀盘组对的溜渣结构主要作用是运渣，使渣土从土仓底部运到刀盘顶部，然后落入溜渣斗中。前盾溜渣结构如图 5.4-8、图 5.4-9 所示。

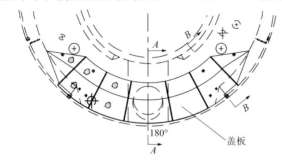

图 5.4-8　前盾溜渣结构示意图 1

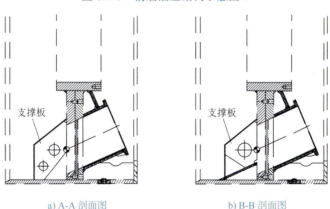

a) A-A 剖面图　　　　b) B-B 剖面图

图 5.4-9　前盾溜渣结构示意图 2

刀盘溜渣结构主要分为 3 个组件，这里分别命名为 A、B、C 组件，如图 5.4-10 所示。

施工控制要点如下。

（1）溜渣结构的组对检测

①运入仓内前再次核对溜渣结构件的尺寸（包括坡口尺寸），是否符合图纸要求，若不符合及时修整。

②组对前需要对焊接区域 30mm 范围内进行打磨清理，不允许存在油污、铁锈等杂质。

图 5.4-10　刀盘溜渣结构

③溜渣结构组对：按图纸尺寸进行组对，组对位置在土仓底部进行，溜渣结构与刀盘副梁板上有相对应的标记，组对时应该按标记进行组对。

④组对后尺寸检测：检验溜渣结构的组对间隙，要求≤2mm；检验组对后坡口尺寸是否满足图纸要求，若不满足，需进行气刨；进行定位焊接的定位焊长度为30～50mm，间隔300～350mm，检验A组件末端刀具与大圆环外圆距离，末端距离为23～28mm。

⑤组焊支撑筋板，如图5.4-11所示。

（2）焊接注意事项

①焊前需进行预热，预热范围为焊道两侧100mm，预热温度为100～150℃。

②焊接过程中必须进行层间清理，每道焊接之前必须采用红外测温仪检测层间温度，要求100～250℃。

③长时间停止焊接或每条焊缝焊接完成后需用保温棉对焊缝保温，若再次开始焊接时温度低于100℃，需选进行预热，再开始焊接。若板厚小于40mm可不进行预热，直接进行焊接。

④做好焊前预热和焊后保温，焊接过程中应逐步减少坡口宽度，尽量减少焊接残余应力，其焊缝的焊道顺序排布应按设计要求执行，如图5.4-12所示。

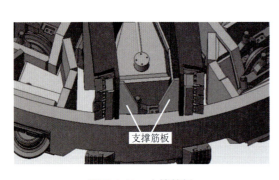

图5.4-11　支撑筋板

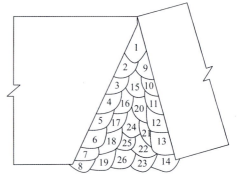

图5.4-12　焊缝焊道顺序排布示意图

⑤每焊完一道需打磨去除不规则的焊缝、飞溅、氧化层等，保证焊接平滑过渡；整体焊接结束后焊缝表面应打磨平整。

⑥焊接工作量计算见表5.4-1、表5.4-2。

不开坡口单面连续角焊速度表（单位：min/m）　　表5.4-1

焊接方式	焊角高度（mm）							
	3	4	5	10	12	15	20	25	30
平焊	5	5	6	8	10	15	25	35	50
立焊	12	15	15	20	30	45	75	110	160

注：型钢与钢板角焊时，$k=1.1$；焊缝长度小于0.5m时，$k=1.1$。

V形坡口对接焊速度表（单位：min/m） 表 5.4-2

焊接方式	焊接位置	板厚（mm）									
		8	10	16	20	25	30	40	45	50	60	70
平焊	主缝	9	18	20	30	40	50	60	75	85	95	115
	封底	5	9	10	15	20	25	30	35	40	50	60
	合计	14	27	30	45	60	75	90	110	125	145	175
横焊	主缝	11	22	24	36	48	60	72	90	100	115	140
	封底	6	11	12	18	24	30	36	45	50	60	70
	合计	17	33	36	54	72	90	108	135	150	175	210
立焊	主缝	12	25	30	45	70	95	105	140	150	180	210
	封底	6	12	15	20	35	45	55	70	75	90	105
	合计	18	37	45	65	105	140	160	210	225	270	315

注：焊缝长度小于 0.5 时，取 $k=1.1$；V形焊缝不留跟，主焊缝取 $k=1.1$，封底取 $k=0.8$；环焊有工装取 $k=1.3$，无工装取 $k=1.5$；室外焊接取 $k=1.5\sim 3$。

焊接基本时间 T（min）为：

$$T = k \cdot \frac{L}{v} \tag{5.4-1}$$

式中：L——焊缝总长度（m）；

v——焊接速度（min/m）；

k——难度系数。

a. 理论计算

理论计算示意图如图 5.4-13 所示。

$$A = \delta b + \frac{1}{2}(\delta - p)^2 \tan\beta + \frac{2}{3}hc \tag{5.4-2}$$

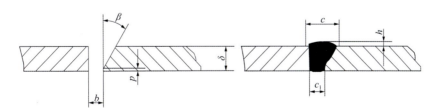

图 5.4-13　理论计算示意图

（a）焊接基本时间 T_j（min）为：

$$T_j = \frac{AL}{vS\omega} \tag{5.4-3}$$

式中：A——焊缝横截面积（mm^2）；

L——焊缝长度（mm）；

v——焊接速度（mm/min），v的取值范围为8000～11000mm/min，下文统一取8000mm/min；

S——焊丝横截面积（mm^2）；

ω——焊丝熔敷率，ω的取值范围为90%～95%，下文统一取90%。

（b）焊接辅助时间T_f（min）为：

$$T_f = T_j \times 20\% \tag{5.4-4}$$

（c）工件质量系数K：当工件质量$W > 100kg$时，$K = 1.15$。

（d）定额修正系数K_w：取值见表5.4-3。

定额修正系数K_w取值表　　表5.4-3

焊接位置	平焊	横焊	立焊	仰焊
定额修正系数K_w	1.00	1.20	1.30	1.40

（e）放宽系数：取25%。

（f）焊接总时间T为：

$$T = (1 + 0.25)K \cdot K_w \cdot (T_j + T_f) \tag{5.4-5}$$

b. 计算焊接工作量

（a）理论计算刀盘刮渣板焊接量

已知$A = 693mm^2$，$L = 52200mm$，$S = 1.2mm^2$，$\omega = 90\%$，$K_w = 1.0$，$K = 1.15$，$v = 8000mm/min$，则：

$$T_j = \frac{AL}{vS\omega} = \frac{693 \times 52200}{8000 \times 1.2 \times 0.9} = 4186.88min = 69.78h$$

$T_f = T_j \times 20\% = 4186.88 \times 0.2 = 837.2min = 13.96h$

$T = (1 + 0.25)K \cdot K_w \cdot (T_j + T_f) = 1.25 \times 1.15 \times 1.0 \times (69.78 + 13.96) = 120.37h$

（b）按经验公式计算刀盘刮渣板焊接工作量

考虑洞内焊接，取$k = 2.5$，板厚为40mm，焊接速度$v = 90m/min$，则：

$T = k \cdot L/v = 2.5 \times 52200 \times 90/(1000 \times 60) = 195.8h$

（3）检测

①焊接完成后，进行焊缝磁粉探伤（MT）检测，按《焊缝无损检测　焊接磁粉检测　验收等级》（GB/T 26952—2011）2级验收，若表面出裂纹及时进行返修。

②检测所有角焊缝和坡口焊缝尺寸是否满足图纸设计要求，例如溜渣结构与大圆环内圆面的角焊缝尺寸是否满足图纸要求，若不满足及时进行修补，因为此处受力较大，所以此处角焊缝质量要重点注意。

根据地勘报告显示，本工程 EPB 模式转换为 TBM 模式之后，掘进地层岩石强度普遍高于 140MPa，其中还有一段极硬岩强度为 200MPa，溜渣系统组焊质量直接关系着后期掘进效率，焊接过程需严格按照规范要求执行，对于检测不合格的焊缝绝不能抱有侥幸态度，应立刻返工直到检测合格方能使用。此外，本阶段施工全部是狭小空间焊接作业，应保证土仓内通风良好，气体检测时应重点观察氧含量及可燃有害气体含量，保证焊接人员施工安全。

6）后配套重联、管线恢复及 TBM 模式调试

后配套重联过程需同样做好防溜措施，管线恢复前需再次检查清理接口防止杂物进入设备油路。

5.4.2 TBM 转 EPB 模式转换关键技术

1）断电前准备工作

（1）打开螺旋输送机前闸门，人员通过螺旋输送机闸门进出土仓，土仓门打开并在人舱内架设往土仓内吹风的通风设备并在盾体螺旋输送机孔处架设往土仓外吹风的通风设备，保障土仓内通风。

（2）割除前盾溜渣板、小刮渣板、大刮渣板以及小溜渣板。

（3）割除刀盘小溜渣板和格栅。

（4）查看设备桥连接主机、带式输送机与刀盘位置：确认拼装机前移至限位，主机带式输送机完全缩回，螺旋输送机前闸门完全打开，刀盘处于停机位置。

2）后配套后移 20m

（1）设备桥顶部平台随拼装机后移固定在设备桥（TBM 转 EPB 模式），如图 5.4-14 所示。

a)　　　　　　　　　　　　b)

图 5.4-14　设备桥顶部平台

（2）拼装机后移至限位，利用 2t 手拉葫芦进行吊装后移设备桥顶部平台至设备桥顶

部，并固定牢固，防止滑动，如图 5.4-15 所示。

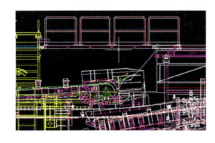
a) 安装状态

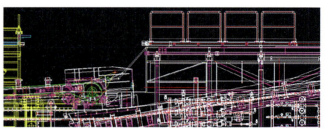
b) 拆解状态

图 5.4-15　设备桥平台安拆状态图

图 5.4-16　刀盘停机状态图

（3）排空土仓内渣土、碎石和积水（工地提前处理）。

（4）拼装机、主机带式输送机、刀盘调至停机位：确认拼装机前移至限位；主机带式输送机完全缩回、螺旋输送机前闸门完全打开（TBM 模式）；刀盘处于停机位置，如图 5.4-16 所示。

（5）断高压电、拆管线：将连至主机与主机带式输送机的管线拆卸，拖至设备桥顶部固定好。

（6）焊设备桥拖拉支撑 1：管片平板车小车行至设备桥底部，焊接设备桥拖拉支撑 1，如图 5.4-17 所示；全部完成后断开拖车高压电。

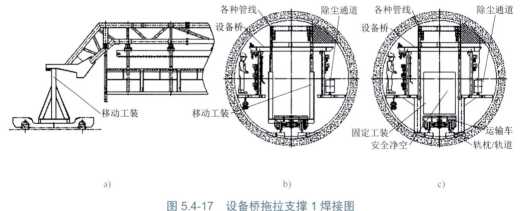

图 5.4-17　设备桥拖拉支撑 1 焊接图

（7）断开后配套拖拉连接：断开拼装机拖拉液压缸、设备桥与拼装机连接链条，设备桥与拼装机吊机梁拼接卡扣。

（8）拖车后移、焊接设备桥拖拉支撑 2：电瓶车拖拉后配套后移 20m，焊接设备桥拖拉支撑 2，并将支撑 1 拆除。支撑 2 焊接时，需保证电瓶车轨道通畅，如图 5.4-18 所示。

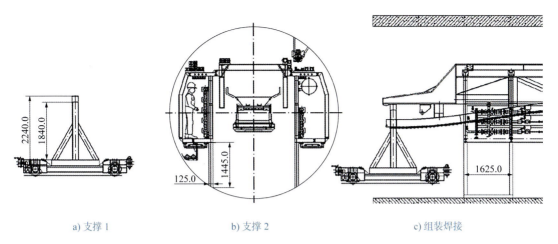

a) 支撑 1　　　　　　　b) 支撑 2　　　　　　　c) 组装焊接

图 5.4-18　设备桥拖拉支撑 2 焊接图（尺寸单位：mm）

支撑 2 焊接时，将设备桥带式输送机顶高，使带式输送机底部与轨道满足至少 2.5m 的距离。

3）安装螺旋输送机

（1）将螺旋输送机拉杆通过销子安装在主驱动两吊耳上，为螺旋输送机安装做好准备。

（2）螺旋输送机安装工位安排见表 5.4-4。

螺旋输送机安装工位安排表　　　　　　　　表 5.4-4

序号	工位	人数（人）	内容
1	总协调	1	指挥各吊点人员松、紧手拉葫芦
2	辅助协调	1	辅助协调物资、查看螺旋输送机与工装、管片是否干涉
3	吊点 6	1	控制螺旋输送机角度，避免螺旋输送机与主驱动以及拼装机干涉
4	吊点 1～5	7	安装螺旋输送机

（3）准备工作：根据现场情况，提前焊接临时吊点、转换倒链。

（4）螺旋输送机四种安装状态如图 5.4-19～图 5.4-22 所示，图中数字 1～6 为手拉葫芦吊点编号。

①状态 1：吊点 3 挂上 1 个 20t 手拉葫芦，吊点 1、4 各挂上 1 个 10t 手拉葫芦，吊点 5 挂上 1 个 5t 手拉葫芦拉紧螺旋输送机（图 5.4-19）。

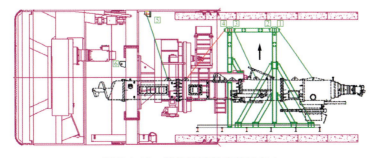

图 5.4-19　螺旋输送机安装状态 1

②状态2：收吊点1和吊点3手拉葫芦，松吊点4和吊点5手拉葫芦，将螺旋输送机逐渐转换位置并拉紧螺旋输送机（图5.4-20）。

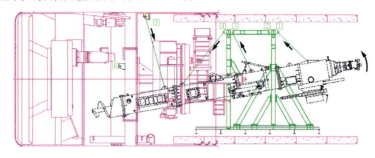

图5.4-20　螺旋输送机安装状态2

③状态3：收吊点1和吊点3手拉葫芦，松吊点4和吊点5手拉葫芦（图5.4-21）。

a. 吊点2处挂上一个10t手拉葫芦，拉紧螺旋输送机协助吊点3处的20t手拉葫芦进行吊点切换。

b. 切换吊点3处20t手拉葫芦吊点位置，拉紧螺旋输送机。

c. 切换吊点4处10t手拉葫芦吊点位置，拉紧螺旋输送机。

d. 新增吊点6处5t手拉葫芦，拉紧螺旋输送机。

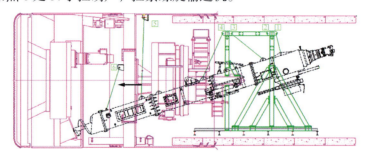

图5.4-21　螺旋输送机安装状态3

④状态4：收吊点1和吊点3手拉葫芦，松吊点2、4、5、6手拉葫芦，将螺旋输送机逐渐转换位置（图5.4-22）。

a. 切换吊点3处20t手拉葫芦至吊点4位置，拉紧螺旋输送机。

b. 切换吊点4处10t手拉葫芦至吊点3位置，拉紧螺旋输送机。

c. 拆除吊点5处手拉葫芦。

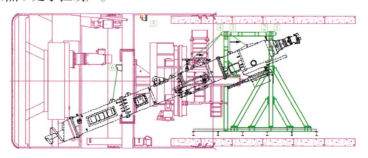

图5.4-22　螺旋输送机安装状态4

每种安装状态每个吊点的手拉葫芦松紧状态见表 5.4-5。

手拉葫芦松紧状态表 　　　表 5.4-5

安装状态	手拉葫芦吊点					
	吊点 1	吊点 2	吊点 3	吊点 4	吊点 5	吊点 6
状态 1	收	—	收	松	松	—
状态 2	收	—	收	松	松	—
状态 3	收	收	收	松	松	松
状态 4	—	—	收	松	—	松

螺旋输送机吊装到位后，安装螺旋输送机固定螺栓及拉杆。

4）密封件检修

在模式转换完成后需对盾构机主驱动密封，铰接密封及盾尾密封进行全面检查，确保盾构机在模式转换完成后的正常掘进施工。

（1）主驱动密封检查

①检查齿轮油泵出口的压力表显示压力值。

②检查主轴承齿轮油分配器工作是否正常。

③检查齿轮油滤芯，并根据压差开关反映的情况判断是否更换滤芯。

④检查主轴承密封（HBW）油脂分配器动作是否正常，脉冲计数器工作是否正常，进入开挖仓检查主轴承密封油脂的溢出情况。

⑤检查主轴承外圈润滑脂注入情况。

（2）铰接密封检查

①检查铰接密封有无漏气和漏浆情况。

②检查推进液压缸靴板与管片的接触情况。

（3）盾尾密封检查

①检查盾尾密封情况，检查盾尾油脂密封系统的工作情况。

②检查盾尾密封注脂次数或压力是否正常。

③检查盾尾油脂密封气动阀是否正常。

④检查盾尾钢丝刷完整情况：更换盾尾第一道钢丝刷并根据现场实际检查情况判断是否需要更换盾尾第二道钢丝刷。

5）EPB 模式土仓压力建立

在 EPB 模式下进行盾构掘进，初始不排渣土，通过加水、适量泡沫进行润滑减摩，直至土仓内压力逐步建立至预定值，开始正常掘进出渣。

5.5 模式转换过程安全控制措施

1）盾构后退

（1）现象

盾构机与后配套断开后，推进液压缸需全部缩回，可能产生盾体后退的现象，盾构后退过多会严重损害盾尾密封装置。

（2）治理方法

在盾体与后配套断开前，相应长度的工字钢（I20双拼）放置盾尾，顶住管片与盾体，可有效防止发生盾体后退现象。

2）盾尾密封装置泄漏

（1）现象

地下水、泥及同步注浆浆液从盾尾的密封装置渗漏进入盾尾的盾壳和隧道内，严重影响工程进度和施工质量，甚至对工程安全带来灾难。

（2）原因分析

①盾尾和管片间的空隙局部过大，超过密封装置的密封功能界限。

②密封装置受偏心的管片过度挤压后，产生塑性变形，失去弹性，密封性能下降。

③盾尾密封油脂压注不充分，盾尾钢刷内侵入了注浆的浆液并固结，盾尾刷的弹性丧失，密封性能下降。

④盾构后退，造成盾尾刷与管片间发生刷毛方向相反的运动，使刷毛反卷、盾尾刷变形，从而导致密封性能下降，严重影响盾尾密封寿命。

（3）预防措施

①严格控制盾构推进的偏移量，尽量使管片四周的盾尾空隙均匀一致，减少管片对盾尾密封刷的挤压程度。

②及时、保量、均匀地压注盾尾油脂。

③掘进过程中控制盾构姿态，同时在盾体与后配套断开前，相应长度的工字钢（I20双拼）放置盾尾，顶住管片与盾体，可避免盾体产生后退现象。

（4）治理方法

①在管片背面塞入海绵，将泄漏部位堵住。

②采用二次注浆在管片壁后注入双液浆，封堵后方来水。

3）掌子面不稳

（1）现象

根据地勘资料显示，模式转换选取位置隧道所处地层为微风化熔结凝灰岩或断裂带位置，在仓内作业时可能发生掌子面坍塌现象，导致人员伤害。

（2）预防措施

①在盾构开始掘进上软下硬地层、进入全断面和进入全断面硬岩 10m 时，使用超前地质预报进行地质探测，分析前方地质情况。

②进入土仓前先观察掌子面情况，发现较少且有较大的石块时，可人工进行破碎剥离，尽量保证作业前掌子面的完整性。

③在作业过程中加强对掌子面的观察，如有异常立即采取针对性措施。

（3）抢险措施

①配置足够的应急抢险人员、机具、设备、材料。

②发生掌子面小面积坍塌时，人员撤离土仓，观察掌子面发展迹象，若坍塌持续，则采用干喷机喷射砂浆稳定掌子面。

③失控情况，人员紧急撤离，关闭仓门，对发生的事故启动相应的应急预案。

4）物体打击

（1）现象

在作业中，物体自坠落伤人；人为抛掷杂物伤人。

（2）预防措施

①对施工作业人员要坚持开展经常性安全宣传教育和安全技术培训，做好施工人员安全技术交底工作，作业时佩戴好防护用具。

②所有物料按指定位置堆放平稳；不准向下或向上乱抛掷材料、工具等物品，传递工具、小型材料时采用专用吊篮等工具。

③各类手持机具、施工设备使用前应检查，确保性能完好。

④尽量避免上下垂直作业，分层作业时，应设置隔离设施。

（3）抢险措施

当施工人员发生物体打击时，现场作业人员立即组织抢救，并报告施工应急自救组长，启动现场处置方案，实施应急处置。

5）发生火灾

（1）现象

在仓内作业需进行气割及焊接，操作不当可能引起火灾现象。

（2）预防措施

①对施工作业人员要坚持开展经常性安全宣传教育和安全技术培训，做好施工人员安全技术交底工作。

②配齐消防设施及材料，如消火栓、消防用沙及水等。

③作业期间做好气体检测工作，做好通风。

④气瓶立放，设置防倾倒措施。

⑤避免气割与电焊同时作业，作业前对设备进行检查，如有异常立即处理。

⑥作业时，安排专人进行看护。

⑦电路导线均应装在金属管道内不要暴露,以保护电路导线的绝缘性不被腐蚀、摩擦、割裂等而受到损坏。

⑧进仓人员衣服采用全棉织品,不准穿用化纤织品及皮毛衣物,以防摩擦产生静电火花。

（3）抢险措施

当发生火灾险情时：如是带电情况要立即断电,同时使用消防砂进行灭火；若是气割时发生火灾,要立即关闭气瓶阀门,同时使用消防砂进行灭火,不带电情况可使用水进行灭火。

6）突发涌水

（1）现象

模式转换选取位置不排除掌子面存在断裂带的可能,在作业过程中可能发生涌水现象。

（2）预防措施

①加强对地质预报的分析,选取位置时确保掌子面的完整性。

②开仓后检查掌子面情况,如不满足作业条件,则继续推进,直至条件满足。

③配置足够的应急抢险人员、机具、设备、材料,备好大功率水泵（接好管、接好电）。

（3）抢险措施

当发生涌水情况时,立即启动应急水泵进行排水。在螺旋输送机前闸门处、盾尾处及隧道最低点（联络通道）设置三个应急水泵,根据现场情况依次开启紧急排水。

7）台车后溜

（1）现象

在台车与盾体断开后,通过电瓶车拉至指定位置时,固定过程中或固定不当导致台车后溜,造成安全隐患。

（2）预防及应急措施

①台车拉至指定位置后,使用钢丝绳（或其他抗拉绳）将台车与盾体临时拉紧连接。

②拉紧装置采用焊接加工时,确保焊接质量。

③在台车轮后面采用铁鞋进行止挡。

④在最后一节台车后 5m 位置管片的 6 点和 10 点位管片螺栓上加装耳板,耳板一端系好钢丝绳,另一端装好卸扣,在台车出现后溜的情况下,可将钢丝绳拉紧进行止挡。

5.6　模式转换下的施工进度管理

5.6.1　EPB 模式施工进度管理

1）各工序流程进度管理

双模盾构 EPB 模式工序流程如图 5.6-1 所示。

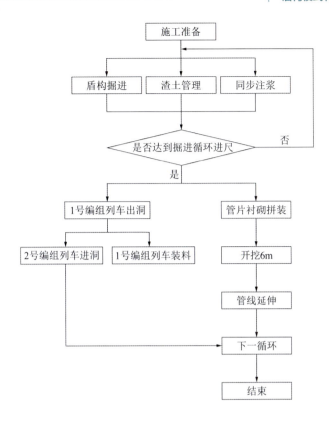

图 5.6-1 双模盾构 EPB 模式工序流程图

（1）盾构掘进进度管理

EPB 模式下掘进中要熟悉盾构性能和操作方法，并根据隧道埋深、地质情况和环境条件等，对掘进参数进行预测计算，推进速度保持相对平稳，控制好每次的纠偏量，减少对土体的扰动，为管片拼装创造良好的条件；同时紧随盾构推进对地面沉降变形进行监测反馈，以验证施工参数的合理性，根据监测结果，对施工参数进行综合协调、优化，保证每日掘进进度。

（2）同步注浆进度管理

提前根据施工信息分析和反馈，确定合理的注浆参数。定期做好注浆设备的维护保养、注浆材料供应和管路的清洗工作，保证注浆作业能够连续不中断的进行。每环掘进前，都要确认注浆系统的工作状态处于正常，并且浆液的存储量足够满足施工。

（3）管片进度管理

根据管片堆场的大小、施工的进度、管片生产周期等制定管片进场计划，在管片拼装前提前完成管片进场验收、防水材料粘贴等一系列下井前的工序。在盾构机完成掘进后，管片拼装过程中，严格按照规范要求进行施工，保证管片的拼装质量，减少不必要的返工补救时间。

（4）循环作业进度管理

在盾构施工作业中，掘进、渣土运输时间、地面弃渣及垂直运输之间循环作业的顺畅性对整体的进度影响很大，是进度管理的重点。

①尽可能地保证盾构机处于正常的掘进状态，减少不必要的停机时间。

②施工期间加强盾构机的维修保养，配备足够的盾构机配件，成立故障快速处理专业队伍。

③现场实行点对点、班对班的交接制度，相邻班次工作时间进行搭接，做到零时间交接班，盾构机各工序做到无缝衔接。

④电瓶车配备做到一环土一次出完，每环需要的管片、砂浆等材料一次运输完成，避免施工等待电瓶车运输的时间。

⑤采用合理的后配套配置，如电瓶车、门式起重机等重要起重运输设备，后配套要具备能够满足盾构掘进的生产效率。

2）端头冷冻加固进度管理

林城区间左线积极冻结期间因受地铁 6 号线潘墩站—林浦站区间盾构始发降水井抽水，引起地下水流速增大，过度消耗了冻结制冷量，对冻结效果造成影响，且地层地下水本身具有一定流速，冷冻加固速率较低。对此采取了以下措施：

（1）进行侧墙水平注浆，进一步注浆封堵洞门侧主体结构与地下连续墙间夹层缝隙。

（2）在洞门侧冻结加固范围内打水平探孔检验冻结壁与地下连续墙交界面冻结效果。

（3）进行地面垂直注浆，采用二重管注浆，注浆材料以水泥-水玻璃双液浆为主。

林城区间右线在冷冻开始施工后，就进行地层改良注浆，采用二重管注浆，注浆改良地层后，各测温孔内测点温度下降幅度明显，确保了盾构始发时间。左线盾构机于 2019 年 8 月 8 日顺利始发，右线盾构机于 2019 年 9 月 28 日始发，如图 5.6-2 所示。

a)   b)

图 5.6-2 盾构始发

3）上软下硬地层掘进进度管理

盾构机穿越第一处上软下硬地层，左线长 12.5m，右线长 25m，地表为黄山驾考场。根据地质勘探结果，左线岩石强度超过 60MPa，若采用常规土压模式掘进，可能造成掘进速度慢、超挖导致地面坍塌、刀具磨损严重（需带压换刀）等不良后果。

因此，左线采用地面密集钻孔破碎和注浆加固处理；而右线岩石强度≤60MPa，盾构机可直接通过。左线盾构机于 2020 年 3 月 8 日顺利完成穿越施工，右线盾构机于 2020 年 6 月 2 日顺利完成穿越施工。

5.6.2 TBM 模式施工进度管理

1）各工序流程进度管理

双模盾构 TBM 模式工序流程如图 5.6-3 所示。

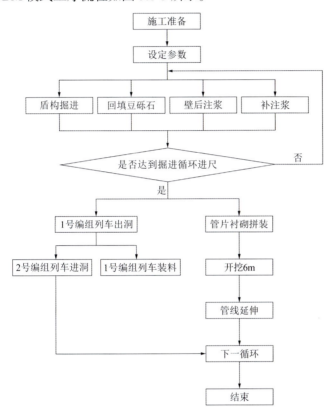

图 5.6-3 双模盾构 TBM 模式工序流程图

（1）盾构掘进进度管理

双模盾构 TBM 模式下，应密切关注实际推进情况，结合地质勘探报告，必要时采取地质超前预报，确保在掘进前探明破碎带、洞穴等特殊地层段并进行针对性处理。盾构掘进中宜以高转速、低扭矩的原则进行控制，掘进速度控制在 10~30mm/min，推进千斤顶应尽量均匀受力，压力差控制在 40bar 以内；加强刀具管理，做好机械设备的维保工作；加强盾构机、管片姿态复测；加强隧道内通风除尘。

针对掘进参数对施工进度影响主要体现在掘进速度及相对应掘进参数下刀具磨损情况、石粉含量情况等，对此，开展大推力+低转速、小推力+高转速、较大推力+转速试验，并结合本工程使用的 18in 滚刀的贯入度控制，得出在较大推力+转速工况下，整体效果较好，其各项掘进参数稳定且效率高，石渣状态好，石粉含量低，刀具磨损（出现细微的卷边现象）基本正常。

TBM 模式下掘进参数控制见表 5.6-1。

TBM 模式下掘进参数控制表 表 5.6-1

项目	掘进地层	总推力（kN）	刀盘扭矩（kN·m）	掘进速度（mm/min）	刀盘转速（r/min）
参数	微风化熔结凝灰岩〈9-2〉	≤15000	≤1500	10～30	3.0～4.5

（2）豆砾石回填注浆进度管理

在 TBM 掘进过程中，要尽快在脱出盾尾的衬砌管片背后吹入足量的豆砾石，并用浆液充填环形建筑空隙。施工前期做好充分的各项准备工作，对材料进行检验、设备精心测试、人员严格培训。现场储备足够的豆砾石，通过编组列车及时运入洞内，选择合理的孔位进行吹填，严格控制施工参数，避免堵管影响施工进度，回填完成后严格按照注浆方案及时进行注浆，填补空隙。

2）其他进度管理

（1）皮带掉渣及破损

双模盾构机 TBM 模式下，皮带掉渣严重且破损频率较高，对此进行原因分析如下：

①带式输送机两侧橡胶挡泥板损坏。

②溜渣槽与带式输送机渣斗有间隙 5cm。

③皮带托辊脱落。

④皮带刮泥板磨损严重。

⑤初期岩层裂隙较发育，出渣粒径较大，冲击皮带。

针对以上原因，采取以下处理措施：

①更换皮带橡胶挡泥板。

②在溜渣槽出渣口焊接钢板。

③采用高合金刮泥板，耐磨。

④采用钢丝皮带。

⑤刀盘加焊格栅。处理现场情况如图 5.6-4 所示。

a)　　　　　　　　　b)　　　　　　　　　c)

图 5.6-4　皮带掉渣及破损处理现场

（2）后配套资源配置

受 TBM 模式下电瓶车及门式起重机资源配置限制，故进行后配套设备改进，其中，电瓶车原编组为 45t 机车 + 土斗（18m³）+ 豆砾石车 + 砂浆车 + 管片车。受场地限制，用于林城区间使用的门式起重机（45t）仅有 1 台，出土、管片吊装、材料装卸、土斗清理等，均由 1 台门式起重机完成，效率低下。

因此，更换大吨位电瓶车，电瓶车新编组为 55t 机车 + 土斗（18m³）+ 豆砾石车 + 砂浆车 + 管片车；工区统一协调现场另外一台 45t 门式起重机协同使用，加强设备维保管理，增加维保人员数量，保证设备完好率。

（3）土斗积渣

TBM 模式下手凝灰岩遇水沉积黏结及门式起重机倾倒角度不足问题，现场渣土斗无法卸渣干净，影响下一环掘进。对此在过程中采取措施：掘进参数优化、渣土改良；土斗改造（焊滑板）；增加备用渣斗等。最终，经过现场分析，采取措施人工配合挖掘机清理 + 备用土斗解决积渣问题。

（4）污水处理困难

TBM 模式下产生污水含有大量石粉，污水衬垫效率低，造成污水直排现象，其中，单环掘进排水量为掘进用水（30m³/环）+ 管片及隧道清洗（1m³/环）+ 地层渗漏（豆砾石喷射口渗出，约 10m³/d）+ 其他部位产生污水（10m³/d），一天按 8 环计算，将产生 300m³ 左右污水。对此，现场采用添加 PAC、PAM 添加剂 + 压滤机的化学及物理相结合的污水处理措施，确保污水及时排放，如图 5.6-5 所示。

a)   b)

图 5.6-5 污水处理

（5）作业环境差

TBM 模式下作业环境的特点为高温、高湿、粉尘大、振动大，对此，采取了以下措施。

①高温

a. 加大通风量。

b. 采购制冰机。

c. 配备防暑降温物品（药品）。

②高湿

a. 加大通风量。

b. 及时排除隧道积水。

c. 配备祛湿物品（药品）。

③粉尘

a. 加大通风量。

b. 加强除尘设备维保。

c. 出渣口安装喷淋系统。

④振动

a. 优化掘进参数，控制刀盘转速。

b. 及时更换刀具，提高切屑效率。

5.6.3 模式转换期间施工进度管理

本工程 EPB/TBM 双模盾构机洞内模式转换为国内首次，为了能顺利进行模式转换及保证工期，在制造及验收过程中，已多次在厂内进行 1∶1 模式转换演练。

在实际模式转换过程中，现场施工条件与厂家在地面演练的条件存在一定差距，主要问题包括：

①洞内温度高导致焊工无法连续作业。

②空气质量差，作业效率低。

③螺旋输送机工装安装存在坡度问题（工厂内地面无坡度）。

针对以上问题，为保证施工工期，采取的措施为：安排多个焊工进行轮换、不间断作业；提供冰块降温；增加轴流风机，保证空气质量。且及时对当班完成的工作进行总结，在接下来工作中可能存在问题及时避免。区间左线于 2020 年 4 月 18 日完成 EPB→TBM 模式转换，于 2021 年 7 月 21 日完成 TBM→EPB 模式转换；区间右线于 2020 年 6 月 24 日完成 EPB→TBM 模式转换，于 2021 年 8 月 10 日完成 TBM→EPB 模式转换。模式转换螺旋输送机安装如图 5.6-6 所示。

图 5.6-6　模式转换螺旋输送机安装

(1) EPB→TBM 模式转换进度情况（表 5.6-2）

双模盾构 EPB→TBM 模式转换进度一览表　　　　　表 5.6-2

工序名称	工期(d)	工程进度 (d)														
		1	2	3	4	5	6	7	8	9	10	11	12	13	14	15
拖车后移、管线断开	1	■														
拆管路保护盖板	1	■														
定位小刮渣板	2		■	■												
焊接小刮渣板	4		■	■	■	■										
安装工装	1		■													
拆螺旋输送机	1			■												
拆回转中心及连接法兰	1				■											
安装溜渣槽	1					■										
安装主机带式输送机	1.5						■	■								
拖车前移、管线连接	1.5							■	■							
整机调试	3								■	■	■					
焊接刮渣板	4										■	■	■	■		
焊接溜渣板	2													■	■	
工程总工期		14.5														

(2) TBM→EPB 模式转换进度情况（表 5.6-3）

双模盾构 TBM→EPB 模式转换进度一览表　　　　　表 5.6-3

工序名称	工期(d)	工程进度 (d)																					
		1	2	3	4	5	6	7	8	9	10	11	12	13	14	15	16	17	18	19	20	21	22
割除倒运前盾溜渣板与小刮渣板	1.5	■	■																				
割除倒运大刮渣板,小溜渣板及格栅	3		■	■	■																		
管线断开、拖车后移	1.5					■	■																
焊接支撑,定位工装	1.5						■	■															
安装工装	2							■	■														
拆主机带式输送机	1.5									■	■												
拆除倒运溜渣槽	1											■											
安装连接法兰、变接法兰和回转中心和进行保压试验	3											■	■	■									
安装螺式输送机并拆除工装	3														■	■	■						
拖车前移、管线连接	2																	■	■				
整机调试	2																					■	■
工程总工期		22																					

第6章 TBM 模式刀具管理技术

6.1 刀具管理的原则

TBM 模式下，盾构机主要依靠滚刀的滚动挤压破岩。在推力作用下，安装在刀盘上的盘形滚刀紧压岩面，随着刀盘的旋转，盘形滚刀绕刀盘中心轴公转的同时绕自身轴线自转，在刀盘强大的推力、扭矩作用下，滚刀在掌子面固定的同心圆切缝上滚动。当推力超过岩石的抗压强度时，盘形滚刀下的岩石直接破碎，盘形滚刀贯入岩石，掌子面被盘形滚刀挤压碎裂而形成多道同心圆沟槽，随着沟槽深度的增加，岩体表面裂纹加深扩大；当超过岩石的剪切和拉伸强度时，相邻同心圆沟槽间的岩石成片剥落。破岩原理如图 6.1-1 所示。

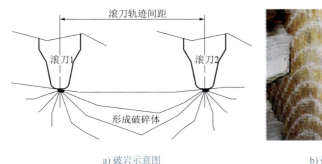

a) 破岩示意图　　　　　　b) 破岩实况

图 6.1-1　滚刀破岩原理

盾构机刀具的使用状况直接关系到施工效率。鉴于滚刀刀具在刀盘布置的轨迹不同，其磨损速率存在差异，损坏的情况也不尽相同，施工期间需遵循动态管理原则。

（1）根据盾构掘进参数变化情况、地层变化情况及刀具使用情况，灵活调整刀具检查频次。

（2）根据使用情况，及时对刀具磨损量及磨损状况统计分析，总结规律，以对刀具进行调整。调整范围包括刀具启动扭矩的调整、刀具刃宽调整、刀具刀圈硬度调整及刀具刀圈镶嵌耐磨合金的调整。保证刀具使用的计划性和经济性。

6.2 滚刀损坏的形式与主要原因

6.2.1　滚刀的结构

滚刀的结构包括刀圈、刀毂、挡圈、刀轴等，如图 6.2-1 所示。

6.2.2　滚刀损坏的形式

滚刀主要损坏形式包括刀圈损坏、轴承损坏、油封损坏及其他损坏形式。

（1）刀圈损坏

刀圈损坏包括刀圈正常磨损、刀圈偏磨、

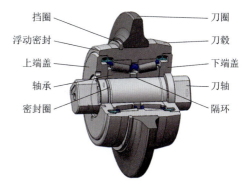

图 6.2-1　滚刀结构

刀圈卷边、刀圈断裂、刀圈移位、刀齿脱落等损坏形式,如图 6.2-2 所示。

a) 正常磨损　　　b) 刀圈偏磨　　　c) 多边偏磨　　　d) 刀圈卷边

e) 刀圈断裂　　　f) 刀齿脱落　　　g) 刀圈移位

图 6.2-2　刀圈损坏形式

（2）轴承损坏

轴承损坏包括轴承断裂、轴承架损坏或脱落轴承进泥沙、轴承滚珠磨损、轴承整体磨损等损坏形式,如图 6.2-3 所示。

a) 轴承断裂脱落　　b) 轴承架损坏　　c) 轴承架脱落　　d) 轴承进泥沙

e) 轴承整体磨损　　f) 轴承滚珠磨损　　g) 轴承架变形

图 6.2-3　各种轴承损坏形式

（3）刀具油封损坏

刀具油封损坏包括密封失效、密封橡胶圈变形或断裂、密封环变形或磨损等，如图6.2-4所示。

　　a) 密封失效　　　　　　　b) 密封圈断裂　　　　　　c) 密封环变形

图6.2-4　刀具油封损坏形式

（4）其他损坏形式

其他损坏形式包括端盖破损、刀毂磨损、刀轴断裂、整刀磨损、挡圈断裂、支架磨损、整刀损坏等，如图6.2-5所示。

　a) 端盖破损　　　　b) 挡圈断裂　　　　c) 刀轴断裂　　　　d) 刀毂外侧磨损

　e) 刀毂内侧磨损　　f) 双刀支架内侧磨损　　g) 端盖内侧磨损　　h) 整刀损坏

图6.2-5　其他损坏形式

6.2.3　滚刀损坏的主要原因

根据滚刀损坏主要形式，结合刀具自身、维修、掘进参数控制、刀具检查更换制度及岩石强度等展开分析，找出滚刀损坏主要原因。滚刀损坏的主要原因如下：

（1）刀具材料硬度太高或太低，加工精度不满足要求。在围岩强度高或推力较大情况下，引起滚刀卷刃、崩刃及刀圈断裂等异常损坏。

（2）刀具维修问题。在刀具装配、维修过程中存在轴承与刀体不匹配、浮动金属密封与密封座尺寸不符合、挡圈焊接不牢等质量问题，使用时引起刀圈移位及挡圈脱落等异常损坏。

（3）刀具启动扭矩过大。在地层较软的情况下，刀盘转动的摩擦扭矩小于启动扭矩，滚刀无法正常转动，引起滚刀偏磨。

（4）刀具刀圈无法正常转动。导致与岩石摩擦生热，刀具温度急剧上升，使润滑油泄露，密封圈失效。

（5）总推力过大。导致滚刀所受荷载过大，使轴承受到挤压变形损坏或刀圈开裂。

（6）轴承损坏或异物卡住刀座。导致滚刀无法正常转动，引起刀圈偏磨。

（7）总推力、刀盘扭矩出现较大变化量时，刀具所受的切削力平衡被破坏。过大的切削力产生的驱动力矩大于滚刀的额定荷载将对滚刀轴承或刀圈造成破坏，致使刀具轴承出现滚珠磨损、碎裂等损坏形式，刀圈出现刀圈崩口，卷边等损坏形式。

（8）总推力、刀盘扭矩波动大。导致盾构机振动大，刀具与围岩发生剧烈碰撞，受力方向及大小发生突变，引起刀圈断裂、挡圈断裂、密封失效等异常损坏。

（9）刀具检查频率不够及检查刀具不仔细。损坏刀具没有及时发现，导致相邻滚刀负荷增加出现异常损坏。

（10）刀具更换时，刀槽深度、宽度不足。恢复掘进后，贯入度过大，导致刀圈开裂或轴承过载损坏。

（11）存在紧固件脱落、刀箱变形等问题。引起滚刀碰撞崩裂等异常损坏。

（12）掌子面强度低，裂隙多。破岩岩石块状大，掉落过程中撞击刀具，或二次撞击等情况，引起刀具异常损坏。

（13）掌子面岩石强度高，刀盘推力过大，导致刀圈出现卷刃异常损坏。

6.3 滚刀的磨损规律分析

1）全断面岩层刀具磨损特点

破岩过程滚刀受到的外力包括岩石对刀刃的作用力（即切削力）、岩渣对刀具表面的摩擦力（阻力矩）、轴承内部阻力矩等。

全断面岩层掘进时，滚刀破岩过程中，刀圈上承受着很大的压力，而且岩石强度越高，承受的压力越大。随着刀刃的贯入，与岩石接触的刀圈材料表面此时发生局部塑性变形，受到坚硬岩石中硬矿物的挤压而形成微隆起，甚至当压痕深度超过临界时形成微断裂。随着刀圈在坚硬岩石中的不断贯入，微隆起慢慢脱落，微裂缝慢慢扩展，从而使材料逐渐磨损。岩石中坚硬矿物含量越高，颗粒形状越不规则，微隆起形成越多，刀圈材料磨损越快。在硬岩中掘进时刀具贯入度小，因此刀圈的磨损主要是新鲜岩面和裂纹对刀刃的磨蚀作用。岩石强度高，作用在滚刀上的压力相应要很大，刀圈材料易发生塑性变形；硬矿物压入材料的深度易超过临界深度而形成压痕断裂，从而形成较大的点磨损。在这类岩石中，破碎区浅，岩粉对刀刃的两侧磨蚀很少，因此刀刃被磨平，这种磨损形式是刀具磨损最快的形式。

刀圈磨损形式属于冲击磨料磨损的范畴，是冲击与滑动摩擦磨损等过程的复合。在冲击瞬间，刀圈材质与岩层之间形成的摩擦界面，压碎的岩粉形成硬质磨粒，在刀圈与岩层的冲击碰撞下，进入高应力磨粒磨损阶段；随后刀圈转动脱离接触，不再发生磨损。这两个过程周而复始地交替进行。冲击磨料磨损是一种极恶劣的磨损工况，在这种工况下工作的零部件都会表现出极短的寿命，刀圈各部位的磨损程度是一致的，为均匀磨损，当磨损达到磨损极限时需进行换刀。

2）TBM模式下滚刀磨损规律

本工程在TBM模式下掘进时，每5环进行了一次刀具检查；当出现参数异常时，及时进仓检查。左线隧道900～1080环正面滚刀、边缘滚刀及外围滚刀磨损量统计如图6.3-1～图6.3-3所示。

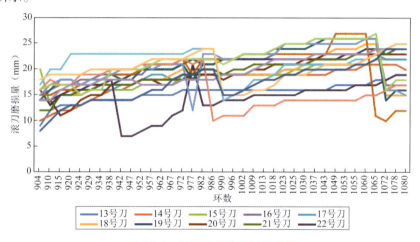

图6.3-1 正面滚刀磨损量折线图

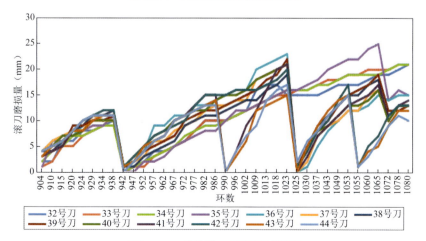

图6.3-2 边缘滚刀磨损量折线图

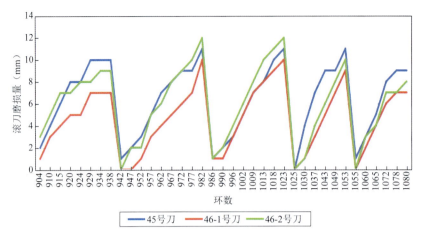

图 6.3-3　外围滚刀磨损量折线图

根据以上刀具磨损量统计情况及结合掘进参数，对刀具磨损机理分析如下：

（1）当总推力过大时，受作用力与反作用力影响，刀具刀圈所受压力增大，刀具磨损速度快。

（2）当掘进速度快时，在刀盘转速不变的情况下，刀具刀刃贯入度大，当超过临界值时，刀刃形成微断裂，加快刀具磨损速度。

（3）刀盘转速越快，刀具破岩过程中摩擦热量无法及时传递，导致刀具耐磨性减弱，刀具磨损量越大。

（4）刀盘扭矩波动大时，掌子面强度变化大，各位置刀具磨损量不统一。

（5）刀盘上刀具安装半径越远，刀盘旋转线速度越大，刀具与岩面摩擦路径越长，刀具磨损量相对越快。且受刀间距影响，各位置刀具破岩体积权重系数不同，其中，34 号刀具破岩体积权重系数最大，刀具磨损量最大。

（6）岩石强度越高，刀圈与岩面易造成较大点磨损，刀圈侧面磨损小，刀刃易磨平，刀具磨损速度快。

6.4　刀具检查

盾构机在硬岩地层掘进过程中，刀具检查是保证盾构机正常掘进的重点工作。刀具检查由换刀班组按相关技术要求进行，检查频率为 1 次/3 环。每次开仓检查刀具时，详细记录每把刀具的磨损量、磨损刀座号等信息。刀盘刀具的检查要求如下：

（1）滚刀的磨损量和偏磨量，漏油情况，滚刀刀圈的脱落、裂纹、松动、移位等，刀具螺栓的松动和螺栓保护帽的缺损情况。

（2）刮刀的合金岗和耐磨层的缺损和磨损以及刀座的变形情况。

（3）刀盘有无裂纹、刀盘牛腿磨损及焊缝开裂情况。

（4）搅拌棒耐磨层的完好情况。

（5）检查刀盘是否黏结泥饼等。

施工过程中，根据不同的围岩强度下的总推力及产生的刀盘扭矩，且结合出渣情况等综合判断刀具磨损情况，发现问题后及时停机对刀具进行检查。

6.5 刀具更换

6.5.1 刀具更换的标准

刀盘刀具更换的标准如下：

（1）滚刀在刀圈产生偏磨、漏油、挡圈断裂或脱落、刀圈脱落、裂纹、松动、移位情况下必须进行更换。

（2）滚刀正常磨损时按刀盘最外 3 把滚刀磨损大于 10mm，其余边缘滚刀磨损量大于 15mm，正面滚刀磨损量大于 25mm，中心滚刀磨损量大于 25mm 时更换。

（3）刮刀/齿刀合金齿缺损和耐磨层磨损完时更换。

（4）边滚刀磨损量控制在 15～20mm，正面滚刀磨损量控制在 25～30mm。

在刀具检查完成后，根据检查结果依据刀具更换标准或由工程部根据推进参数进行刀具更换指令下发。

6.5.2 换刀施工技术

1）作业流程

TBM 模式下采取常压开仓进行换刀作业，常压开仓施工工艺流程如图 6.5-1 所示。

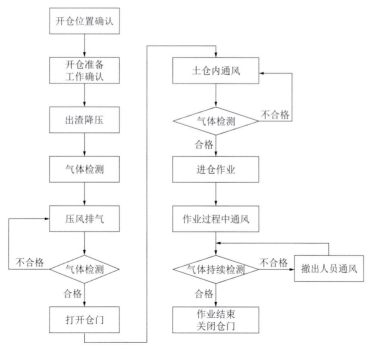

图 6.5-1 常压开仓换刀工艺流程

2）换刀施工关键技术

（1）开仓准备

开仓前，根据地质勘察报告和开仓前最后一环渣样留样的分析情况、掘进参数，分析地层进一步确认是否满足常压开仓条件。按要求对仓内进行测氧、测爆、测毒等，并对危害物质进行评价，判定危险程度后，确定是否开仓。

为保证开仓作业的连续、快速，必须做好充分的准备。准备工作包括预计开仓作业、换刀作业工具、洞内水电、洞内通风、盾构机人舱，以及仪表设备的检测、气体检测仪器、压排风机具料具、进仓作业人员的技术交底、安全交底等。准备工作由专人负责，完成后由相关技术人员确认，总工程师审核。

具体准备工作如下：

①跟班机修工程师检查前体隔板、人闸上的球阀及闸阀，对堵塞的球阀及闸阀进行疏通保证能够正常使用。

②跟班机修工程师对盾构机各系统进行检查，保证其功能完好。

③准备好照明灯具、风镐、潜水泵、风动扳手、葫芦、木板、安全带等；检查并接通冲洗管路，准备好需要更换的刀具及其附件。

④跟班电气工程师提前做好照明设施，采用工作电压不大于12V的可移动式灯具，灯具的连接线应采用安全可靠绝缘的重型移动式通用橡胶套电缆线。

⑤引入仓内的照明线路必须悬吊架设固定避开作业空间，照明灯具不允许用电箱悬吊，照明线路应无接头。

⑥跟班电工、盾构司机共同确认刀盘、螺旋输送机等动力设备的电源已切断。

⑦进仓换刀人员应选择具有相关施工经验，并具有相应体检健康证明的工人。并严格进行施工安全和技术培训，培训合格后方能进行仓内换刀工作。

⑧准备进仓人员要穿戴好符合国家标准、行业标准及相关单位规定的个人劳动防护用品。

⑨当进行焊接作业时，必须保证合理的气流量和通风量，选择有效的吸尘装置，以降低窒息气体的浓度和排除烟雾与粉尘。仓内所有人员都必须穿着绝缘劳保服。

（2）排出土仓内的上部土以达到开仓条件

由跟班盾构司机通过操控螺旋输送机将土仓内的渣土输出，土仓最上部的土压力传感器显示数据接近为0，及土仓内渣土降至人舱门底部以下之后，暂停出渣，打开人闸内出气闸阀，如果有水则在隔板中部打开球阀让水流出；如果此时水流不止，则打开超前注浆管中靠近中部的两个放水阀。

降低土仓压力将土仓内土和水位降至9点钟以下，打开盾构机人舱隔板位置的球阀，通过盾构机的泡沫系统通风置换土仓内空气。

（3）土仓内气体含量的检测

由气体检测人员携带便携式气体检测报警仪器，通过盾构机人舱隔板位置的球阀对土仓内的气体含量进行检测,如果检测气体含量超标则对土仓内继续通风置换仓内气体,直至检测合格后方可开仓。

土仓内气体含量(按体积计):有害气体一氧化碳浓度不超过0.0024%,二氧化碳浓度不超过0.5%,甲烷浓度不超过1%,硫化氢浓度不超过0.00066%,氧气浓度19%~22%。

(4)打开土仓门

气体检测无异常后打开土仓门。利用风动扳手依次松开土仓门螺栓,观察渣土流至土仓门下后,方可卸除全部螺栓并松动土仓门楔块,逐渐打开土仓门。土仓门打开后立即打开风机对土仓内空气进行置换,气体检测人员对土仓内气体进行进一步检测,同时进行活物探试。如检测不合格或放入的小动物(小白鼠)有异常则继续通风,直至检测无异常后才能进行掌子面进行地质检查。

(5)工程地质确认

土仓内易燃有害气体含量检测合格后,由盾构跟班土木技术人员查看掌子面地质条件,仔细观察后签署意见,并由总工程师进行审核。判断绝对安全后其他人员方可进入土仓进行下一步作业。

如地质条件不满足作业要求则采取加固措施或关闭土仓门,再选择其他位置开土仓门。

(6)换刀施工

①换刀作业人员按换刀方案进行刀具处理。在进行刀具处理过程中,必须有1名土木值班员对开挖面的地层稳定情况和土仓内水位情况进行观察,1名气体检测员不间断地进行气体监测。如有异常,应及时通知并要求人员撤出土仓,采取处理措施。进入土仓人员必须按要求绑扎好安全带,安全带由仓外人员拉紧,如有特殊情况随时将人员拉出。

②刀具更换前在人闸舱口平台处存放足够数量的备换刀具,注意避免挡住人舱的出入通道。

③刀具更换过程中必须明确所需更换刀具的编号及换刀步骤,进仓班组按照上一班组确认的刀具编号进行换刀,并确认下一班组所需换刀编号。

④所有需要更换的刀具必须经过仔细地清洗并擦干;向刀盘上安装刀具时应事先将刀盘上的安装位置清理干净。

⑤当作业过程中需要旋转刀盘(旋转刀盘必须经过工程部同意,方可旋转刀盘),此时所有作业人员应撤离到人舱内,关闭土仓仓门,旋转刀盘并检查掌子面稳定情况后再进行换刀作业;由于进入土仓的仓门位于面向掘进方向的右上侧,作业人员必须位于面向掘进方向的右上侧进行刀具更换,以减小异常情况发生时人员的撤离距离。

⑥详细换刀步骤:

a. 将需更换刀具的部位旋转到9点或3点位置。

b. 根据实际条件在土仓内搭设木质作业平台。

c. 将刀具及刀座清洗干净。

d. 取刀。利用土仓顶部的吊耳、手拉葫芦将刀具挂好，用风动工具松开刀具螺栓然后取出刀具，从人闸内转回到盾构机内。

e. 装刀。将须更换的刀具运送进到土仓，按拆刀的相反步骤将刀具装好、拧紧至设计扭矩值。

f. 原则上实行拆1把刀换装1把刀的施工顺序。

（7）关闭土仓门及恢复推进

刀具处理完毕后对土仓及刀盘前方进行全面的检查，避免工具、杂物遗留在土仓内。检查完毕由当班班长签认机械工程师确认，确认后关闭土仓门，土仓门关闭情况由机械工程师确认。盾构恢复掘进时开始不出渣土，待土仓内实际土高度达到土仓高度的2/3时进行正常出土推进施工。

3）仓内作业安全保障措施

（1）开仓作业必须在既定的位置进行，如因施工需要必须在其他位置进行开仓作业时，必须经充分分析论证后决定。

（2）开仓前必须进行作业安全技术交底，交底必须涵盖以下内容：

①换刀作业内容和程序、换刀作业中的危险有害因素。

②安全措施和要求。

③作业过程中的联络方式，紧急情况下的避险和逃生。

④换刀完成后仓内清理工作。

（3）开仓作业的一切准备工作必须提前做好，一旦开仓必须保证换刀作业立即开始。

（4）开仓后先观察掌子面的稳定情况，经判断稳定后再进入土仓作业。

（5）要严格执行对甲烷、CO等有毒有害易燃易爆气体浓度检测工作，如果浓度超标严禁进入工作面再继续通入空气，直至气体检测无异常。并采取充分的通风换气措施，使仓内的氧气浓度在作业过程中始终保持在19%以上，严禁用纯氧进行通风换气。

（6）在作业过程中由专人负责观察掌子面稳定情况和水位情况，一旦发现异常及时撤出施工人员并关闭仓门。

（7）严禁工作人员在隧道内吸烟或在盾构机内进行明火作业，如需要明火作业，必须经对本区域气体成分进行检测确认是否安全。

（8）每次转动刀盘时确保通信畅通，确认人员和机具等撤离土仓后方可转动刀盘，刀盘停转后关闭刀盘锁并拔除钥匙交于专人保管后人员方可进入土仓作业。

（9）在刀具更换过程要持续通入空气且不断对甲烷等气体浓度等进行监测，一旦发现异常气体浓度超标，工作人员应立即撤出工作面切断电源进行处理。电动机或其开关地点附近20m以内风流中甲烷浓度达到1.5%时必须停止运转，撤出人员切断电源再进行处理。

（10）因瓦斯浓度超过规定而切断电源的电气设备，都必须在甲烷浓度降到1%以下时才可开动机器。

（11）工作仓内用于照明的灯具必须使用安全防爆类型，照明所使用的安全电压输电线路必须使用密闭电缆，严禁使用绝缘不良的电线或裸体线输电。

（12）操作平台和换刀用葫芦应固定牢固，仓门应畅通严禁杂物堵塞仓门，工作面附近必须配备有效的灭火器。

（13）定期开展培训和演练。

（14）做好开仓作业组织确保施工的有序、连续尽快完成施工。

（15）仓门前张贴开仓操作流程，注意事项等。

6.6 刀具维修

6.6.1 刀具维修项目

刀具维修包括旧刀具维修项目的判定、刀具清理、刀具的拆解、刀具部件的更换、刀具的组装等工序，工艺要求高，需要特殊对待。

6.6.2 刀具维修技术要点

（1）刀具维修项目的判定。对刀具进行清理后，根据刀具的情况对需进行的项目进行判定。

（2）部件的更换。刀具的维修包括多个步骤，需要严格进行，保证刀具的维修质量。

（3）维修后的标识。刀具维修好后，详细记录刀具维修情况并备案，维修好的刀具使用自喷漆进行明显标识，防止新旧刀具混淆。

6.6.3 刀具维修安全保障措施

刀具修理间应备有足够的防火装置，以免火灾的发生。压床、磨床、砂轮机、切割机、电焊机等设备的使用必须符合相关的安全操作规程要求。

第7章 辅助工法与特殊措施

7.1 渣土改良与管理

7.1.1 渣土改良技术

渣土改良就是通过盾构配置的专用装置向刀盘面、土仓内或螺旋输送机内注入水、泡沫、膨润土、高分子聚合物等添加剂,利用刀盘的旋转搅拌、土仓搅拌装置搅拌或者螺旋输送机旋转搅拌使添加剂与渣土混合,使盾构切削下来的渣土流塑性良好、稠度合适、透水性较低、摩擦阻力较小。

渣土改良技术主要应用于 EPB 模式掘进。

1)渣土改良的必要性

盾构机在黏粒含量较高的黏性土地层掘进时,黏性土层切削下来的土层比原地层强度低,具有塑性流动性。在建立土仓压力平衡状态的情况下,因土颗粒间黏性力的作用,黏性土会压密固化,在土仓内、刀盘开口处等部位固结,失去流塑性,结成"泥饼",造成刀具无法有效转动、无法顺利出渣、刀盘扭矩增大、主驱动油温升高等掘进异常状态,严重时造成盾构机损坏,如图 7.1-1 所示。

而盾构机在砂性土或砂砾地层掘进时,由于地层颗粒黏聚力小、内摩擦角大、渗透系数大,渣土流塑性、黏

图 7.1-1 盾构刀盘结泥饼

聚性及保水性较差,容易出现土仓内渣土堆积、螺旋输送机喷涌、刀盘、刀具及螺旋输送机叶片异常磨损等现象,影响盾构机的施工效率。

因此,在黏性土、砂性土或砂砾地层通过注入改良剂进行渣土改良,可使渣土具有良好的流塑性,既能有效保护盾构机部件,又能提高盾构掘进施工效率。

综上所述,渣土改良的目的如下:

(1)使渣土具有良好的土压平衡效果,有利于稳定开挖面,控制地表沉降。

(2)提高渣土的不透水性,使渣土具有良好的止水性,从而控制地下水流失。

(3)提高渣土的流动性,利于盾构螺旋输送机排土。

(4)防止开挖的渣土黏结盾构刀盘而产生泥饼。

(5)防止螺旋输送机排土时出现喷涌现象。

(6)降低盾构刀盘扭矩和螺旋输送机的扭矩,同时减少盾构刀具和螺旋输送机的磨损,提高盾构机的掘进效率。

2)常见的渣土改良方法

常见的渣土改良方法根据注入添加剂种类的不同,分为如图 7.1-2 所示的几种方法。

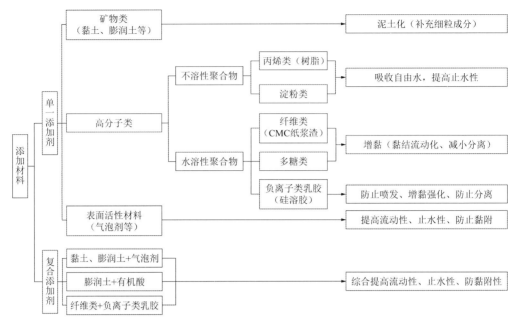

图 7.1-2 常见的渣土改良方法和作用

矿物类添加剂主要包括膨润土、黏土、陶土等天然矿物,其作用是补充土体的微、细粒组分,减小土体的内摩擦角,提高土体的流动性和止水性。其主要以膨化泥浆的形式注入,其浓度和注入量根据开挖土的级配、不均匀系数等确定。

高分子类添加剂包括不溶性聚合物和水溶性聚合物两类。不溶性聚合物主要含树脂、不溶性聚合物,这种材料吸水而不溶于水,可防止高水压地层的地下水喷出,树脂可填充砂土的颗粒空隙,提高土体的流动性。水溶性聚合物中的纤维、多糖类添加剂可以把砂颗粒间隙中的自由水挤走;负离子类可以在砂颗粒和水之间形成絮状凝聚物,使其发生黏结,减小内摩擦角,提高流动性。

表面活性材料(气泡剂)是通过与高压空气融合后经过发泡装置产出的渣土改良混合材料,表面活性材料中的憎水基和亲水基成分作用,可以减小水的表面张力,提升润滑效果,使土颗粒可以自由流动,同时可增强土体间的扩散能力。

几种常用添加剂的适用性比较见表 7.1-1。

几种常用添加剂的适用性比较表　　　　　表 7.1-1

添加剂种类	代表材料	主要作用	适用土质	缺点
矿物类	膨润土	提高不透水性、流动性	各种土质	制泥设备昂贵、存在废弃物处理问题
水溶性高分子	CMC	提高黏性	无黏性土	存在废弃物处理问题
高吸水性树脂	环氧树脂	变成胶凝状态防喷涌	高水位、含水率高的土质	在酸碱地基和化学加固区吸水能力会降低
界面活性材料	泡沫	提高不透水性、流动性、防止黏附	各种土质	无

不同地层适宜采用的渣土改良方法如图 7.1-3 所示。

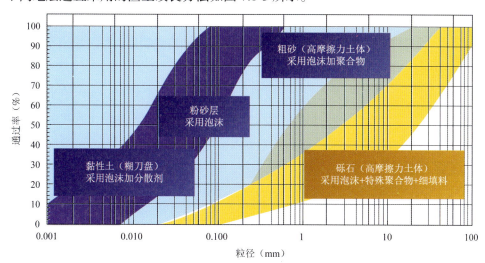

图 7.1-3　不同土层适宜采用的渣土改良方法

3）工程应用

本工程渣土改良采用膨润土、高分子聚合物及泡沫剂配合使用，并进行了高分子聚合物配比试验、泡沫发泡试验、膨润土膨化稠度试验，以此选择较优的渣土改良参数。详见本书第 4.1 节。

7.1.2　切削土量的管理

按照设计要求，盾构每环掘进长度为 1.2m，每环原状土出土方量为 39.43m^3，根据前期现场盾构掘进经验，以及该段地质实际情况，考虑取 1.2 倍松散系数，即每环所需运输土方量为 47.32m^3。为保证准确判断出土量，渣斗每次到位，土建工程师都必须进行检查，必须做到"每斗必看，每斗必量"。同时渣斗吊至地面时，由地面值班队长记录出土量，并监督门式起重机倒渣土时渣斗尽可能倒净，避免因渣斗内残留渣土影响出渣量的判断。

7.1.3　渣土排放管理

随着城市发展的不断加快，渣土运输逐渐成为城市建设中一个重要环节，渣土排放管理问题也成为管理工作的重点，应在硬件、软件方面予以加强。本工程采取的渣土排放管理措施如下：

（1）采用渣土环保处理技术，将泥渣初分成清水和泥饼，便于外运和排放。

（2）施工场地及道路进行硬化，适时洒水，减轻扬尘污染。

（3）施工场地内配置自动喷淋系统及雾炮，施工场地大门安装有环境监测系统，当环境污染指数达到预警值时，系统自动触发喷淋系统开启；场地外配置洒水车，减小渣土车的扬尘污染。

（4）渣土运输采用密封式运输车，定期保养，使其保持良好的运行状态，适量装载；

在场地进出口设置洗车台，对车辆进行清洗，保持干净整洁；运输途中不得超载、冒载、超速、沿途遗撒、污染路面。

（5）推广使用智能型建筑废土运输车辆，建立定期检查制度，外运出渣车安装GPS，对无牌、无手续、未年检的车辆禁止使用。

（6）在运输管理上，定人定责、定线路，尽量错开交通高峰期，实行渣土运输双向签收制度，严格限制运输线路和弃土点，防止大面积污染道路和乱弃渣土现象。

7.2 注浆控制技术

7.2.1 同步注浆技术

1）施工工艺流程

同步注浆作业施工工艺流程如图7.2-1所示。

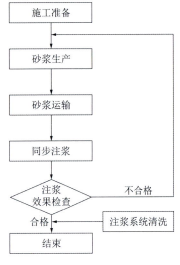

图7.2-1 同步注浆作业流程图

2）施工技术要点

（1）施工准备

同步注浆材料除应满足强度要求外，还应满足流动性、可填充性的要求；同步注浆浆液初步配比可根据施工要求、施工进度、浆液胶凝时间等进行配置。注浆材料应检测合格，满足设计规范要求。

（2）砂浆生产

浆液严格按工程师提供的配合比配制；原材料计量误差要控制在规范要求范围内；投料顺序按水、水泥、砂依次进行；搅拌时间控制在2min左右；选择适合工程进度的搅拌机、配料系统及材料储存罐。

（3）砂浆运输

浆液搅拌好后，下放到编组列车中的砂浆运输罐与其他列车同时进入掘进工作面，随后通过拖车上的砂浆泵将运输罐中的浆液注入拖车上的储浆罐；运输、储存时间不宜过长（防止发生初凝），当运输、储存时间较长时，则考虑添加缓凝剂；若发生沉淀、离析现象，应进行二次搅拌；砂浆在运输与储存过程中不得随意加水。

（4）同步注浆

同步注浆同时对盾尾预置的4个注浆孔进行压注，在每个注浆孔出口设置分压器，以便对各注浆孔的注浆压力和注浆量进行检测与控制，从而获得对管片背后的对称均匀压注；同步注浆在地层均匀和盾构姿态较好时，4个注浆孔应均衡注入；可根据地层情况及盾构姿态，调整各点注浆压力、注浆速度、注浆量。注浆施工时，要时刻观察压力及流量变化，并根据注浆状况及时调整施工参数。

（5）效果检查

过程中实时监控是否达到规定的注浆压力与注浆量，如未达到应迅速进行调整同步注浆。

（6）注浆系统清洗

作业完毕后，搅拌机、运输罐、泵、注浆管路一定要及时清理干净，原则上每班清理一次。

3）施工质量控制

同步注浆质量控制及检验方法见表7.2-1。

同步注浆质量控制及检验方法　　　　　　　　　　表7.2-1

序号	控制项目	控制指标	检验方法	备注
1	浆液凝固时间	4～6h	掘进结束一段时间后，打开盾尾管片同步注浆孔查看	富水地层相应缩短凝固时间
2	浆液凝固强度	大于相应地层土质强度	根据配合比拌浆后由试验得出	
3	注浆量	根据地质及盾构机开挖面计算得出	—	应考虑浆液的收缩适当增加注浆量，填充系数宜为1.3～2.5
4	注浆时间	应从开始掘进至当环结束	现场查验	

7.2.2　二次注浆技术

1）施工工艺流程

二次注浆施工工艺流程如图7.2-2所示。

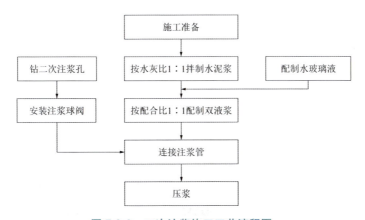

图 7.2-2　二次注浆施工工艺流程图

2）施工技术要点

二次注浆浆液配比选择须符合实际地层的浆液配比，并根据地层的改变进行及时调整，以满足地质条件需要达到的满意注浆效果。

注浆主要技术参数如下。

（1）注浆压力

进行双液注浆时，根据土压力与静水压力合算结果，确定注浆压力，以不损伤盾尾刷的压力值为基准。

（2）注浆量

注浆量需要根据盾构穿越不同地层、曲线类型以及地面变形情况进行适时调整、优化。盾构穿越构建筑物时应及时进行二次注浆，以加快穿越部分的土层固结。

（3）注浆时间

二次注浆于管片脱出盾尾 3～5 环开始实施，但要注意土仓内的土压变化，浆液不要顺着盾体注入土仓内。

（4）二次注浆作业顺序

根据管片的排序，注浆顺序为先下后上，即：拱底块→标准块→邻接块→封顶块的顺序。双液注浆全过程应加强施工检查和监测，防止地面出水溢浆。管片错台现象较严重段，根据管片错台量调整各孔的注浆压力及注浆量。

3）施工质量控制

（1）质量控制要点

①确保浆液配置的均匀性，搅拌站应合理按照二次注浆配合比精心拌制，为控制水泥浆配比的达标，技术员可利用密度计进行抽检。水玻璃可在隧道内进行拌制，在用水稀释后可取样试验，检测浆液凝固时间及效果。水玻璃容器应配备具有刻度的容器，便于调制。

②注浆时要及时观察注浆压力，当没有达到设定注浆压力时，可停顿 3～5min；有些地层渗透性差，需间隔时间多次进行注浆。对注浆过程中发现管片出现裂缝的，立即停止该部位注浆操作，并堵好注浆孔。双液注浆方向并由专人操作，当压力突然上升或从孔壁、地面溢浆以及跑浆时，立即停止双液注浆。

（2）注浆效果检查

①在注浆过程中主要通过观察压力表值，看指针波动情况。观察压力值是否过高、注浆量是否达到设计的注入量，以此来判定注浆效果，这个过程主要靠现场技术人员及注浆操作人员控制，并及时做好注浆记录。

②通过注浆过程中做好各项注浆记录，及时了解注浆压力和注浆量变化情况，判断注浆效果是否满足设计要求。

③施工中如果发现单孔注入量超过设计的注入量时，要立即停止对该孔位注浆操作，对下一孔位进行注浆，确保各孔位注浆量的均匀。注入量低于预定注入量时，根据压力值的大小，确定是否再次压注，确保管片壁后空隙充填密实。

7.3 TBM 模式管片壁后填充技术

7.3.1 管片壁后填充设计

双模盾构机 TBM 模式下施工段管片壁后充填是通过双模盾构机上碎石喷填系统及

水泥浆注入系统或外置注浆系统(注浆机+搅拌桶+注浆管)对管片壁后空隙进行填充的,如图 7.3-1 所示。其中,豆砾石喷填是在管片脱出盾尾后通过豆砾石喷射机经管道及管片预留注浆孔压送至管片外侧与围岩之间的空隙中;回填灌浆是在已完成的豆砾石喷填段通过注浆泵、注浆球阀、注浆管将水泥浆压送至管片背后,填充豆砾石及管片壁后建筑间隙。从而形成较为密实且饱满的环形填充层,可有效减小成型隧道错台及渗漏水质量缺陷。

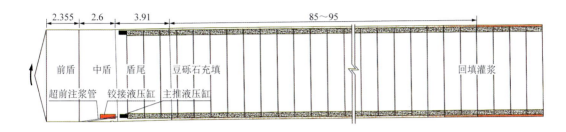

图 7.3-1 双模盾构机采用 TBM 模式施工段管片壁后填充示意图(尺寸单位:m)

7.3.2 壁后填充设备

双模盾构机采用 TBM 模式施工段管片壁后填充所需主要机具设备见表 7.3-1。

设备机具配置表　　　　　　　　　表 7.3-1

序号	名称	规格型号	单位	数量
1	碎石喷填系统		套	1
2	水泥浆注入系统		套	1
3	双液注浆泵	GZJB	台	1
4	注浆机	15kW	台	1
5	搅拌桶	0.5m³	个	2
6	对讲机		部	3
7	鼓风机		台	1
8	高压清洗机		台	1

7.3.3 管片壁后填充施工

双模盾构机 TBM 模式下施工段管片壁后充填主要包括豆砾石喷填、止水环施作及回填灌浆。其中,回填灌浆根据施工进度、施工质量及现场条件,采取利用盾构机上水泥浆注入系统或外置注浆系统(注浆机+搅拌桶+注浆管)对管片壁后间隙进行灌浆。具体施工工艺流程如图 7.3-2、图 7.3-3 所示。

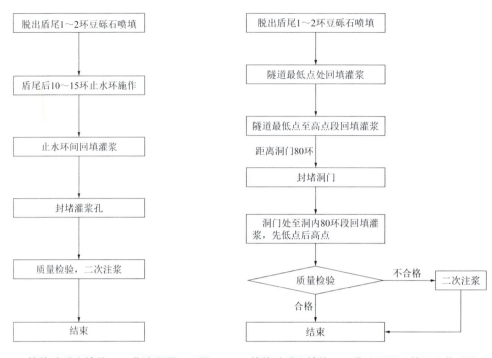

图 7.3-2 管片壁后充填施工工艺流程图 （盾构机水泥浆注入系统）

图 7.3-3 管片壁后充填施工工艺流程图（外置注浆系统）

1）豆砾石喷填

（1）豆砾石材料选择及检查

本工程管片壁后与围岩间隙为135mm，管片喷填孔直径为80mm，为满足豆砾石快速、高效喷填需要，并保证后续回填灌浆后管片壁后强度满足要求，选择豆砾石粒径为 5～10mm。豆砾石进场及喷填前应严格检查粒径、含泥量及含水率等指标，如图 7.3-4 所示。

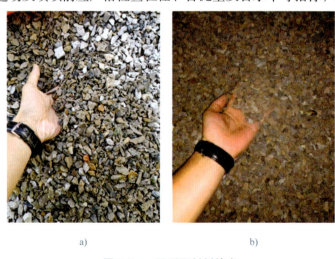

a)　　　　　　　　　　　b)

图 7.3-4　豆砾石材料检查

（2）豆砾石运输

采用装载机将豆砾石定量放入豆砾石罐车中，由门式起重机吊装至电瓶车上，由电瓶车运输至隧道内,再吊装至盾构机后配套 4 号台车平台上,如图 7.3-5 所示。

a) b)

图 7.3-5 豆砾石运输

(3) 喷填孔位选择及管路连接

喷填孔为管片脱出盾尾后 1~2 环管片腰部以上位置(宜为 2、14 点位),确保每环管片填充量,减小管片位移。且坚持"脱离盾尾一环就必须回填一环"的原则进行,确保管片底拱及时填充。

采用钻机开启喷填孔,而后将连接喷豆砾石管道的喷头插入喷填孔进行充填,如图 7.3-6 所示。

a) 管路连接 b) 开孔

图 7.3-6 喷填孔位开孔及管路连接

(4) 豆砾石喷填

①喷填前准备

先启动豆砾石喷射机吹气 1~2min,将上一环残留在管路中的豆砾石清空,避免造成堵管。同时观察喷射气压,一般维持在 0.8~1.0bar 之间。

②豆砾石喷填操作

a. 操作方法:将豆砾石罐车与豆砾石喷射机上料系统连接,打开放料阀、启动带式输送机使豆砾石输送到豆砾石喷射机上方料斗，通过控制料斗下方的放料阀门，将豆砾石均匀输送到豆砾石喷射机接料口，在放料的同时启动豆砾石喷射机进行豆砾石喷填。

b.喷填控制：根据双模盾构特点，推进行程为600mm左右开始进行豆砾石喷填。喷射开始时，适当提高下料速度，快速喷射给予管片底部支撑，减少管片下沉。快速填充3~8min后，调整喷射速度，使其需与掘进速度相匹配。当喷填压力急剧上升或掘进未完成情况下压力大于2.5bar时，需降低喷射速度；当压力大于2.7bar时，豆砾石可能在一瞬间填充满，需及时停止下料，避免堵管及对设备造成损坏。掘进完成时豆砾石吹填应同步完成。

③喷填完成后工作

确认豆砾石注入量，一般为2~2.5m³。当注入量不足时，换孔继续本环喷填。当注入量充足后，继续吹气2~3min，清空管内豆砾石减小对下一环豆砾石喷填造成堵管，而后卸下豆砾石管并用孔口塞进行封堵，如图7.3-7所示。

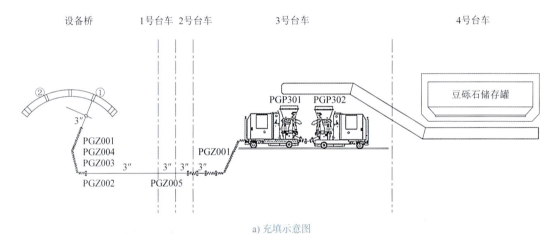

图7.3-7 豆砾石充填

（5）特殊情况处理

①堵管处理

卸下喷射头，通过绳子与盾体机固定，调大气压，吹气。如仍未疏通，通过敲击硬管声音确认堵塞位置拆下管子将豆砾石吹出，直至疏通完成。

②爆管处理

豆砾石管爆管时及时关闭豆砾石泵,并直接启用备用泵。掘进完成后,对豆砾石管路进行处理。当管路接头处破损时,割去破损位置接上宝塔头。当管路中间破损时对整条更换。

(6)注意事项

①根据豆砾石注入量及掘进过程中后方来水量决定是否需要管片底部开孔放水,降低水对豆砾石注入的影响。

②在台车部分豆砾石喷填管路采用硬管,降低管路爆管频率。

③一般爆管位置为硬管弯头处及软管接头处,制备豆砾石管路时,可根据经验预留出3m左右长度。

④严格控制充填豆砾石喷填压力。豆砾石喷射过程中,管路及注入口周边禁止人员活动,防止豆砾石管路破裂高压气流携带豆砾石射向人体造成伤害。

2)回填灌浆(盾构机水泥浆注入系统)

(1)止水环施作

在脱出盾尾后10～15环位置施作止水环,每隔60m施作一道,防止回填灌浆浆液流流窜至前方,包裹盾体,如图7.3-8所示。注浆点位为左右侧均匀交叉的3～4个点位,采用水泥-水玻璃双液浆,注浆前按1:1(体积比)取样进行试验,一般初凝时间不宜大于35s。注浆按照由下往上顺序进行,注浆压力为0.3～0.5MPa。注浆完成后应及时确认注浆效果。

a) b)

图7.3-8 止水环施作

(2)浆液拌制及运输

回填灌浆采用水泥浆,采用搅拌站拌制,水灰比为(0.7～0.9):1。浆液由电瓶车运输至隧道内,泵送至 8 号台车浆罐中,如图 7.3-9 所示。抽浆前应确认抽浆、注浆设备可用,并检查确认浆液质量满足要求。

a)   b)

图 7.3-9   浆液拌制及运输

(3) 注浆点位选择及管路连接

注浆点位为两止水环间,根据盾构掘进,一般在 8 号台车附近靠近管片顶部位置(宜为 1、2、14、15 点位),也可采用豆砾石喷填孔位。点位选择根据上一环注浆位置,左右交替进行注浆。两次注浆点位环距不宜大于 5 环。而后按照注浆头及球阀,开孔,将注浆管路连接至注浆球阀,如图 7.3-10 所示。

a)   b)

图 7.3-10   注浆点位选择及管路连接

(4) 回填灌浆

①注浆前准备

检查管片缺陷修补部位,对可能漏浆的位置提前采取措施(如快干水泥、编织袋、堵头等)进行封堵。

②注浆控制

启动注浆泵开始灌注,在灌注过程中严密观察串浆情况。注浆终孔控制以注浆压力为主，以注浆量为辅，注浆压力一般为 0.3~0.5MPa。当压力过大时，及时更换注浆点位，继续进行注浆。注浆过程中，观察周围管片状态，出现漏浆且压力过小时，及时进行封堵。该孔注浆量不足且无浆液时，需防止注浆头、球阀堵死，浆液到位后该孔位继续注浆。

③注浆完成后工作

先进行管路泄压，而后拆下注浆管，向浆罐中加入清水冲洗，并开启注浆泵，清洗注浆管路，直至流出为清水。卸下注浆管，将水管放入泵头冲洗泵头，如图 7.3-11 所示。

a)

b)

c)

图 7.3-11　回填灌浆

（5）灌浆孔封堵

①采用注浆孔堵头 + 遇水膨胀止水圈封堵。

②利用止水材料进行止水处理，后填入现拌微膨胀水泥填充满注浆孔、压密，最后拧紧抹有微膨胀水泥的注浆孔螺纹堵头，如图 7.3-12 所示。

a)

b)

c)

图 7.3-12　灌浆孔封堵

3）回填灌浆（外置注浆系统）

根据线路呈"V"字形坡段，在盾构机通过最低点 30 环后，利用中间风井场地布设注浆系统（图 7.3-13），包括注浆机、搅拌桶、散装水泥仓，将注浆管连接至注浆位置，并在注浆管与注浆球阀连接处配备压力表。

图 7.3-13 外置注浆系统

（1）浆液拌制

采用水泥浆，由地面散装水泥仓内搅拌桶拌制，水泥浆水灰比为（0.8~1）:1。搅拌桶应设置刻度，计量每盘加水量，确保浆液质量，如图 7.3-14 所示。

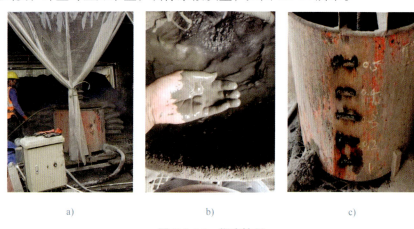

a)　　　　　　　　　　b)　　　　　　　　　　c)

图 7.3-14 浆液拌制

（2）隧道最低点处回填灌浆

对隧道最低点位置前后 20m 范围内注浆饱满，将前后两个坡段分隔，防止浆液流窜。注浆点位为管片顶部位置，且注浆压力不大于 0.5MPa，注浆量为 50m³ 左右。注浆过程中观察前后管片注浆孔漏浆情况，如有出现漏浆孔位及时封堵，直至注浆压力或注浆量达到设定标准，如图 7.3-15 所示。

（3）隧道最低点至高点段回填灌浆

隧道最低点位置注浆结束 12h 后，由最低点往高点方向进行回填灌浆。灌浆点位为隧道顶部（宜为 1、15 点位，隔段 16 点位），左右交叉对称注。注浆间距为最后一处冒浆的注浆孔。注浆压力达到 0.5MPa 停止注浆，注浆过程中观察高点豆砾石喷填孔的冒浆情况，及时采取注浆孔堵头 + 遇水膨胀止水圈封堵。

注浆位置距离洞门 80 环时，采用双液浆先封堵洞门，洞门封堵后在距洞门 10 环顶部点位开孔以提供注浆时的排气及排水，如图 7.3-16 所示。

a) b)

图 7.3-15　隧道最低点处回填灌浆

a) b)

图 7.3-16　隧道最低点至高点段回填灌浆

（4）洗管及设备清理

每次灌浆完成后，先进行管路泄压，然后拆下注浆管，向浆罐中加入清水冲洗，并开启注浆泵，清洗注浆管路，直至流出水为清水时停止，如图 7.3-17 所示。

a) b)

图 7.3-17　洗管及设备清理

（5）灌浆孔封堵

①采用注浆孔堵头 + 遇水膨胀止水圈封堵。

②利用止水材料进行止水处理，后填入现拌微膨胀水泥填充满注浆孔、压密，最后拧紧抹有微膨胀水泥的注浆孔螺纹堵头，如图 7.3-18 所示。

  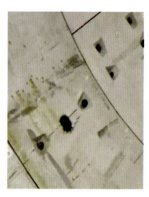

a)　　　　　　　　　　　　b)　　　　　　　　　　　　c)

图 7.3-18　灌浆孔封堵

（6）注意事项

①注浆前依据实际推进地层地下水情况先底部开孔排水（每 30 环段），再注浆。

②注浆前先进行管路通水试验，确保管路畅通，通水试验严禁将水注入管片壁后。

③注浆完成后立即关闭注浆球阀，严禁将管路冲洗的水注入管片壁后。

4）二次注浆

回填灌浆采用盾构机水泥浆注入系统时，存在注浆不连续、注浆量不饱满等问题，对此在盾构机通过中间风井后，利用中间风井的外置注浆系统进行二次补浆。采用外置注浆系统时，根据成型隧道管片渗漏水情况，并结合洞内采用超声波或其他手段探测管片衬砌背后有无空洞的方法，综合判断是否需要进行二次注浆。

（1）注浆位置选择

采用盾构机水泥浆注入系统时，点位选取原则为一环内的低点到高点，整段的低位到高位，有环纵缝渗漏的在其前后管片低点位先进行注浆。采用外置注浆系统时，根据管片渗漏水及空洞处开孔进行二次注浆。

（2）注浆材料

二次注浆采用水泥浆（水灰比为 0.9∶1）作为注浆材料，能对管片周围的地层起到充填和加固作用。必要时可采用水泥-水玻璃双液浆，配合比为水泥浆∶水玻璃 = 1∶(0.8～1)（体积比）。

（3）注浆设备

二次补强注浆采用中间风井场地布设的注浆系统。注浆管及孔口管自制，其加工应具有与管片吊装孔的配套能力，能够实现快速接卸以及密封不漏浆的功能，并配备泄浆阀，如图 7.3-19 所示。

a) b)

图 7.3-19 二次注浆

7.4 软土地层盾构掘进姿态控制技术

7.4.1 盾构掘进姿态影响因素分析

影响盾构掘进姿态的主要因素有水文地质因素、盾构机自重、掘进线路坡度、盾构机操作、盾尾后部管片稳定性、测量精度等。

1）水文地质因素

本工程 YCK43+013.062～YCK43+870.000（0～714 环）范围内隧道洞身及结构底板范围内地层主要以淤泥、粉质黏土、粉细砂为主，且洞身均处于地下水位以下。其中，第 290～310 环隧道所处地层为全断面粉质黏土〈3-1〉地层，第 310～342 环隧道底部所处地层为粉细砂〈3-2〉夹层，其他均为粉质黏土〈3-1〉地层。

地质勘察资料揭示：淤泥夹砂、淤泥质土层呈流塑～软塑状，并具有含水率高、透水性差、压缩性高、高灵敏性、抗剪强度低、承载力低等特征，因软土透水性弱，对地基排水固结不利，影响地基强度，延长了地基趋于稳定的沉降时间，极易产生不均匀沉降；砂层透水性强、富水性较好、强度差、位于地下水位以下，饱和松砂受到振动时有变得更紧密的趋势，但因孔隙全部为水充填，这种趋于紧密的作用将导致土体中孔隙水压力骤然上升，相应地减小了土粒间的有效应力，从而降低了土体的抗剪强度；在周期性的振动荷载作用下，孔隙水压力积累、有效应力减小，当有效应力完全消失时，土粒处于悬浮状态，此时，土体完全失去抗剪强度而显示出近于液体的特性，较可能导致承载力下降。

上述高压缩性饱和软土承载力低，当盾构机对地层的作用力超过其承载力时，盾构机易出现下沉，导致掘进姿态偏移；饱和含水砂层在盾构机刀盘频繁转动的扰动下易出现液化，导致承载力急剧下降，可能会引起盾构机栽头。

2）盾构机自重因素

本工程采用 EPB/TBM 双模盾构机，考虑其硬岩地层掘进需求，对其刀盘结构、主轴承等结构均进行了强化，与同型号 EPB 盾构机相比较其主机质量增大。EPB/TBM 双模盾构机主机参数见表 7.4-1。

EPB/TBM 双模盾构机主机参数表   表 7.4-1

序号	名称	质量（t）	外形尺寸（mm）
1	刀盘	84.5	φ6470×1815
2	前盾	146.7	φ6440×2510
3	中盾	116.9	φ6430×2600
4	尾盾	36.8	φ6420×3910
5	螺旋机	25	φ800×12937
6	拼装机	21	5220×5047×4389（长×宽×高）
7	设备桥	15.5	12719×5047×4389（长×宽×高）
8	总质量	471.4	—

设计 EPB/TBM 双模盾构机主机在 EPB 模式下质量约 471.4t，重心位置（图 7.4-1）较形心位置靠近刀盘方向，当掘进软弱地层下坡段时，存在前倾"栽头"的趋向，对盾构姿态控制不利。

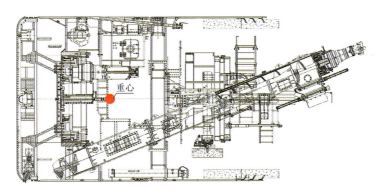

图 7.4-1 EPB/TBM 双模盾构机 EPB 模式下主机重心位置示意图

3）线路坡度因素

考虑软弱地层承载力和盾构机主机自重分布，沿掘进方向线路坡度为下坡时，特别是当下坡段坡度较大时易出现盾构姿态控制问题。

福州地铁 4 号线林城区间设计线路坡度起始 0～65m（1～54 环）区段为 −2‰→−26‰ 下坡竖曲线段，65～210m（55～175 环）为 −26‰ 下坡直线段，210～320m（176～266 环）为 −26‰→−4‰ 的下坡竖曲线段，320～480m（267～400 环）为 −4‰ 下坡直线段，480～510m（401～425 环）为 −4‰→0 的下坡竖曲线段，510m 后为上坡段。其中 366m～510m（305～425 环）处于平曲线 R=450m 的右转缓和曲线段和圆曲线段。

较大的线路纵坡下坡坡度和多次变坡，局部叠加平面较小半径曲线掘进，增加了姿态控制的难度。

4）盾构机操控因素

盾构机的操控主要需考虑盾构机自身的纠偏设计能力和盾构机司机的技术水平。

盾构机设计纵向爬坡能力为±50‰，能够满足本工程设计线路坡度需求。

盾构机司机的技术水平上，由于人员经验缺乏可能会造成出现姿态偏差征兆时，未及时预防或采取错误操作方式，从而导致姿态偏移失控的风险。

7.4.2 盾构掘进姿态控制措施

针对上述影响因素分析，结合本工程情况，在施工前考虑了如下几个方面预防或应对措施。

1）地层土体改良

通过土体改良可以提升软弱地层的物理力学性能，提升地基承载力，防止因地基软弱增大盾构姿态的控制难度，常见的土体改良方式有注浆加固、降水等措施。

本工程软弱地层下坡段 0~510m 范围大部分处于城市主干道、连坂村民房群区域下方，施工需考虑地面环境因素。注浆加固施工场地协调、布置困难，难以从地面实施注浆操作；降水施工因影响区域大且地面浅基础民房多，建筑物保护风险较高。综合考虑，可采取洞内超前注浆措施，例如超前钻孔注浆（图7.4-2）、克泥效注浆（图7.4-3）等措施。

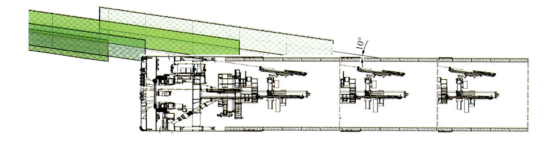

图 7.4-2 盾构超前钻孔注浆示意图

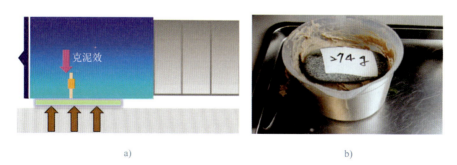

图 7.4-3 克泥效注浆效果示意图

2）盾构机主机设备优化

盾构机设计阶段综合考虑两种模式，盾构机主机自重增加和重心分布靠近刀盘，增大了EPB模式姿态控制的难度，但结构整体设计无优化空间，因而从盾构机纠偏能力方面进行了加强，强化了推进液压缸分组并配置了主动铰接系统以增强盾构机纠偏能力。

推进系统配置了 22 根 260mm/220mm（缸径/杆径）的推进液压缸，最大工作压力为 35MPa，总推力达 40880kN，并按 4+6+6+6（上+下+左+右）分为 A、B、C、D 四组，且单根液压杠可通过盾构机控制程序进行屏蔽，较大地提高了盾构纠偏能力，如图 7.4-4 所示。

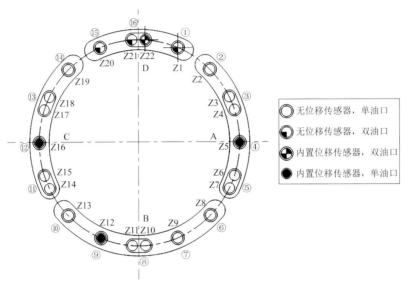

图 7.4-4　盾构推进液压缸布置及分组图

Z1～Z22-推进液压缸编号（单根）；①～⑯-推进液压缸编号（单/双根）；A、B、C、D-液压缸分组号

铰接系统配备了 12 根 320mm/220mm-190mm（缸径/杆径-行程）的铰接液压缸，总拉力 33760kN，分为 A、B、C、D 四组，如图 7.4-5 所示。铰接系统作为盾构主机筒体的中折转向机构，上下铰接角度最大值为 8°，最大上下行程差 61mm，且前置于推进系统，较大地增加了盾构机的纠偏能力。

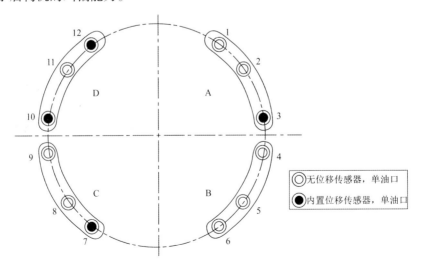

图 7.4-5　盾构机铰接液压缸布置及分组图

1～12-液压缸编号（单根）；A、B、C、D-液压缸分组号

3）设计线路优化

设计阶段暂未考虑线路坡度的调整，但根据总体设计，线路具备一定的调坡的空间。

4）盾构机操控精准控制

主要针对操作人员和预警处置程序进行优化。

（1）技术人员配备。配置较为经验丰富、水平成熟的盾构司机；且要求盾构机制造商提供前500m盾构掘进操作技术服务。

（2）姿态预警处置程序。制定盾构姿态控制预警程序，分别按规范控制标准±100mm的60%、70%、80%制定项目控制、公司控制、外部会诊等预警级别和处置权限，并明确预警报告程序。

7.4.3 盾构掘进姿态纠偏技术

工程实施期间，区间右线隧道掘进300~432m（第250~360环）区段出现了盾构机垂直姿态（指盾构机位置相对设计隧道中线的偏离值，按最大容许偏差±100mm控制）偏离设计隧道中线现象，通过施工现象总结、分析、研究，形成极软地层双模盾构掘进姿态控制关键技术。

1）盾构姿态偏移发展过程

（1）第一阶段

2019年10月17日，盾构机从〈2-4-1〉淤泥进入〈3-1〉粉质黏土地层时，盾尾垂直姿态上浮趋势明显，掘进至第78环时盾尾垂直姿态为+81mm，触发预警，停止掘进。随后召开了姿态预警外部讨论分析会，分析讨论认为：该段处于−26‰下坡段，且〈3-1〉粉质黏土层孔隙比较大，同时受双模盾构机主机重量分布"头重尾轻"等客观因素影响，盾构机总体呈"头低尾高"的姿势，盾构机垂直姿态较难控制。结合相邻工程施工经验及施工参数，掘进时保持垂直姿态在刀盘切口位置约−90mm，铰接位置约−40mm，盾尾位置约0（轴线附近），基本维持盾构姿态稳定，且管片姿态（指管片中轴线相对设计隧道中线的偏移值，成型隧道±100mm）能控制在±50mm以内时，继续掘进直到地质好转。

（2）第二阶段

2019年12月4日，盾构掘进至297环完成时，盾构垂直姿态为切口−94mm、铰接−44mm、盾尾2mm、垂直趋向−12mm/m；考虑盾构即将进入下卧层为〈3-2〉粉细砂的区段，为防止盾构机出现栽头现象，决定在推进298环开始将盾构垂直姿态进行调整，至304环时盾构此时垂直姿态盾尾26mm、铰接−20mm、切口−107mm；盾尾垂直姿态偏移速率加大且与切口垂直姿态差值加剧，盾构机栽头趋势明显。

（3）第三阶段

为保证成型隧道质量满足规范要求，防止盾尾再次超限，每环多次小量调整上下铰接液压缸行程。第305环完成掘进时，盾构机垂直姿态为切口−122mm、铰接−27mm、盾尾27mm、垂直趋向为−21mm/m。当第312环完成掘进时，盾构垂直姿态为切口−150mm、

铰接 −78mm、盾尾 −16mm，垂直趋向为 −16mm/m。

（4）第四阶段

第三阶段后，在后续施工中采取以下措施：

①恢复掘进后需控制切口垂直姿态，针对每环渣样进行取样。

②在掘进过程中，做好交接班，统一掘进思路。

③尝试收缩左上、右上液压缸掘进，观察盾构姿态变化。

④加强二次注浆，控制管片上浮对盾构姿态的影响。

⑤掘进过程中，在盾体底部径向注浆孔注入高浓度膨润土。

⑥结合监测数据，适当增大土仓压力。

⑦对底部第 6 号到第 10 号推进液压缸撑靴处垫入实心钢板。

按上述措施掘进第 313～321 环，盾构垂直姿态仍未有效控制，当第 321 环掘进完成时盾构垂直姿态为切口 −173mm、铰接 −107mm、盾尾 −37mm；掘进第 322～326 环时，底部 6～10 号推进液压缸撑靴垫钢板增厚至 50mm；第 327～330 环底部液压缸撑靴垫钢板增厚至 80mm，第 330 环掘进完成时盾构垂直姿态为切口 −223mm、铰接 −147mm、盾尾 −63mm；第 331～345 环底部液压缸撑靴垫钢板增厚至 150mm 钢板，并屏蔽第 1、3、15 号液压缸，第 345 环掘进完成时盾构垂直姿态为切口 −308mm、铰接 −223mm、盾尾 −91mm；掘进第 346 环时，前盾底部和盾尾顶部注入高浓度膨润土（稠度>300s），膨润土注入量为 2.3m³；掘进第 347 环时，在 7 号和 8 号推进液压缸间加入外置 200t 液压千斤顶（最大油压为 35MPa，最长伸出长度 50cm），掘进过程始终保持受力状态，每掘进 40cm，加装工装；当掘进第 348 环时，在 7 号和 8 号、8 号和 9 号推进液压缸间各加入 1 组 200t 液压千斤顶，保持上述施工工法，掘进完成时盾构垂直姿态为切口 −293mm、铰接 −210mm、盾尾 −85mm，盾构垂直姿态变化趋势基本得到控制。

上述阶段盾构垂直姿态变化如图 7.4-6 所示。

图 7.4-6　第 280～348 环盾构垂直姿态变化曲线

2）盾构姿态偏移的主要原因分析

（1）地勘资料偏差。此段地层受地表环境影响（连坂村居民房），不具备地面直接钻孔探测施工条件，前期地勘采用微动探测形式，按地勘资料盾构掘进在拼装完成310环时刀盘进入下卧层为粉细砂夹层地段，经渣土取样检测发现，实际盾构掘进在拼装完成304环时刀盘进入下卧层为粉细砂夹层地段，实际地层情况较地勘资料存在约7环（8.4m）偏差。

（2）线路坡度大。区间工程本段线路设计为连续下坡，盾构掘进时在空间上呈"头下尾上"的状态，向下趋势较大。

（3）双模盾构机结构特点。盾构机的前盾较重（约380t），盾构机盾体长度相对较长（10.6m），其盾体中心在中盾靠前（即重心在盾体几何长度前端），盾构掘进中易栽头。

（4）地层的特殊性。〈3-1〉粉质黏土层含水率高，孔隙比大，压缩性强，双模盾构机由于重量分布"头重尾轻"，加大了掘进时盾构机向下趋势；盾构机下卧层为4～6m厚的〈3-2〉粉细砂层，盾构掘进中受扰动易液化，承载力急剧下降，形成盾体下部"超挖"现象，导致盾构机在此段地层掘进时易下沉。

（5）环境特殊性。此段地表环境为连坂村居民房，不具备地面辅助措施施工条件。

（6）施工组织不连贯。盾构机在姿态调整过程期间，受场地狭小、渣土外运频繁停滞等因素影响，不能够连续掘进，停机频繁且时间较长，在上述地质条件下，不利于姿态调整控制。

3）盾构姿态纠偏技术

本次纠偏采取的主要措施如图7.4-7所示。

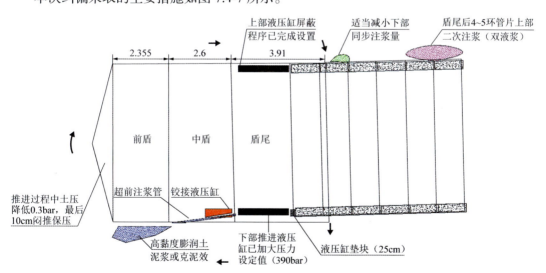

图7.4-7 极软地层双模盾构纠偏措施示意图（尺寸单位：m）

（1）管片稳固措施

盾尾后部管片是盾构推进液压缸的支座，其稳定性直接关系到盾构机姿态控制的准确度。为缓解盾尾后部管片在富水地层地下水浮力或浆液浮力作用下上浮，以及减少"栽头"

盾构推进液压缸对管片向上的反力作用，首先采取了管片稳固措施。

①缩短同步注浆浆液凝固时间。姿态纠偏期间，为缓解管片在富水地层地下水浮力或浆液浮力作用下上浮，将同步注浆浆液凝固时间从 8~10h 缩短为 6~7h，减少管片上浮量。

②调整同步注浆浆液分配。增加了上部注浆量，减少了下部注浆量，抑制管片上浮。

③双液浆二次注浆。在盾尾后部 5~6 环增加了顶部二次注浆，注浆浆液采用双液浆，每环注浆量 0.5m³，随盾构掘进同步跟进注浆。

④盾尾管片堆载负重。在盾尾管片喂片机两侧加工了堆载工装，通过堆放管片螺栓、钢轨连接板等钢材增加盾尾管片负载，抑制管片上浮，如图 7.4-8 所示。

图 7.4-8　盾尾管片堆载现场实况

（2）推进液压缸压力调整

为增大盾构掘进中下部液压缸压力，便于姿态调整，下部主推液压缸压力程控限值调整到 400bar；上部主推进液压缸实现屏蔽（1 号、15 号或则 1 号、2 号、14 号、15 号，依据实际纠偏效果）或无压跟随功能。

（3）铰接液压缸

铰接液压缸上下行程差拉出后，锁死铰接，掘进施工中专人复测液压缸行程、压力。

（4）外置千斤顶（图 7.4-9）

图 7.4-9　盾尾增设外置千斤顶

在下部推进液压缸间设置 4 个外置千斤顶（100t/200t），现场采用 20mm 厚钢板加工工装件（焊接、连续焊），工装件尺寸为 35cm×62cm×52cm；6 点位、9 点位工装中间纵向分别预留了 10cm×30cm、35cm×7cm 的槽供管路通过，为盾构掘进提供盾尾底部推力。

（5）盾体径向注浆

为填充盾体底部与土体间隙，减小对底部砂层扰动和减小盾体与地层间摩擦力，在前盾下部经由径向注浆孔注入高稠度惰性浆液或克泥效，注入量为 0.6～1m³/环，压力<0.5bar。

（6）其他

①管片选点。在调整前期姿态下行过程中使管片姿态尽可能跟随盾构机的轴线姿态，使邻近盾尾的管片轴线与盾构机轴线趋近，主要目的是使盾构机后靠稳定；在调整中期有所好转的情况下兼顾注意逐步调整控制行程差便于管片拼装点位调整；在后期当盾构姿态相对快速回升至规范标准范围内后，盾构线路存在从急剧上升至稳定的过程，期间要注意管片姿态和行程差的反向调整控制。

②在合理范围内，适当设置管片错台，让出上部盾尾间隙。

③注意观察盾尾间隙，当盾尾间隙较小时，需加大油脂注入量，提高油脂注入压力。

第8章
施工测量与监控量测

8.1 TBM 模式施工精确测量

8.1.1 TBM 位置测量的基本原理

TBM 的位置是由两个已知大地坐标(x, y, z)的点来确定的，全站仪被放在可以通视前视激光靶和后视棱镜的一个点上，通过照准后视点来确定正北方位。全站仪发射激光束指向激光靶，可以测定出激光束相对于激光靶平面的方位角以及激光靶平面的大地坐标。通过换算激光靶与 TBM 初始的相对位置关系，计算出 TBM 的位置，再与当前数据传输区 DTA 方位对比得出实时姿态。

滚动角和仰俯角则是由安装在激光靶里的双轴数字倾斜仪直接测量出来的。这些数据按大约 5 次/s 的频率传输到计算机。

全站仪和激光靶之间的距离可以由全站仪直接测量出来，也可以由已经安装的全部管环数量及推进液压缸的平均行程得到。这个数据可以用来确定沿 DTA 的 TBM 的里程。

综合以上这些测量数据，就可以确定出 TBM 准确的位置。TBM 的位置是通过 TBM 轴线上的几个基准点（首、中、尾）的位置来显示的。

8.1.2 TBM 模式隧道掘进测量精度控制重难点分析

双模盾构在 TBM 模式下由于掘进施工工法的局限性，盾尾存在较长的同步注浆未能填充密实的隧道结构，将测量基站布设在隧道结构上存在基站稳定性问题，影响盾构隧道掘进施工测量控制精度。通过对测量基站与隧道结构、岩层的相对位置关系进行研究分析，研究制定测量基站布设点稳定性间接增强及直接增强的技术措施，提高双模盾构在 TBM 模式下隧道掘进施工测量控制精度。

1）TBM 模式盾构机及管片的振动强度

盾构机在硬岩中掘进时，破碎岩石的强烈冲击会引起盾构机的剧烈振动，强烈的振动影响盾构机导向系统的正常运行。

（1）手持式测振仪

通过采用手持式测振仪量测盾构机及成型管片上下不同位置的测点振动速率，得出测点位置距离振源越远，振动速率越低。测点距离振源与测点处振动速率变化关系如图 8.1-1 所示。

（2）振源周边振动监测

在距离盾尾 3m 和 3.5m 位置分别布设水平向加速度传感器和垂直向加速度传感器。

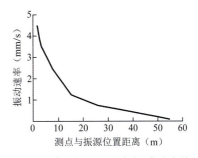

图 8.1-1 测点距振源位置与振动速率关系图

监测期间盾构掘进参数见表 8.1-1，将各测点监测成果汇总于表 8.1-2，各测点加速度时程曲线如图 8.1-2 所示，各测点加速度频域图如图 8.1-3 所示。

刀盘工作情况与盾构掘进参数　　表 8.1-1

项目	推进环号	推进时间	刀盘转速（r/min）	贯入度（mm/r）	总推力（kN）	扭矩（kN·m）
参数	1326 环	16:13—16:32	4.1	2.3	1258	1231

各测点加速度监测情况　　表 8.1-2

测点编号	峰值加速度（m/s²）	主频（Hz）	测点位置
1（水平向）	4.235	17.150	距盾尾 3.5m
2（垂直向）	2.323	9.262	距盾尾 3m
3（水平向）	—	—	
4（垂直向）	3.072	9.262	距盾尾 3.5m

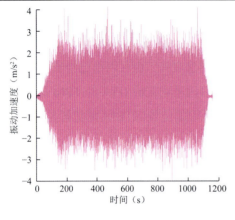

a) 测点 1 水平向加速度

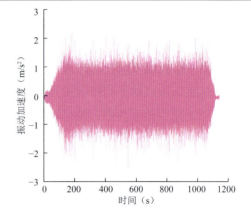

b) 测点 2 垂直加速度

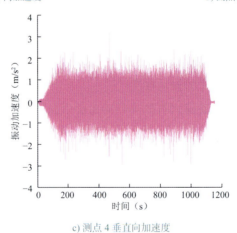

c) 测点 4 垂直向加速度

图 8.1-2　各测点加速度时程曲线

从表 8.1-2 可得，刀盘转动期间，振源周边水平向加速度峰值为 4.235m/s²，对应主频为 17.150Hz；振源周边垂直向加速度峰值为 3.072m/s²，对应主频为 9.262Hz。

2）TBM 模式下其他影响导向系统的因素

TBM 模式下除振动因素严重影响盾构机导向系统导向运行外，强光、粉尘、电磁干扰、洞内支导线控制点坐标误差，以及一些其他人为因素也常使系统无法正常运行，甚至由于这些因素使得导向结果偏离正确值，导致盾构掘进输入错误前进信号，造成严重损失。

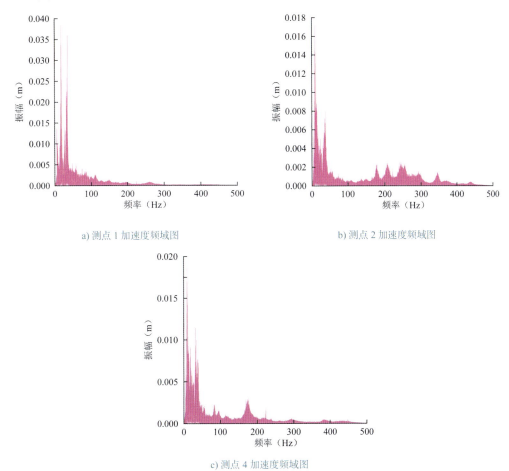

图 8.1-3　各测点加速度频域曲线

8.1.3　TBM 模式隧道掘进测量精度控制关键技术

在 TBM 模式下由于掘进施工工法的局限性，盾尾存在较长的同步注浆未能填充密实的隧道结构，由于盾构机及管片的振动，导致盾构机导向系统的全站仪及激光靶受影响而无法正常运行。

（1）对于全站仪稳定，我们根据设计线路分为直线段和曲线段而做相应的全站仪吊篮。其直线段由于不用频繁搬站，现场使用ϕ25mm 的钢筋沿管片注浆孔直接打入管片背后岩石层，使全站仪吊篮免受管片的影响，增强其全站仪吊篮的稳定性，使导向系统能在掘进时正常运行，保证导向结果的准确。

（2）在曲线段由于搬站频率较高，且岩石植筋耗时较长，使用膨胀螺栓，将全站仪吊篮挂在管片上，如图 8.1-4 所示。为增强其稳定性，在全站仪强制对中盘与吊篮中增加一层厚 1cm、硬度为(65 ± 5)HS 的橡胶板，或使用新型抗振吊篮。每次搬站严格控制全站仪吊篮安装位置，尽量使其远离震源，在 450m 半径的曲线段，实际控制在 7 环左右测量换站一次，与现场积极沟通，合理安排搬站时间。

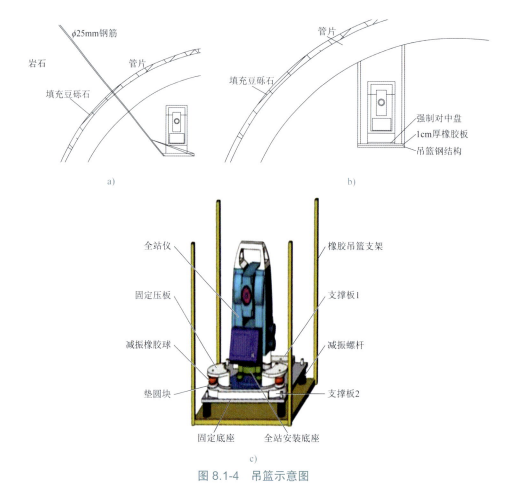

图 8.1-4 吊篮示意图

（3）对于直线段或曲线段，测量搬站或控制点吊篮复测间隔时间不应超过两天，测量操作应规范，保证其结果准确。

在 TBM 模式下掘进过程中，导向系统激光靶除振动影响导致显示姿态跳动幅度大外，常常还受细微石子破坏，造成激光靶表面坑洼；在导向系统导向运行时容易造成激光接收错误，导致无法导向甚至错误导向。为使盾构姿态持续且准确，在 TBM 模式时，将普通激光靶换成了抗振型激光靶，并在激光靶周围加强保护，如图 8.1-5 所示。

a) 普通型激光靶　　　　　　　　b) 抗振型激光靶

图 8.1-5 更换激光靶前后对比

其他影响盾构机导向系统运行的因素,往往需要测量人员现场解决,所以需要测量人员24h值班,每天对仪器进行清理,及时检查导向系统的配件,发现问题及时解决,现场人员及盾构司机应及时反馈相关测量问题,使盾构机导向更准确、更高效。

8.2 施工监控量测内容及测点布置

8.2.1 监控量测内容

1）监测项目

（1）区间盾构隧道结构变形。

（2）影响范围内建（构）筑物沉降、倾斜监测项目监测范围取区间盾构隧道结构边缘两侧各 $1.0H \sim 2.0H$（H 为隧道埋深）范围内。

（3）影响范围内的地下管线对给水、污水、雨水等管线按实际监测；监测范围取区间盾构隧道结构边缘两侧各 $2.0H$（$H = H_i + D$，H_i 为区间盾构隧道埋深，D 为洞径）范围。

（4）影响范围内地表沉降测点布置范围为区间盾构轴线外侧 3m、6m、6m 布置，其中最后一个测点位置根据隧道埋深调整。

2）监测频率

隧道工程监测频率的确定以能系统反映监测对象所测项目的重要变化过程而又不遗漏其变化时刻为原则。监测工作从盾构施工前开始,直至监测数据稳定为止。监测频率见表8.2-1。

监测频率表 表 8.2-1

监测部位		监测对象	监测频率	备注
开挖面前方	距开挖面 3 倍洞径（约 20m）	周围岩土体和周边环境	1次/d	（1）变形速率>5mm/d，2次/d； （2）变形速率为 0.5～5mm/d，1次/2d； （3）变形速率<0.5mm/d，1次/>7d； （4）数据分析确定沉降基本稳定后，1次/月
	距开挖面 3～5 倍洞径（20～30m）	周围岩土体和周边环境	1次/2d	
	距开挖面 5～8 倍洞径（30～50m）	周围岩土体和周边环境	1次/3d	
开挖面后方	距开挖面 3 倍洞径（约 20m）	周围岩土体和周边环境	2次/d	
	距开挖面 3～8 倍洞径（20～50m）	管片结构、周围岩土体和周边环境	1次/2d	
	距开挖面>8 倍洞径（50m）	管片结构、周围岩土体和周边环境	1次/d	

注：当出现下列情况之一时，应加强监测，提高监测频率：

（1）监测数据达到报警值；

（2）监测数据变化较大或者变化速率增大；

（3）存在勘察未发现的不良地质；

（4）超深、超长开挖或未及时加撑等未按设计工况施工；

（5）区间盾构隧道结构出现开裂；

（6）周边地面突发较大沉降或出现严重开裂；

（7）邻近建筑突发较大沉降、不均匀沉降或出现严重开裂；

（8）工程发生事故后重新组织施工；

（9）出现其他影响区间盾构隧道及周边环境安全的异常情况。

8.2.2 测点布置

监测点布设原则见表8.2-2。

监测点布设原则　　　　　表8.2-2

序号	监测项目	测点布设	测试仪器	监测精度（mm）
1	隧道内外及周边环境观察		照相机	—
2	横向地表沉降	（1）盾构始发和接收段每30m设一个监测断面，正常段每50m设一个监测断面，每个横断面布置11个点； （2）下穿房屋段范围内，每30m设一个监测断面	水准仪	1
3	纵向地表沉降	每5m设一断面	水准仪	1
4	地下管线沉降	布设在管线接头处或位移变化敏感部位，沿管线延伸方向每10m布设一点	水准仪	1
5	建筑物沉降及倾斜	根据现场情况，结合地表沉降点布设，测点布置以能控制整座建筑不均匀沉降为原则，主要设置在房角、承重墙和立柱上	水准仪	1
6	管片结构竖向位移	布设在隧道底部及顶部，沿隧道方向每10环管片设1个监测断面，盾构始发和接口部位应设有断面	水准仪	1
7	管片结构水平位移	测点设于拱腰处，断面位置同上	全站仪	1
8	管片结构净空收敛	测点设于拱腰处，断面位置同上	全站仪、收敛仪	0.1

1）地表沉降测点布置

监测点按照与盾构轴线正交的监测断面形式布置，以盾构区间两条轴线为中心，向左右两侧展开布置监测点，左右线之间存在沉降区的叠加，叠加区域点位布置在同一点上，右线监测完毕后继续在左线穿越时进行监测。

（1）横向地表沉降监测点：以盾构区间轴线为中心线，横向断面每3m、6m、6m后面一点根据覆土厚度布设，横向一个断面在现场空间距离允许下布设9～11个测点，盾构始发区域90m范围内每30m布置一断面，软硬岩处前后5环位置加布2个断面，本区间左右线共计在软硬岩交界处加布8个断面。

（2）纵向地表监测点：沿隧道左右线轴线按每5环（6m，便于与隧道内测点一一对应）布置一个监测点。

（3）纵横断面按连续的"工"字形分布，且左右线间距较小时，测点可共用，如图8.2-1所示。

布设时用水钻打孔，确保打透硬化地面。将长度不小于80cm的ϕ16～20mm的钢筋打进钻孔里，并使钢筋的顶端低于地面1～2cm，孔内用砂填实，如图8.2-2所示。

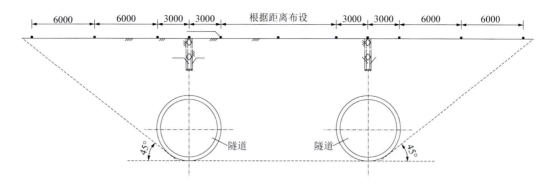

图 8.2-1 横断面地表沉降测点布置示意图（尺寸单位：mm）

a)

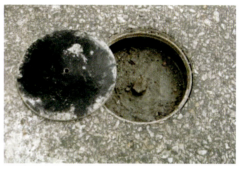
b)

图 8.2-2 水钻成孔的地面沉降

2）建（构）筑物沉降测点布置

建筑物沉降监测点在建筑物的基础（桥墩）或外墙上钻孔埋设，监测点间距为 10～15m，间距较短民房布设在房屋的四角处使用手持式电钻钻机然后埋入 L 形沉降标（长 150mm、直径 12mm 的半圆头 L 形弯曲钢筋），并用植筋胶进行加固，保证测点稳固，不松动，如图 8.2-3 所示。

建（构）筑物沉降监测点在基坑施工前进行埋设，保证在施工过程中监测数据的准确性。

3）管线沉降测点布置

地下管线位于主影响区时测点间距为 5～15m，地下管线位于次要影响时测点间距为 15～30m。

（1）直接布点法

测点布设时，把 ϕ18mm 的螺纹钢筋用机械固定或焊接在管线上，然后回填土至原地面高度。螺纹钢筋的上端高出地面 10mm 左右留作放尺，当管线沉降时测点也跟随下沉。直接法监测最直观、准确。在基坑施工过程中，尽量采用直接法对管线进行监测，做好管线所属单位的调查工作，征求管线部门对管线是否有特殊要求、报警值设置的意见等。管线监测点大都布设在道路上,由于汽车来回碾压难免造成破坏,因此测点要加盖保护,如图 8.2-4 所示。

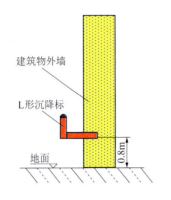

图 8.2-3　建筑物沉降测点示意图　　图 8.2-4　直接布点法

（2）间接布点法

测点布设时,用水钻在路面上开孔,穿透路面硬化层后在孔内土体打入直径不小于 18mm 的螺纹钢,螺纹钢入土深度原则上达到管顶位置,以不破坏管线为宜。间接法监测虽然没有直接法直观、准确,但也能确切反映管线的位移变形。因为沉降是大面积的,而不是哪一点的位移变形,当地面发生位移变形时管线也随土体一起发生位移变形。

（3）地下管线监测点的布置要求

①根据管线年份、类型、材料、尺寸及现状等情况,确定监测点设置。

②监测点布置在管线的节点、转角点和变形曲率较大的部位,主影响区内监测点平面间距为 5~15m,次影响区内平面间距为 10~30m,并延伸至基坑以外 1~2 倍基坑开挖深度范围内的管线。

③水、煤气、暖气等压力管线设置直接监测点。直接监测点设置在管线上,也可以利用阀门开关、抽气孔以及检查井等管线设备作为监测点；在无法埋设直接监测点的部位,可设置间接监测点。

4）拱底沉降测点布置

拱底沉降测点间距为 10 环（12m）进行布设。拱底沉降监测点布设在隧道管片底部固定的位置,用冲击钻在拱底钻孔,然后放入长 50~80mm、直径 10mm 的道钉,并在道钉四周用植筋胶填实。

5）隧道管片（拱顶）沉降测点布置

在隧道顶部使用 AB 胶粘贴直角型钢板,并在钢板上粘贴反射片。

6）管片水平位移测点布置

在隧道拱腰左右两侧使用 AB 胶粘贴直角型钢板,在钢板上粘贴反射片,水平位移测点与拱顶、拱底沉降测点处于同一断面,如图 8.2-5 所示。

7）管片结构净空收敛测点布置

（1）测点布置方法

根据隧道断面的形状和大小，测点布设于隧道两侧拱腰，同时应布设在预估变形最大位置，净空收敛（与管片水平位移同点）与拱顶沉降及地表测点尽量在同一断面里程上，测点间距为10环（约12m）。埋设方式同管片水平位移监测点。

（2）盾构管片结构净空收敛监测断面及监测点布设原则

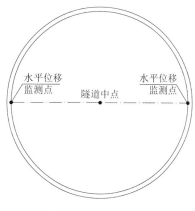

图 8.2-5　隧道水平位移监测点示意图

①在盾构始发与接收段、联络通道附近、左右线交叠或邻近段、小半径曲线段等区段应布设监测断面。

②存在地层偏压、围岩软硬不均、地下水位较高等地质条件复杂区段应布设监测断面。

③下穿或邻近建构筑物、地下管线、河流、湖泊等周边环境条件复杂区段应布设监测断面。

④每个监测断面在两侧拱腰处布设管片结构净空收敛监测点，净空收敛监测点可兼作水平位移监测点。

8）建筑物裂缝测点布置

隧道施工前，对影响范围内的建（构）筑物进行裂缝调查，用数码相机对既有建（构）筑物裂缝进行拍照，并记录裂缝位置。隧道施工过程中，定期施工巡查影响范围内的建（构）筑物，发现新裂缝及时拍照并记录裂缝位置。每条裂缝布置2~3组测点。

为了观测裂缝的发展情况，要在裂缝处设置观测标志。对设置标志的基本要求是：当裂缝开展时标志就能相应地开裂或变化，并能正确地反映建筑物裂缝发展情况，其标志形式一般有如下三种。

（1）石膏板标志

用厚10mm、宽50~80mm的石膏板（长度视裂缝大小而定），在裂缝两边固定牢固。当裂缝继续发展时，石膏板也随之开裂，从而观察裂缝继续发展的情况。

（2）镀锌铁皮标志

①用两块镀锌铁皮，一块为150mm×150mm的正方形，固定在裂缝的一侧，并使其一边和裂缝的边缘对齐。

②另一块为50mm×200mm的矩形，固定在裂缝的另一侧，使两块镀锌铁皮的边缘相互平行，并使其中的一部分重叠。

③当两块镀锌铁皮固定好以后，在其表面均匀涂上红色油漆。

④如果裂缝继续发展，两块镀锌铁皮将逐渐拉开，露出正方形镀锌铁皮上原被覆盖没

有涂油漆的部分，其宽度即为裂缝加大的宽度，可用尺子量出，如图 8.2-6 所示。

（3）埋棒法

在建筑物大的裂缝两侧各埋入一枚金属棒，通过测量两侧两金属棒之间的距离变化来判断滑坡的变形滑动。这种方法对于临灾前兆的判断是非常有效的。如图 8.2-7 所示，在裂缝两边凿孔，将长约 10cm、直径 10mm 以上的钢筋头插入，并使其露出墙外约 2cm，用水泥砂浆填灌牢固。在两钢筋头埋设前，先把钢筋一端锉平，在上面刻画十字线或中心点，作为量取其间距的依据。待水泥砂浆凝固后，量出两金属棒之间的距离，并记录下来。以后如裂缝继续发展，则金属棒的间距也就不断加大。定期测量两棒之间距并进行比较，即可掌握裂缝开展情况。

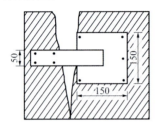

图 8.2-6　镀锌铁皮标志（尺寸单位：mm）　　图 8.2-7　金属棒标志

对需要观测的裂缝应统一进行编号。每条裂缝至少布设两组观测标志，一组在裂缝最宽处，另一组在裂缝末端。每组标志由裂缝两侧各一个标志组成。

裂缝观测标志具有可供量测的明晰端面或中心。观测期较长时，可采用镶嵌或埋入墙面的金属标志、金属杆标志或楔形板标志；观测期较短或要求不高时可采用油漆平行线标志或用建筑胶粘贴的金属片标志。要求较高、需要测出裂缝纵横向变化值时，可采用坐标方格网板标志。使用专用仪器设备观测的标志，可按具体要求另行设计。

8.3　监测数据分析与反馈

监测数据报告包括当日报表、月报（周报）、总结报告。技术成果提供的内容真实、准确、完整，并用文字阐述与绘制变化曲线或图形相结合的形式反映。技术成果按时报送。

外业观测值和记事项目，必须在现场直接记录于观测记录表中。观测数据出现异常时，分析原因，必要时进行重测。监测项目数据分析结合其他相关项目的监测数据和自然环境、施工工况等情况及以往数据进行，并对其发展趋势做出预测。

1）监测数据的反馈流程

及时向相关各方通报监测数据。监测单位设置专人呈送监测报告，包括日报告、阶段性监测报告和总结报告，并根据监测数据提出合理建议。

做到当天采集的数据当天上传。上午采集的数据，当天 16:00 以前将数据上传至风控平台；下午采集的数据，当天 20:00 以前将数据上传至风控平台。书面监测报告于次日或每周定期送达相关管理单位。

监测成果报送流程如图 8.3-1 所示。

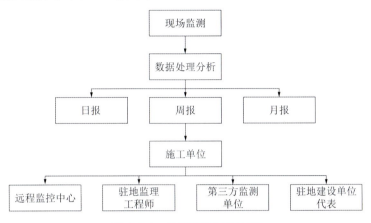

图 8.3-1　监测成果报送流程

2）当日监测数据分析与反馈内容

（1）当日的天气情况和施工现场的工况。

（2）仪器监测项目各监测点的本次测试值、单次变化值、变化速率以及累计值等，必要时绘制有关曲线图。

（3）巡视检查的记录。

（4）对监测项目应有正常或异常的判断性结论。

（5）对达到或超过监测报警值的监测点做到有报警标示，并有原因分析和建议；对巡视检查发现的异常情况做到详细描述，危险情况有报警标示，并有原因分析和建议。

3）总体监测数据分析与反馈内容

（1）采集相应的工程、气象及周边环境概况，形成巡视成果及现场照片，如图 8.3-2 所示。

a)

b)

c)

图 8.3-2　巡视成果及现场巡视照片

（2）监测项目及测点的布置如图 8.3-3、图 8.3-4 所示。

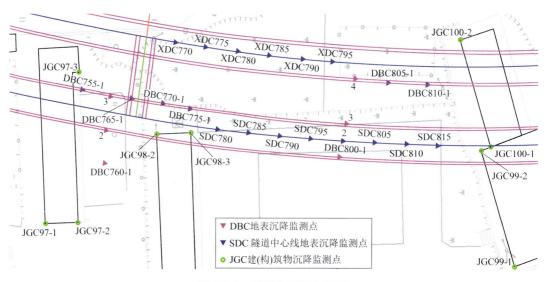

图 8.3-3 监测点平面布置图

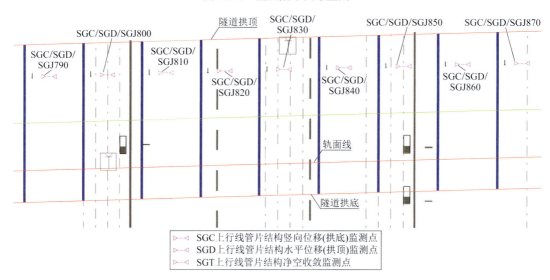

图 8.3-4 监测点纵断面布置图

（3）各项监测数据及其变化曲线见表 8.3-1、图 8.3-5。

监测数据汇总表　　　　　　　表 8.3-1

序号	监测项目	累计变化最大值		变化速率最大值		控制值	
		测点	数值（mm）	测点	数值（mm/d）	变化速率（mm/d）	累计值（mm）
1	建筑物竖向位移	JGC98-2	2.3	JGC99-1	0.08	±3	±10
2	下行线管片结构竖向位移（拱底）	XGC660	−2.5	XGC740	−0.05	±3	±20
3	下行线管片结构水平位移（拱顶）	XGD740	−1.7	XGD760	−0.05	±3	±20

续上表

序号	监测项目	累计变化最大值		变化速率最大值		控制值	
		测点	数值（mm）	测点	数值（mm/d）	变化速率（mm/d）	累计值（mm）
4	下行线管片结构净空收敛	XGJ660	-2.6	XGJ660	-0.08	±3	±10
5	上行线管片结构竖向位移（拱底）	SGC670	-1.6	SGC670	-0.05	±3	±20
6	上行线管片结构水平位移（拱顶）	SGD690	-1.5	SGD660	-0.05	±3	±20
7	上行线管片结构净空收敛	SGJ530	-3.4	SGJ670	0.06	±3	±10
8	地表沉降（横向）	DBC680-6	-68.7	DBC760-3	-0.74	±3	+10～-30
9	地表沉降（纵向）	SDC695	-24.9	SDC780	0.12	±3	+10～-30

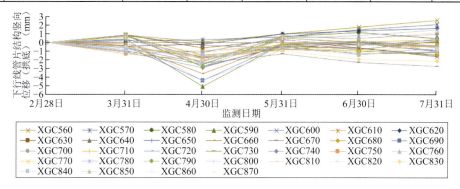

图 8.3-5 监测数据变化曲线图

（4）对各监测项目监测数据的变化规律进行分析、评价，并对监测数据的发展趋势进行预测。

第 9 章
双模盾构绿色施工技术

9.1 环保型渣土处理与资源化利用技术

城市建设中，新建、改建、扩建和拆除各类建筑物、构筑物、道路、管网等以及居民装饰、装修房屋过程中产生的大量弃土、弃料以及其他废弃物，主要包括工程弃土和拆建物料两大类别，其中工程弃土占比高达 90% 以上。近些年，伴随着经济生产和社会活动的不断扩大，城市渣土慢慢变成困扰城市发展的一大问题，不仅影响市民生活环境，还导致土地资源的大量浪费。

随着我国城市化快速发展，以工程渣土为主的各类建筑垃圾大量产生，全国许多城市面临"渣土围城"困境。截至 2020 年底，全国轨道交通工程在建的城市共计 57 个，在建线路 297 条，在建线路里程达到 6797.5km，由此带来的大面积基坑开挖和盾构施工产生了数十亿立方米渣土。当前盾构渣土的处置方式以直接外运至堆场弃置为主，此处置方式存在以下几个问题：

（1）效率低、易遗撒污染道路。

（2）成本高、堆积占用大量土地。

（3）可能造成堆场滑坡、侧滑等次生灾害。

（4）将渣土中大量无机原料作废料处理，浪费资源。

本节针对盾构渣土直接外运存在的问题，设立了变废为宝、资源再利用的处理目标，提出了环保化处理、资源化利用的解决思路。

9.1.1 环保型渣土处理

环保型渣土处理主要是渣土开挖后经处理得到粗砂、细砂、泥饼等产品，其清洁度和含水率指标均符合环保外运的条件，具备资源化利用的前提条件。

1）环保型渣土处理的优点

环保型渣土处理具有以下优点：

（1）减量化运输，成本低。处理后待运渣土体积减小，降低了运输成本。

（2）环保化处理，无污染。处理后的固相（粗砂、中细砂和干化泥饼）含水率低，无环保运输风险。

（3）资源化利用，收益高。变废为宝，处理后的粗砂、中细砂、干化泥饼和水均有巨大的资源利用价值。粗砂、中细砂、泥饼可再售卖，经济效益高，中细砂还可用于现场盾构注浆，清水可用于道路清洁、系统自循环，最大限度地实现资源循环利用。

（4）智能化控制，降低人力成本。系统集成视频监控、状态监测、人机交互和智能控制等功能，实现系统的远程自动控制，减少了管理人员和操控人员，有效降低了人力成本。

（5）模块化安装，集成化布置。设备集成化、模块化程度高，易布置，缩短安装周期，减少占地面积。

（6）工业化生产，提高处理能力，降低运营成本。

2）环保型渣土处理路线

环保型渣土处理的主要目标如下。

（1）分离产物

①分离出的粗砂粒径范围：≥3mm。

②分离出的细砂粒径范围：0.075～3mm。

③分离出的泥饼粒径范围：≤0.075mm。

（2）分离效果

①分离出的粗砂、细砂含水率低于30%，运输不滴水。

②分离出的泥饼含水率低于40%，运输不滴水。

③分离出的粗砂骨料、中细砂清洁，细砂含泥量低于5%。

④分离出的细砂可直接用于盾构注浆和外售。

环保型渣土处理路线如图9.1-1所示。

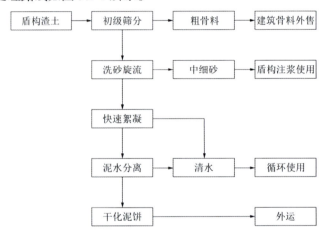

图9.1-1　环保型渣土处理路线图

3）常用环保型渣土处理系统

（1）简易式渣土环保处理系统（图9.1-2）

图9.1-2　简易式渣土环保处理系统

通过在盾构始发站设置成套泥水分离及筛分设备，实现渣土分离，系统包括泥水分离系统、压滤系统、筛分系统、传输系统等；具备了设备集成化布置、模块化安装、工业化生产和智能化控制等特点，实现了盾构渣土高效减量化运输、资源化利用和环保化处理，具有多方面优势。

（2）站楼式渣土环保处理系统（图9.1-3）

站楼式渣土环保处理系统集洗砂、脱水、压滤等功能于一体，用于工程渣土专业处理。该系统采用多级洁净分离和脱水干化技术，将工程渣土转化成骨料、中细砂、干化泥饼和清水，实现工程渣土的高效减量化运输、高值资源化利用及高度环保化处理。

（3）车载式工程泥浆处理系统（图9.1-4）

车载式工程泥浆处理系统是移动式泥浆减量化生产线，将浓缩除杂、调理均化、脱水等功能模块高度集成化，解决了工程泥浆处理能耗高、设备占地面积大、安装效率低等问题。

 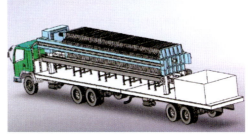

图 9.1-3　站楼式渣土环保处理系统　　　图 9.1-4　车载式工程泥浆处理系统

9.1.2　渣土资源化利用技术

常见的渣土资源化利用方向如下。

（1）改良为种植土、园林土、基质土

废弃渣土经过混合发酵技术、材料分选技术、稳定技术、烘干技术处理后，可用于农业种植土、园林用土、基质土和营养土，变废为宝。

（2）回填路基

大部分的建筑渣土处理过后，基本可以代替天然建筑骨料，配制在混凝土中用于回填路基，不仅能提升渣土资源的利用率，还能缓解砂石骨料供不应求的局面。利用淤泥质固废与固化剂、胶凝材料混合后产生协同作用，制备生成路用材料，可实现淤泥质固废的高效资源化再利用，减少土地占用，较好地解决砂石资源短缺问题。就地取材，减少淤泥、渣土的外运及安置，大幅降低了材料的成本。制备的固化土路基具有超强的憎水性，具有长久良好的水稳定性，彻底解决透水、翻浆问题，可延长道路的使用寿命；同时还可整体降低路基高度，周边道路可跟着降低高度，从而节省大量投入，经济效益巨大。

（3）制作环保砖

以余泥渣土为主要原材料，经脱水、粉碎处理后，与水泥聚合剂拌和后进行造粒，形成稳定土颗粒；余泥渣土经脱水处理含水率<8%，粉碎后粒径<5mm，将稳定土颗粒与水泥、固化剂、添加剂拌和均匀，压制成型，在自然条件下养护14d即得到所述余泥渣土免烧砖。

(4)制作墙体保温材料

渣土粉碎机加工出来的渣土再生物,还可以用于制造高附加值的建筑产品,如建筑墙体保温材料、干混砂浆等。

(5)用作建筑材料

渣土经环保型处理后的砂、砾类颗粒,通过筛分、破碎等工艺处理后可用作建筑材料。

9.1.3 环保型渣土处理及资源化利用技术的应用

本工程区间盾构隧道废弃泥渣量约 60000m³,石渣量约 85000m³,进行渣土环保型处理和资源化利用可提高工程的社会效益和经济效益。

1)泥渣分离处理

泥渣主要应用泥渣压滤初分处理系统(图 9.1-5)进行初分,将泥水混合物分为清水和泥饼,便于弃置。

图 9.1-5 泥渣压滤初分处理系统

2)石渣资源化利用

石渣经破碎、筛分后分离成碎石、砂、石粉,可应用于建筑工程领域,如图 9.1-6 所示。

图 9.1-6 石渣的资源化利用途径

9.2 污水处理流程和措施

9.2.1 污水处理流程

林城区间左右线正常掘进产生的污水通过污水管及隧道流往最低点（1号联络通道）排放至林浦站底板污水沉淀池。经过三级沉淀后，抽排至地面加药反应罐内，并以0.05%聚合氧化铝（PAC）、0.25%聚丙烯酰胺（PAM）配比添加药剂，搅拌均匀并沉淀后，对上部清水先进行排放。而后将沉淀物排放至压滤机滤室中进行固液分离，形成泥饼及清水，清水通道管道直接排出，泥饼再随渣土统一外运，如图9.2-1所示。

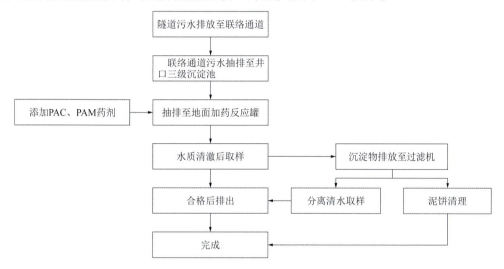

图9.2-1 污水排放顺序图

9.2.2 污水处理措施

压滤机由头板、尾板、滤板、液压缸、主梁、传动及拉开装置等部分组成，其工作原理为利用压力泵，将泥浆压入相邻两滤板形成的密闭滤室中，将滤布两边形成压力差，从而实现固液分离，如图9.2-2所示。

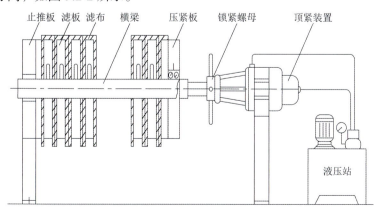

图9.2-2 压滤机示意图

辅助措施包括：

（1）隧道底部石渣尽可能采用编织袋装袋清理，减少隧道冲水，降低污水石渣含量。

（2）定期对沉淀区域进行沉淀物清理，避免沉淀物堆积造成沉淀池容积减小，且影响沉淀效果。

9.2.3 污水处理注意事项

（1）林浦站地面加药反应罐经添加 PAC、PAM 药剂沉淀完成及过滤机固液分离后先进行自检，满足要求后进行取样，合格后排出。

（2）在排水期间及不定期（每天每班）进行河流巡查，若出现污水管道出水口有浑浊水流出后，及时通知现场停止排水；当现场无排水时，及时调查污水来源。

9.3 扬尘控制措施

9.3.1 地面扬尘控制措施

（1）施工区内派清扫班每日进行定时清扫，及时洒水，确保路面清洁；日常车辆进料，必须对车辆进行冲洗，保证灰土不带出工地。生活区、办公区由保洁员每天进行日常清扫工作。

（2）每日进行 1 或 2 次清扫，清扫的灰尘和垃圾必须及时处理至垃圾存放点，不得滞留。

（3）在清扫前，必须对路面、地面进行洒水，防止清扫时产生扬尘而污染周边环境。

（4）车辆进料必须进行登记，车辆进门前必须在专门的洗车池进行洗车，入料车辆拒不执行洗车，一律不予放行，并及时报告项目部。

（5）做好保卫工作，与本工程无关的扬尘污染源禁止带进工地。

（6）生活区垃圾箱必须及时更换垃圾袋，及时清运，及时上盖。

（7）项目部配备洒水车，每日在作业区施工通道内定时洒水清扫。

9.3.2 隧道内扬尘控制措施

（1）作业班组在下班前进行台车冲洗，保持台车干净整洁。争取每班上班前有个干净的作业环境。

（2）管片拼装前后均对该环管片进行冲洗，保持成型管片干净，减少粉尘。

（3）TBM 模式下，盾构掘进每环都要开刀盘喷水。目的如下：一是降低刀盘温度减少刀具损坏，二是可以有效减少粉尘污染。

（4）保证盾构机的除尘器处于稳定可靠运行状态，掘进过程中开启除尘器。

（5）保证带式输送机系统的正常运行。

第10章 双模盾构自动化施工技术

10.1 双模盾构掘进参数自动采集与反馈技术

10.1.1 地面监控通信方式

计算机（PC）测量数据采集系统通过工业以太网及调制解调器一直保持联系，它可以从盾构的 PLC 上获得关于机器状态的所有信息。此外，双向连接使得 PC 测量数据采集系统可以通过工业以太网将信息传往相应的 PLC，原理如图10.1-1 所示。

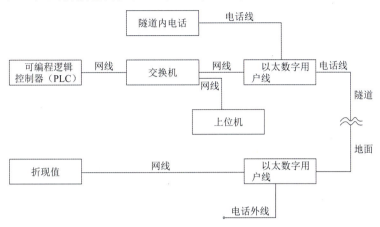

图 10.1-1　地面监控传输原理示意图

10.1.2 程序数据的显示

1）图形用户环境结构

数据显示是地面监控用户和程序本身交流的界面。数据采集系统在没有操作员在场时也能自行工作，因而图形用户环境并不是最为急需的。但为了潜在用户能对机器的运行数据有一个了解，当前重要测量数据的显示又是十分必需的，图形用户环境结构如图 10.1-2 所示。

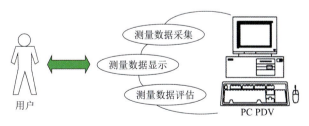

图 10.1-2　图形用户环境结构

图形用户环境的结构很简单。在下部边线有一个长方形区域（所显示的每张图片上均有），见图 10.1-3，它作为图片的标题并包括当前机器运行状态，当前日期、时间、PLC 连接状态，当前故障总数目。

图 10.1-3　图形用户环境

在状态时间显示的右侧有一个区域用于显示盾构的故障信息。若出现故障，此区域会不断地闪动，若无故障信息则此区域呈静止的蓝色。

最右边是个滚动条，用于表示网络状态。当该条闪烁一次，表明已从 PLC 获取了一次数据。当闪烁停止时，表明可能连接已被意外中断，屏幕显示的不是最新的数据。

2）显示界面

在菜单的"画面"中可以选择显示的画面，主驱动界面如图 10.1-4 所示。

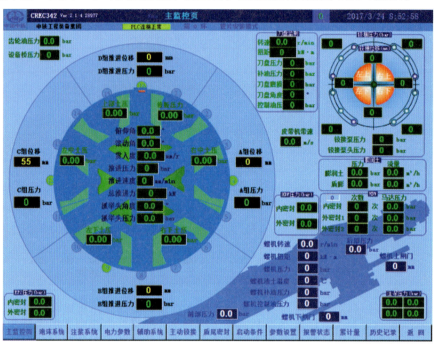

图 10.1-4　主驱动界面

3）历史数据

历史数据每一秒记录一次，可以通过菜单中"数据分析"来查看。可以一次设置多条需要显示的记录，设置显示起始点，并可动态缩放大小。

10.1.3　测量数据存档

测量数据的评估可以通过两种不同的方法来实现：一方面，通过掘进报告进行，只要打印机和电脑地面监控进行了连接，掘进报告就会自动被打印出来；另一方面，通过所示的测量数据进行人工图表评估。两种方法解释如下。

因为测量数据以 Microsoft Office Access 格式储存，常用的大多数计算程序或数据库都可以读取这些数据。储存了这类数据，就要使用一个公用系统，此系统对于数据评估来说不限制使用特定的软件。一般来说，一个特定的软件要用较长一段时间，使用此软件数据评估可在短期内以特定方案来完成。

测量数据以天为单位存储，每一秒存储一次数据，应该经常备份于其他计算机或移动存储设备上，以防止安装地面监控的电脑因意外崩溃而导致原始数据永久性丢失。

10.2 双模盾构掘进安全风险自动预警技术

1）录入施工风险

首先根据地勘报告、设计文件等资料，提前录入施工风险，内容包含风险源编号、因素、类型、等级、所在环号及开始结束里程。施工风险录入如图 10.2-1 所示。

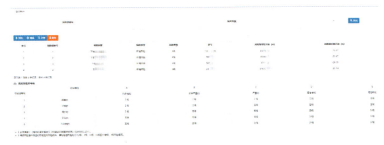

图 10.2-1　施工风险提前录入

2）设置风险源预警

对对应的风险源及停机、断线等进行预警，如在穿越建筑物前 25m 开始预警、在穿越 25m 以后结束预警，当停机超过 24h 时进行预警等。风险预警设置如图 10.2-2 所示。

图 10.2-2　风险预警设置

3）风险预警等级

结合施工监测数据，对施工过程中风险进行识别评估，根据设置的黄色、橙色、红色预警值。当施工过程中有数据超过预警值时，监控系统自动提示，报送相关人员。风险预警等级设置如图 10.2-3 所示。

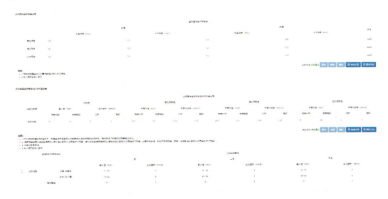

图 10.2-3　风险预警等级设置

10.3　双模盾构掘进参数自识别及自控制技术

盾构机是一个极其复杂的大型设备，内部各子系统互相影响，必须协同工作，才能使盾构机保持良好的性能，以合理的姿态按照正确的轨迹前行，确保隧道管片按照设计轴线精准成环，并维持周边环境稳定。盾构自动驾驶技术面临诸多困难。首先，其周边环境是不断变化且不完全可知的。其次，盾构机的控制目标和控制系统复杂，对盾构机控制不只是掘进方向控制问题，还包括切削面土体平衡和盾构尾部土体稳定等问题。控制系统除了姿态控制子系统以外，还包括切削子系统、推进子系统、密封子系统、注浆子系统和土体改良子系统等众多系统的控制。这些子系统互相耦合，影响最终的整体控制效果。

1）参数获取系统

用以获取掘进过程中盾构机、隧道和周边土体的信息，通过读取盾构机内部系统控制信息和反馈信息、隧道内和环境中所布设备类传感器和监测装置完成。

2）执行系统

用以对盾构掘进子系统进行执行控制。

3）参数规划系统

用以对盾构掘进执行模块的控制目标或控制量进行动态设置；动态设置的信息包括设定土压力与推进系统液压缸压力比例、设定注浆量和注浆压力、设定尾部油脂量和尾部油脂压力；在盾构推进过程中，输出给执行层的控制值的更新频率能力应达到秒级要求。

4）参数辨别及自控制系统

用以对盾构推进的安全状态和盾构机所处的施工环境进行判断，完成掘进阶段目标区间的决策。

（1）风险状态预警模块：用以根据工程数据对当前安全状态进行辨识，并根据风险来源，启动执行层对应的安全保护措施；风险来源包括设备故障、通信故障、控制失效、环境失稳。

（2）分项目标决策模块：用以在正常状态下，根据工程总目标和当前工况类别（从控制辨识模块获得），结合确定掘进系统、姿态系统的分项决策目标范围（阶段性控制目标区间），包括管片轴线偏差范围和地面沉降变形范围。

（3）控制辨识模块：用以根据历史工程中提取的土质类别和控制模式类别特征信息，辨识当前工程情况，确定当前土质类别和当前控制模式类别；如果无法找到类似工程，则告知施工规律探索模块。

（4）施工规律探索模块：用以对于控制模式无法辨识的工况，根据工程特征，利用知识库规则或者知识图谱，通过推理模块，筛选出有利于盾构掘进控制的规则，通过推理机指导规划层小幅度地进行分项决策目标范围或控制参数调整，寻找满足施工要求的合理目标和控制参数。

参 考 文 献

[1] 竺维彬, 鞠世健, 等. 复合地层中的盾构施工技术[M]. 北京: 中国科学技术出版社, 2006.

[2] 陈馈, 洪开荣, 等. 盾构施工技术[M]. 北京: 人民交通出版社, 2009.

[3] 洪开荣, 等. 盾构与掘进关键技术[M]. 北京: 人民交通出版社股份有限公司, 2018.

[4] 郭卫社, 等. 盾构施工主要问题与案例分析[M]. 北京: 人民交通出版社股份有限公司, 2020.

[5] 钟长平, 孔少波, 杨木桂. 广州地铁二/八号线拆解段盾构隧道工程施工技术研究[M]. 北京: 人民交通出版社, 2011.

[6] 叶蕾. 气垫式泥水/土压双模式盾构选型及快速换模研究[J]. 建筑机械化, 2021, 42(3): 34-40.

[7] 钟长平, 竺维彬, 王俊彬. 双模盾构机/TBM 的原理与应用[J]. 隧道与地下工程灾害防治, 2022, 4(3): 47-66.

[8] 李春芳, 靳兆阳. EPB/TBM 双模盾构机栽头原因与纠偏措施研究[J]. 施工技术, 2022, 51(13): 84-90.

[9] 芦兴磊. 浅析双模盾构机 TBM 模式穿越重大风险源的施工工艺[J]. 中国科技纵横, 2022, (7): 105-107.

[10] 孙涛. 复合地层盾构机的设计选型[J]. 科学技术创新, 2018, (27): 106-107.

[11] 中华人民共和国住房和城乡建设部. 盾构法隧道施工与验收规范: GB 50446—2017[S]. 北京: 中国建筑工业出版社, 2017.

[12] 中华人民共和国住房和城乡建设部. 地铁设计规范: GB 50157—2013[S]. 北京: 中国建筑工业出版社, 2014.

[13] 朱向飞, 罗伟庭, 陈泽, 等. 双模盾构 TBM 转 EPB 模式转换位置的合理性研究[J]. 建筑结构, 2021, 51(S2): 1734-1740.

[14] 陈荣树, 雷军, 陈泽, 等. 双模式盾构 TBM 模式转 EPB 模式施工技术[J]. 建筑机械化, 2020(12): 41.

[15] 陈伟国. TBM 和 EPB 双模式可转换盾构施工技术在复合地层中的应用[J]. 路基工程, 2015(3): 3.

[16] 胡庸. HSP 超前地质预报技术在隧道工程中的应用[J]. 现代隧道技术, 2013, 50(3): 136-141.

[17] 刘继滨, 蔡建华, 张方, 等. 阵列式 HSP 隧道地质预报技术及其应用[J]. 现代隧道技

术, 2018, 55(2): 7.

[18] 高玮, 杜家庆, 杨龙. 地铁隧道 TBM 施工振动对周边环境影响的数值分析[J]. 路基工程, 2015(1): 4.

[19] 杨龙, 杜守继. 地铁隧道 TBM 施工围岩振动效应的数值分析[J]. 长江科学院院报, 2014, 31(7): 6.

[20] 朱考飞, 张云毅, 薛子斌, 等. 盾构渣土的环境问题与绿色处理[J]. 城市建筑, 2018(29): 3.

[21] 王利伟. 一种盾构机下穿既有车站始发的施工方法: 201911242163.X[P]. 2021-04-02.

[22] 于海涛. 一种EPB-TBM双模式盾构机复合地层的掘进方法: 201911242180.3[P]. 2022-12-25.

[23] 王建忠. 一种用于辅助盾构机始发的钢套筒装置: 201922219430.3[P]. 2020-07-17.

[24] 黄春来. 一种EPB-TBM双模式盾构机的刀盘: 201922219426.7[P]. 2020-08-14.